国家示范性高等职业院校建设规划教材

教育部高职高专水工专业教学指导委员会推荐教材

水利工程建设监理实务

（修订版）

主　编　王飞寒　吕桂军　张梦宇
副主编　闫国新　樊万辉
主　审　梁建林

黄河水利出版社
·郑州·

内容提要

本书是国家示范性高等职业院校建设规划教材,是教育部高职高专水工专业教学指导委员会推荐教材。本书是根据教育部国家示范性高等职业院校建设计划水利水电建筑工程重点建设专业及专业群人才培养方案要求,按照水利工程建设监理实务课程标准编写完成的。本书依据《水利工程施工监理规范》等行业规范、规程编写,突出针对性与实用性。全书分11个学习项目,主要内容为:水利工程建设监理概述、水利工程建设监理单位、监理人员、建设监理组织、水利工程建设监理文件、水利工程建设质量控制、水利工程进度控制、施工阶段资金控制、水利工程安全生产管理、水利工程建设合同管理、水利工程信息文档管理。

本书是国家高职示范专业水利水电建筑工程专业群、水利部示范专业工程监理专业建设项目的改革教材,也可供水利类相关专业教学使用,同时可作为水利水电工程监理人员的参考用书。

图书在版编目(CIP)数据

水利工程建设监理实务/王飞寒,吕桂军,张梦宇主编.—郑州:黄河水利出版社,2015.1 (2022.7 修订版重印)
国家示范性高等职业院校建设规划教材
ISBN 978-7-5509-1017-1

Ⅰ.①水… Ⅱ.①王… ②吕…③张… Ⅲ.①水利工程-监理工作-高等职业教育-教材 Ⅳ.①TV523

中国版本图书馆 CIP 数据核字(2015)第023647号

组稿编辑:王路平 电话:0371-66022212 E-mail:hhslwlp@163.com

出 版 社:黄河水利出版社 网址:www.yrcp.com
地址:河南省郑州市顺河路黄委会综合楼14层 邮政编码:450003
发行单位:黄河水利出版社
发行部电话:0371-66026940、66020550、66028024、66022620(传真)
E-mail:hhslcbs@126.com
承印单位:河南承创印务有限公司
开本:787 mm×1 092 mm 1/16
印张:16
字数:370千字 印数:7 001—8 000
版次:2015年2月第1版 印次:2022年7月第3次印刷
2022年7月修订版

定价:36.00元

前 言

本书是根据《教育部关于全面提高高等职业教育教学质量的若干意见》(教高〔2006〕16 号)、《教育部关于推进高等职业教育改革创新引领职业教育科学发展的若干意见》(教职成〔2011〕12 号)等文件精神,在教育部高等学校高职高专水利水电工程专业教学指导委员会指导下组织编写完成的。

本套教材以学生能力培养为主线,以实际工程案例为载体,融“教、学、练、做”为一体,适合开展项目化教学,体现出实用性、实践性、创新性的教材特色,是一套紧密联系工程实际、教学面向生产的高职高专教育精品规划教材。

为了不断提高教材质量,编者于 2022 年 7 月,根据近年来国家及行业颁布的最新规范、标准,以及在教学实践中发现的问题和错误,对全书进行了系统的修订完善。

在工程建设领域推行项目法人责任制、招标投标制、建设监理制三项制度,是我国工程建设领域的一项重大改革举措,三项制度大大提高了我国建设工程的质量,规范了工程建设行为。经过多年的实践,建设监理制这项制度也快速趋向规范化、制度化和科学化。由于水利工程建设的长期性、复杂性,加之我国监理制度起步较晚,因此在实际监理工作中也存在这样那样的问题。例如,为了满足国内建设行业对监理人员的高要求,更为了适应国际工程,监理人员的业务素质亟待提高,监理理论有待加强。目前,市面上侧重监理理论的书籍较多,但侧重于实际操作的书籍较少。为了适应新时期社会对监理行业人员的要求,也为了契合职业教育对行业人才工作能力、职业技能培养的要求,编者编写了这本密切贴近行业需求、侧重实际操作的水利监理教材《水利工程建设监理实务》。

本书依据《水利工程施工监理规范》等最新行业规范编写,主要特点是以能力培养为主线,具有科学性、实用性、实践性、创新性,案例客观求是,具有实际借鉴指导的作用。本书可供水利监理及相关专业学生在校学习使用,也可作为广大水利监理人员日常工作的参考用书。

本书由黄河水利职业技术学院承担编写工作,编写人员及编写分工如下:王飞寒编写项目 1 任务 1、项目 7、项目 8;樊万辉编写项目 1 任务 2;郏县水利局赵红许编写项目 2 任务 1;张梦宇编写项目 2 任务 2、项目 4、项目 9;闫国新编写项目 3;吕桂军编写项目 5、项目 6;郭旭东编写项目 10;韩晓育编写项目 11。本书由王飞寒、吕桂军、张梦宇担任主编,王飞寒负责全书统稿;由闫国新、樊万辉担任副主编;由梁建林教授担任主审;本书的编写得到了罗全胜教授的大力支持和精心指导。

由于编者水平有限,不妥之处在所难免,恳请各位专家、同行批评指正,以便我们再版时能进行及时补充和完善。

编 者

2022 年 7 月

目 录

上篇 水利工程建设监理理论

项目1 水利工程建设监理概述

任务1 水利工程建设项目管理

1 水利工程建设项目

建设项目即基本建设项目，是指将一定量（限额以上）的投资，在一定的条件下（时间、资源、质量），按照一个科学的程序，经过决策和实施（勘察、设计、施工、竣工、验收、使用），最终形成固定资产特定目标的一次性建设任务。水利基本建设项目是通过固定资产投资形成水利固定资产并发挥社会和经济效益的水利项目。

水利基本建设项目按其功能和作用分为公益性、准公益性、经营性三类。公益性项目指具有防洪、排涝、抗旱和水资源管理等社会公益性管理与服务功能，自身无法得到相应经济回报的水利项目，如堤防工程、河道整治工程、蓄滞洪区安全建设、除涝、水土保持、生态建设、水资源保护、贫困地区人畜饮水、防汛通信、水文设施等。准公益性项目指既有社会效益又有经济效益的水利项目，其中大部分是以社会效益为主，如综合利用的水利枢纽（水库）工程、大型灌区节水改造工程等。经营性项目指以经济效益为主的水利项目，如城市供水、水力发电、水库养殖、水上旅游及水利综合经营等。

水利基本建设项目按其对社会和国民经济发展的影响分为中央水利基本建设项目（以下简称中央项目）和地方水利基本建设项目（以下简称地方项目）。中央项目是指对国民经济全局、社会稳定和生态环境有重大影响的防洪、水资源配置、水土保持、生态建设、水资源保护等项目，或中央认为负有直接建设责任的项目。中央项目应在规划中界定，在审批项目建议书或可行性研究报告时明确。中央项目由水利部（或流域机构）负责组织建设并承担相应责任。地方项目是指局部受益的防洪除涝、城市防洪、灌溉排水、河道整治、供水、水土保持、水资源保护、中小型水电建设等项目。地方项目应在规划中界定，在审批项目建议书或可行性研究报告时明确。地方项目由地方人民政府负责组织建设并承担相应责任。

水利基本建设项目根据其建设规模和投资额分为大中型项目和小型项目。大中型项目是指满足下列条件之一的项目：

（1）堤防工程：一、二级堤防。

(2)水库工程:总库容1亿 m^3 以上(含1亿 m^3,下同)。

(3)水电工程:电站总装机容量5万kW以上。

(4)灌溉工程:灌溉面积2万 hm^2 以上。

(5)供水工程:日供水10万t以上。

(6)总投资在国家规定限额以上的项目。非经营性项目投资额在3 000万元以上(含3 000万元)、经营性项目投资额在5 000万元以上(含5 000万元)的为大中型项目;其他项目为小型项目。

2 水利工程项目建设管理体制

随着社会主义市场经济体制的建立和发展,传统的建设与管理模式的弊端日趋显现。我国在工程建设领域进行了一系列的重大改革,从以前在工程设计和施工中采用行政分配、缺乏活力的计划管理方式,改变为以项目法人为主体的工程招标发包体系,以设计、施工和材料设备供应为主体的投标承包体系,以建设监理单位为主体的技术咨询服务体系,构筑了当前我国建设项目管理体制的基本格局。

这种由"三方"构成的建设管理体制是目前绝大多数国家公认的工程项目建设的重要原则,被誉为"合理使用资金和满足物质文明需要的关键"。

2.1 项目法人(业主)责任制

法人是具有权利能力和行为能力,依法独立享有民事权利和承担民事义务的组织。项目法人是建设项目的投资者,项目投资风险的承担者,贷款建设项目的负债者,项目建设与运行的决策者,项目投产或使用效益的受益者,建成项目资产的所有者。项目法人责任制的前身是项目业主责任制,项目业主责任制是西方国家普遍实行的一种项目组织管理方式。我国于1994年提出项目法人责任制,是建立社会主义市场经济的需要,是转换建设项目投资经营机制、提高投资效益的一项重要改革措施。建立、健全水利工程建设项目法人责任制,是推进工程建设管理体制改革的关键。

项目法人责任制是为了建立建设项目的投资约束机制,规范项目法人的有关建设行为,明确项目法人的责、权、利,提高投资效益,保证工程建设质量和建设工期。实行项目法人责任制,对于生产经营性水利工程建设项目来说,由项目法人对项目的策划、资金筹措、建设实施、生产经营、债务偿还和资产的保值增值,实行全过程负责。

1995年4月,水利部《水利工程建设项目实行项目法人责任制的若干意见》(水建〔1995〕129号)文件规定:生产经营性项目原则上都要实行项目法人责任制,其他类型的项目应积极创造条件,实行项目法人责任制。2000年7月,国发〔2000〕20号文件批准转发了国家计委、财政部、水利部、建设部《关于加强公益性水利工程建设管理的若干意见》。文件规定:中央项目由水利部(或流域机构)负责组织建设并承担相应责任,地方项目由地方人民政府组织建设并承担相应责任。项目的类别在审批项目建议书或可行性研究报告时确定。中央项目由水利部(或流域机构)负责组建项目法人,任命法人代表。地方项目由项目所在地的县级以上地方人民政府组建项目法人,任命法人代表,其中总投资在2亿元以上的地方大型水利工程项目,由项目所在地的省(自治区、直辖市及计划单列市)人民政府负责或委托组建项目法人,任命法人代表。项目法人的主要职责为:

(1)负责组建项目法人在现场的建设管理机构；

(2)负责落实工程建设计划和资金；

(3)负责对工程质量、进度、资金等进行管理、检查和监督；

(4)负责协调项目的外部关系。

项目法人应当按照《合同法》和《建设工程质量管理条例》的有关规定，与勘察设计单位、施工单位、工程监理单位签订合同，并明确项目法人、勘察设计单位、施工单位、工程监理单位质量终身责任制人及其所应负的责任。

2.2 招标投标制

招标投标制是指通过招标投标的方式，选择工程建设的勘察设计、施工、监理、材料设备供应等单位。招标是指工程建设单位(法人)或其委托的招标代理人就拟建工程发布招标公告(或信函邀请)以吸引潜在投标人来购买招标文件并进行投标，通过评标择优选择承包商，并与之签订工程承包合同的过程。投标是指投标人在同意建设单位拟定的招标文件中所列各项条件的前提下，在规定的时间内对招标项目进行报价并提出合适的实施方案，争取中标的过程。

我国推行工程建设招标投标制是为了适应社会主义市场经济的需要，促使建筑市场各主体之间进行公平交易、平等竞争，从而达到降低工程造价、提高经济效益的目的。招标投标是国际建筑市场中项目法人选择承包商的基本方式。工程建设招标投标提高了我国水利工程建设的管理水平，促进了我国水利水电建设事业的发展。

(1)促进基本建设工作按程序办事。根据招标投标的有关规定，工程项目的建设单位只有具备了招标条件后才能发招标通知书，而招标条件中很大一部分工作是基本建设的准备工作，故此有效地促进建设单位必须按基本建设程序办事，促进施工准备工作的完善，有效地减少了“三边”(边勘察、边设计、边施工)工程的出现。

(2)有利于降低工程造价和提高投资效益。实行建设项目的招标投标基本形成了由市场定价的价格机制，使工程价格更加趋于合理。其最明显的表现是若干投标人之间出现激烈竞争(相互竞标)，这种市场竞争最直接、最集中的表现就是在价格上的竞争。通过竞争确定出工程价格，使其趋于合理或下降，这将有利于节约投资、提高投资效益。

(3)有利于促进企业的技术进步。实行建设项目的招标投标能够不断降低社会平均劳动消耗水平，使工程价格得到有效控制。在建筑市场中，不同投标者的个别劳动消耗水平是有差异的。通过推行招标投标，最终使那些个别劳动消耗水平最低或接近最低的投标者获胜，这样便实现了生产力资源较优配置，也对不同投标者实行了优胜劣汰。面对激烈竞争的压力，为了自身的生存与发展，每个投标者都必须切实在降低自己个别劳动消耗水平上下功夫，这样将逐步而全面地降低社会平均劳动消耗水平，促使企业技术进步。

(4)有利于促进公平竞争，促进建筑市场健康有序发展。建设工程招标投标的目的就是希望建立规范合理的招标投标市场，通过市场良性的竞争，选出优秀的企业承担建设工程的施工任务，保证建设工程的质量，也保证企业的健康发展。而建设工程招标投标的原则是公开、公平、公正和诚实信用。在建设工程的招标投标过程中，要严格遵循这些原则进行，招标单位必须实行招标的透明化，招标的过程由市场发挥主导作用，让市场的自由竞争来完成投标的竞争，既保证招标的科学合理，也保证市场竞争的公平进行。对竞标单位而言，在公开、公平、公正和诚实信用的原则下，要在激烈的竞争中脱颖而出，就必须依靠企业自身良好的行业声誉、建设能力、管理能力、资金能力来取得竞争的优势，由此才可以实现市场竞争下的胜利。招标投标的公开、公平、公正和诚实信用促进市场优胜劣汰法则的实施，有利于企业提升管理能力，促进建筑市场健康发展。

《水利工程建设项目招标投标管理规定》（水利部〔2001〕第14号令）规定，符合下列具体范围并达到规模标准之一的水利工程建设项目必须进行招标。

具体范围：①关系社会公共利益、公共安全的防洪、排涝、灌溉、水力发电、引（供）水、滩涂治理、水土保持、水资源保护等水利工程建设项目；②使用国有资金投资或者国家融资的水利工程建设项目；③使用国际组织或者外国政府贷款、援助资金的水利工程建设项目。

规模标准：①施工单项合同估算价在200万元人民币以上的；②重要设备、材料等货物的采购，单项合同估算价在100万元人民币以上的；③勘察设计、监理等服务的采购，单项合同估算价在50万元人民币以上的；④项目总投资额在3 000万元人民币以上，但分标单项合同估算价低于本项第①、②、③项规定的标准的项目原则上都必须招标。

2.3　建设监理制

建设监理是指建设监理单位受项目法人的委托，依据国家有关工程建设的法律、法规和批准的项目建设文件、工程建设合同及工程建设监理合同，对工程建设实行的管理。建设监理制是我国实行项目法人责任制、招标投标制而配套推行的一项建设管理的科学制度。它的推行，使我国的工程建设项目管理体制由传统的自筹、自建、自管的小生产管理模式，开始向社会化、专业化、现代化的管理模式转变。在我国建立和实施建设监理制具有以下几方面的意义：

（1）实施建设监理制满足社会主义市场经济条件下投资者对工程技术服务的社会需求。建设监理制的提出和推行与我国的改革开放密不可分。按照国际通行做法，将工程项目建设的微观管理工作，由业主委托和授权给社会化、专业化的工程监理单位承担，产生了很好的效果。20世纪80年代以来，外资、中外合资、利用国外贷款的工程项目逐渐多了起来，这些项目在管理方面的共同特点是实施工程招标，选择承建商，聘请监理工程师实施监理。采用这种方式进行工程建设，使业主从他所不熟悉的工程项目管理的日常工作中解脱出来，专心致力于必须由他自己作出的决策事务，让专长于工程项目管理的监理工程师为其提供技术和管理服务，专业化的监理工程师有着丰富的知识和经验从事这项工作。特别是当前建设项目规模越来越大，技术越来越复杂，由此带来了项目实施时间延长、建设费用迅速增加和工程质量方面的种种问题，使业主迫切需要从社会上解决技术服务需求问题。建设监理的出现，正是解决这一需求的最好方法。

（2）实施建设监理制有利于实现政府在工程建设中的职能转变。20世纪80年代中期，特别是《中共中央关于经济体制改革的决定》作出后，明确提出转变政府职能，实行政企分开，简政放权；明确提出政府在经济领域的职能要转移到“规划、协调、监督、服务”上来；明确提出在进行各项管理制度改革的同时，应加强经济立法和司法，加强经济管理和监督。在工程建设领域，通过建立和实施建设监理制来具体贯彻我国经济体制改革的决策具有重要的现实意义。它是实现政企分开的一项必要措施，是政府职能转变后的重要补充和完善措施,是在工程建设领域加强法制和经济管理的重大措施。

(3)实施建设监理制有助于培育、发展和完善我国建筑市场。由于建设监理制的实施,我国工程建设管理体制开始形成以项目法人、监理单位和承建商直接参加的,在政府有关部门监督管理之下的新型管理,我国建筑市场的格局也开始发生结构性变化。以法人为主的工程发包体系,以工程设计、施工和设备材料供应单位为主的工程承包体系,以监理单位为主的技术服务体系的三元建筑市场体系正在形成。作为连接项目法人责任制、工程招标投标制和加强政府宏观管理的中间环节,建设监理制使它们联系起来,形成一个有机整体,对发挥市场机制作用是有利的。如果没有建设监理制,就没有监理单位提供的高水平技术服务,项目法人责任制就难以实行;如果没有建设监理制,就难以利用竞争机制公开、公正、公平地择优选定承建商,工程招标投标制就难以有效规范地实施;如果没有建设监理制,就没有社会化、专业化的监理单位为工程项目建设提供微观项目管理服务,政府部门也难以进行有效的宏观监督管理。

大力推行建设监理制,是我国工程建设领域中项目管理体制的一项重大改革,也是推进生产关系改革和促进生产力发展的一项有益实践与成功之路。实践证明,实行建设监理制,有利于提高工程质量,有利于保障工期,有利于控制投资,有利于增进效益,是建设领域中实现速度与效益、数量与质量有机结合的重要途径。

《水利工程建设监理规定》(水利部〔2006〕第 28 号令)规定,水利工程建设项目依法实行建设监理。总投资 200 万元以上且符合下列条件之一的水利工程建设项目,必须实行建设监理:①关系社会公共利益或者公共安全的;②使用国有资金投资或者国家融资的;③使用外国政府或者国际组织贷款、援助资金的。铁路、公路、城镇建设、矿山、电力、石油天然气、建材等开发建设项目的配套水土保持工程,符合前款规定条件的,应当按照本规定开展水土保持工程施工监理。其他水利工程建设项目可以参照本规定执行。

3 工程建设管理各方的关系

水利工程建设实行"政府监督、项目法人负责、社会监理、企业保证"的管理模式。这一新型工程建设管理体制就是在政府有关部门的监督管理之下,由项目法人、承建商、监理单位直接参加的"三方"管理体制,如图 1-1 所示。这种管理体制的建立,使我国的工程项目建设管理体制与国际惯例实现接轨。

3.1 行政主管部门与项目建设各方的关系

建设主管部门和工程项目建设各方应该是服务和被服务、监管和被监管的关系。政府部门要依法对项目进行监督、协调和管理,并为项目建设和生产经营创造良好的外部环境,帮助项目法人协调解决征地拆迁、移民安置和社会治安等问题。

在项目准备阶段,项目管理各方发挥熟悉流程和建设法规的专业优势,向对口建设主管部门跑可研、拿批文、报环评、测红线图、办许可证等手续;在项目实施阶段,工程建设项目又受到建设主管部门的监督、检查和验收。

水利部是国务院水行政主管部门,对全国水利工程建设实行宏观管理。其主要管理职责是:

(1)贯彻执行国家的方针政策,研究制定水利工程建设的政策法规,并组织实施;

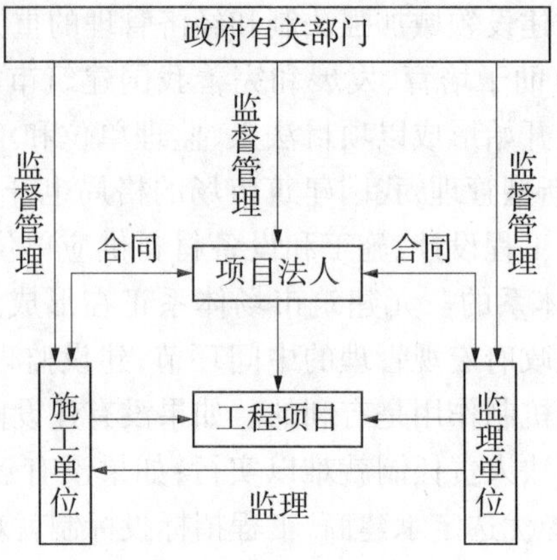

图 1-1 工程建设管理模式

(2)对全国水利工程建设项目进行行业管理;

(3)组织和协调部属重点水利工程的建设;

(4)积极推行水利建设管理体制的改革,培育和完善水利建设市场;

(5)指导或参与省属重点大中型工程、中央参与投资的地方大中型工程建设的项目管理。

流域机构是水利部的派出机构,对其所在流域行使水行政主管部门的职责。省(自治区、直辖市)水利(水电)厅(局)是本地区的水行政主管部门,负责本地区水利工程建设的行业管理。

3.2 工程参建各方的关系

项目法人与各方的关系是一种新型的适应社会主义市场经济机制运行的关系。实行项目法人责任制后,在项目管理上要形成以项目法人为主体,项目法人向国家和各投资方负责,咨询、设计、监理、施工、物资供应等单位通过履行经济合同为项目法人提供建设服务。

3.2.1 项目法人与施工单位之间的关系

项目法人与施工单位之间是工程承包合同关系,地位平等。建设单位是项目建设的责任主体,对工程质量负总责,其主要职责是按项目建设的规模、投资总额、建设工期、工程质量,实行项目建设的全过程管理,办理工程建设用地、招标申请、质量监督手续,组织工程验收等。建立健全质量检查体系,解决工程建设中的有关问题,为施工单位创造良好的外部环境。施工单位方主要职责是受托保质保量完成工程项目并交付建设单位。

3.2.2 监理单位与项目法人的关系

项目法人与监理单位之间是委托与被委托、授权与被授权的合同关系。监理单位受项目法人委托,不仅拥有项目法人通过监理合同授予的权力,又拥有建设监理制赋予的基本权力。监理单位应是建设单位的现场施工管理者,建设单位的决策和意见应通过监理单位贯彻执行,避免现场指挥系统的混乱。工程监理实行总监理工程师负责制,总监理工程师受监理单位法人代表的全权委托,负责监理合同的全面履行,对内向监理单位负责,对外向业主负责。

3.2.3 监理单位与施工单位的关系

监理单位与施工单位之间是监理与被监理的关系。按照建设监理制度,在工程建设的三方关系中,监理单位与施工单位之间不是合同关系,他们之间不得签订任何合同或协议。二者之间的关系是通过施工合同确立的,合同中明确授权了监理单位监督管理的权力。监理单位依照国家、部门颁发的有关法律、法规、技术标准及批准的建设计划、施工合同等进行监理。施工单位在执行施工合同的过程中,必须自觉接受监理单位的监督、检查和管理,并为监理工作的开展提供合作与方便,按规定提供完整的技术资料。施工单位应按照施工合同和监理工程师的要求施工。监理单位按照建设单位的委托权限,并在这个权限范围内检查施工单位是否履行合同职责,是否按合同规定的技术、进度和投资要求进行施工建设。在工程建设中,监理单位要注意维护施工单位的合法利益,正确处理工程款支付、验收签证、索赔和工程设计变更等问题。

3.2.4 监理单位与设计单位的关系

设计单位的主要职责是受建设单位的委托,向建设单位提供设计文件、图纸和其他资料,派驻设计代表参与工程项目的建设,进行设计交底和图纸会审,及时签发工程变更通知单,参与工程验收并提交设计报告。在建设单位委托监理单位进行设计监理时,监理单位与设计单位之间的关系是监理与被监理的关系;在没有委托设计监理时,是分工合作的关系。在监理过程中,监理单位应及时按照合同和有关规定处理设计变更,设计单位的有关通知、图纸、文件等须通过监理单位下发到施工单位。施工单位需要修改设计时,也必须通过监理单位、建设单位向设计单位提出设计变更申请或修改。

4 工程建设监理与政府工程质量监督的区别

质量监督与建设监理都属于工程建设领域的监督管理活动,两者之间的关系是监督与被监督的关系。政府工程质量监督是一种强制性的政府监督行为,建设监理是一种委托性的服务活动,属于社会行为。建设监理是发生在项目组织系统范围内平等主体之间的横向监督管理;质量监督是项目组织系统外监督管理主体对项目系统内建设行为主体进行的一种纵向监督管理行为。两者的性质、职责、权限、工作内容有原则性的区别。

从性质上看,质量监督是代表政府,从保障社会公共利益和国家法规执行角度对工程质量进行第三方认证,其工作体现了政府对建设项目管理的职责。水利工程质量监督机构是由政府水行政部门授权、代表政府对工程质量实行强制性监督的专职机构。其主要职责是复核监理、设计、施工及有关产品制造单位的资质,监督参建各方质量体系的建立和运行情况,监督设计单位的现场服务,认定工程项目划分,监督检查技术规程、规范和质量标准的执行情况及施工、监理、建设单位对工程质量的检验和评定情况。对工程质量等级进行核定,编制工程质量评定报告,并向验收委员会提出工程质量等级建议。

建设监理是一种委托性的服务活动,是在建设单位授权范围内进行现场目标控制。从工作范围和内容上看,建设监理所进行的质量控制包括对项目质量目标详细规划,实施一系列主动控制措施。在控制过程中,既要做到全面控制,又要做到事前、事中、事后控制,这种控制贯穿于项目建设的整个过程中。

任务2　水利工程建设监理制度

1　建设监理的性质

建设监理与其他工程建设活动有着明显的区别和差异。这些区别和差异使得工程建设监理与其他工程建设活动之间划出了清楚的界线。建设监理具有服务性、独立性、公正性、科学性等性质。

1.1　服务性

建设监理既不同于承包人的直接生产活动,也不同于项目法人的直接投资活动。它既不是工程承包活动,也不是工程发包活动;它不需要投入大量资金、材料、设备、劳动力。监理单位既不向项目法人承包工程造价,也不参与承包单位的盈利分成;它既不需要拥有大量的机具、设备和劳务力量,一般也不必拥有雄厚的注册资金。它只是在工程项目建设过程中,利用自己在工程建设方面的专业技术知识、技能和经验,为项目法人提供高智能的监督管理服务,以满足项目法人对项目管理的需要。它所获得的报酬也是技术服务性的报酬。这种服务性的活动是按建设监理合同来进行的,是受法律约束和保护的。

1.2　独立性

从事工程建设监理活动的监理单位是直接参与工程项目建设的当事人之一。在工程项目建设中,监理单位是独立的一方。我国的有关法规明确指出,监理单位应按照独立、自主的原则开展工程建设监理工作。因此,监理单位在履行监理合同义务和开展监理活动的过程中,要建立自己的组织,确定自己的工作准则,运用自己掌握的方法和手段,根据自己的判断,独立地开展工作。监理单位既要认真、勤奋、竭诚地为委托方服务,协助项目法人实现预定目标,也要按照公正、独立、自主的原则开展监理工作。

建设监理的独立性是与监理单位在建设市场上的独立主体和独立的行业性质分不开的。监理单位是具有独立性、社会化、专业化特点的单位。它们专门为项目法人提供专业化技术服务。它们所运用的思想、理论、方法、手段,开展工作的内容都与工程建设领域其他行业有所不同。同时,由于它在工程建设中的特殊地位以及因此而构成的与其他建设行为主体之间的特殊关系,它与设计、施工、材料和设备供应等行业有着明显的界线。因此,为了保证工程建设监理行业的独立性,从事这一行业的监理单位和监理工程师必须与某些行业或单位脱离人事上的依附关系以及经济上的隶属或经营关系。

1.3　公正性

监理单位和监理工程师在工程建设过程中,一方面应当作为能够严格履行监理合同各项义务,竭诚地为客户服务的“服务方”,同时,应当成为“公正的第三方”。也就是在提供监理服务的过程中,监理单位和监理工程师应当排除各种干扰,以公正的态度对待委托方和被监理方,特别是当项目法人和被监理方发生利益冲突或矛盾时,能够以事实为依据,以有关法律、法规和双方所签订的工程建设合同为准绳,站在第三方立场上公正地加以解决和处理,做到“公正地证明、决定或行使自己的处理权”。

公正性是监理行业的必然要求,它是社会公认的职业准则,也是监理单位和监理工程师的基本职业道德准则。因此,我国建设监理制把"公正"作为从事工程建设监理活动应当遵循的重要准则。

1.4 科学性

科学性是建设监理单位区别于其他一般性服务机构的重要特征,也是其赖以生存的重要条件。社会监理单位的科学性来源于它所拥有的监理人员的高素质。监理工程师必须具有相当的学历,有长期从事工程建设工作的丰富经验,通晓相关的技术、经济、管理和法律。社会监理单位依靠相当数量合格的人员,成为技术密集型高智能服务性机构,具有能发现建设过程中设计、施工技术、管理和经济方面问题并加以科学合理解决的能力,而且能够提供高水平的专业服务,具有在竞争中生存、发展的强劲生命力。

2 建设监理的主要任务

参照国际惯例,结合我国实际,建设监理的主要内容是进行建设工程的合同管理,按照合同控制工程建设的投资、工期和质量,并协调建设各方的工作关系。采取组织管理、经济、技术、合同和信息管理措施,对建设过程及参与各方的行为进行监督、协调和控制。

2.1 投资控制

投资控制的主要任务,是在建设前期进行可行性研究,协助项目法人正确地进行投资决策,控制好投资估算总额;在设计阶段对设计方案、设计标准、总概算进行审核;在建设准备阶段协助项目法人确定标底;在施工阶段,严格计量与支付管理和审核工程变更,进行工程进度款签证和控制索赔;在工程完工阶段审核工程结算。

2.2 工期控制

工期控制首先要在建设前期通过周密分析研究确定合理的工期目标,并在施工前将工期要求纳入承包合同;在建设实施期通过运筹学、网络计划技术等科学手段,审查、修改施工组织设计和进度计划,并在计划实施中紧密跟踪,做好协调与监督,排除干扰,使单项工程及其分阶段目标工期逐步实现,最终保证项目建设总工期的实现。

2.3 质量控制

质量控制要贯穿于项目建设从可行性研究、设计、建设准备、施工、完工及保修等全过程。主要包括组织设计方案竞赛与评比;进行设计方案磋商及图纸审核;控制设计变更;在施工前通过检查建筑物所用材料、构配件、设备质量和审查施工组织设计等实施质量预控;在施工中通过重要技术复核、工序操作检查、隐蔽工程验收和工序成果检查签证,监督标准、规范的贯彻;通过阶段验收和完工验收把好质量关,等等。

2.4 施工安全与环境保护管理

监理机构应根据施工合同文件的有关约定,协助发包人进行施工安全的检查、监督。工程开工前,监理机构应督促承包人建立健全施工安全保障体系和安全管理规章制度,对职工进行施工安全教育和培训;对施工组织设计中的施工安全措施进行审查。在施工过程中,监理机构应对承包人执行施工安全的法律、法规和工程建设强制性标准及施工安全措施的情况进行监督、检查。发现不安全因素和安全隐患时,应指示承包人采取有效措施予以整改。当监理机构发现存在重大安全隐患时,应立即指示承包人停工,做好防范措施,并及时向发包人报告;如有必要,应向政府有关主管部门报告。当发生施工安全事故时，监理机构应协助发包人进行安全事故的调查处理工作。

工程项目开工前，监理机构应督促承包人按施工合同约定，编制施工环境管理和保护方案，并对落实情况进行检查。在施工过程中，监理机构应监督承包人避免对施工区域的植物、生物和建筑物的破坏。监理机构应监督承包人严格执行有关规定，加强对噪声、粉尘、废气、废水、废油的控制，并按施工合同约定进行处理。监理机构应要求承包人保持施工区和生活区的环境卫生，及时清除垃圾和废弃物，并运至指定地点进行处理。工程完工后，监理机构应监督承包人按施工合同约定拆除施工临时设施，清理场地，做好环境恢复工作。

2.5 合同管理

合同管理是进行投资控制、工期控制和质量控制的手段。因为合同是监理单位站在公正立场采取各种控制、协调与监督措施，履行纠纷调解职责的依据，也是实施三大目标控制的出发点和归宿。

2.6 信息管理

信息管理是建设项目监理的重要手段。只有及时、准确地掌握项目建设中的信息，严格、有序地管理各种文件、图纸、记录、指令、报告和有关技术资料，完善信息资料的接收、签发、归档和查询程序与制度，才能使信息及时、完整、准确和可靠地为建设监理提供工作依据，以便及时采取措施，有效地实现合同目标，完成监理任务。

2.7 组织协调

在工程项目实施过程中，存在着大量组织协调工作，项目法人和承包单位之间由于各自的经济利益和对问题的不同理解，经常会产生各种矛盾；在项目建设过程中，多部门、多单位以不同的方式为项目建设服务，他们难以避免地会发生各种冲突。因此，监理单位及时、公正、合理地做好协调工作，是项目顺利进行的重要保证之一。

3 工程监理的主要依据

工程监理的主要依据可以概括为以下四个方面的内容：

(1)国家和水利部有关工程建设的法律、法规、规章和强制性条文。

(2)技术规范、技术标准，主要包括国家有关部门颁发的设计规范、技术标准、质量标准及各种施工规范、施工操作规程等。

(3)政府建设主管部门批准的建设文件、设计文件。

(4)依法签订的合同，主要包括工程设计合同、工程施工承包合同、物资采购合同及监理合同等。

4 监理的基本工作程序

依据《水利工程施工监理规范》(SL 288—2014)，监理的基本工作程序如下：

(1)依据监理合同，组建监理机构，选派总监理工程师、监理工程师、监理员和其他工作人员。

(2)熟悉工程建设有关法律、法规、规章以及技术标准，熟悉工程设计文件、施工合同文件和监理合同文件。

(3)编制项目监理规划。

(4)进行监理工作交底。

(5)编制监理实施细则。

(6)实施施工监理工作。

(7)整理监理工作档案资料。

(8)参加工程验收工作,参加发包人与承包人的工程交接和档案资料移交。

(9)按合同约定,实施缺陷责任期的监理工作。

(10)结清监理报酬。

(11)向发包人提交有关档案资料、监理工作报告。

(12)向发包人移交其所提供的文件资料和设施设备。

5 监理的主要工作方法

(1)现场记录。监理机构记录每日施工现场的人员、原材料、中间产品、工程设备、施工设备、天气、施工环境、施工作业内容、存在的问题及其处理情况等。

(2)发布文件。监理机构采用通知、指示、批复、确认等书面文件开展施工监理工作。

(3)旁站监理。监理机构按照监理合同约定和监理工作需要,在施工现场对工程的重要部位和关键工序的施工作业实施连续性的全过程监督、检查和记录。

(4)巡视检查。监理机构对所监理工程的施工进行定期或不定期的监督与检查。

(5)跟踪检测。监理机构对承包人在质量检测中的取样和送样进行监督。跟踪检测费用由承包人承担。

(6)平行检测。在承包人对原材料、中间产品和工程质量进行自检的同时,监理机构按照监理合同约定独立进行抽样监测,核验承包人的检测结果。平行检测费用由发包人承担。

(7)协调。监理机构依据合同约定对施工合同双方之间的关系以及工程施工过程中出现的问题和争议进行沟通、协商和调解。

6 监理的主要工作制度

(1)技术文件核查、审核、审批制度。根据施工合同约定由发包人或承包人提供的施工图纸、技术文件以及承包人提交的开工申请、施工组织设计、施工措施计划、施工进度计划、专项施工方案安全技术措施、度汛方案和灾害应急预案等文件,均应通过监理机构核查、审核或审批后方可实施。

(2)原材料、中间产品和工程设备报验制度。监理机构应对发包人或承包人提供的原材料、中间产品和工程设备进行核验或验收。不合格的原材料、中间产品和工程设备不得投入使用,其处置方式和措施应得到监理机构的批准或确认。

(3)工程质量报验制度。承包人每完成一道工序或一个单元工程,都应经过自检。承包人自检合格后方可报监理机构进行复核检验。上道工序或上一单元工程未经复核或复核不合格,不得进行下道工序或下一单元工程施工。

(4)工程计量付款签证制度。所有申请付款的工程量、工作均应进行计量并经监理机构确认。未经监理机构签证的付款申请,发包人不得支付。

(5)会议制度。监理机构应建立会议制度,包括第一次监理工地会议、监理例会和监理专题会议。会议由总监理工程师或由其授权的监理工程师主持。工程建设有关各方应派员参加。会议应符合下列要求:

①第一次工地会议。第一次监理工地会议应在监理机构批复合同工程开工前举行,会议内容应包括:介绍各方组织机构及其负责人,沟通相关信息,进行首次监理工作交底,合同项目开工准备检查情况。会议的具体内容可由有关各方会前约定。会议由总监理工程师主持召开。

②监理例会。监理机构应定期主持召开由参建各方现场负责人参加的会议,会上应通报工程进展情况,检查上次监理例会中有关决定的执行情况,分析当前存在的问题,提出问题的解决方案或建议,明确会后应完成的任务及其责任方和完成时限。

③监理专题会议。监理机构应根据需要,主持召开监理专题会议。会议专题包括施工质量、施工方案、施工进度、技术交底、变更、索赔、争议及专家咨询等方面。

④总监理工程师或授权副总监理工程师组织编写由监理机构主持召开会议的纪要,并分发与会各方。

(6)紧急情况报告制度。当施工现场发生紧急情况时,监理机构应立即指示承包人采取有效紧急处理措施,并向发包人报告。

(7)工程建设标准强制性条文(水利工程部分)符合性审核制度。监理机构在审核施工组织设计、施工措施计划、专项施工方案、安全技术措施、度汛方案和灾害应急预案等文件时,应对其与工程建设标准强制性条文(水利工程部分)的符合性进行审核。

(8)监理报告制度。监理机构应及时向发包人提交监理月报、监理专题报告;在工程验收时,提交工程建设监理工作报告。

(9)工程验收制度。在承包人提交验收申请后,监理机构应对其是否具备验收条件进行审核,并根据有关水利工程验收规程或合同约定,参与或主持工程验收。

7 组织协调

项目建设组织管理是一个复杂的、开放的系统,项目法人与承包商、各个承包商之间、现场施工进度与物资供应方面、现场施工与周围环境之间等存在着多种界面。因此,协调工作贯穿于工程项目建设的全过程,渗透到项目建设的每一个环节。工程建设的每个过程、每个环节,都存在着不同程度的矛盾、干扰,甚至冲突,需要不同层次的机构和人员去协调。在工程建设监理过程中,协调的主要内容有以下几方面。

7.1 协调项目法人和承包单位的关系

在合同实施中,由于合同文件约定的不够明确或约定不够准确和完整、法律法规后续变更、工程变更、现场施工条件变化、不可预见事件的发生和索赔事件发生等,经常需要商议确定某些事宜。然而,由于项目法人和承包单位双方的合同地位不同、参与建设的目的不同、经济利益不同,从而可能经常存在对某些具体问题的不同理解。这就需要监理单位从独立、公正的立场,合理提出建议,增进沟通,友好协商,逐步减小意见差别,化解矛盾,解决问题。

7.2 协调各承包单位在建设过程中的干扰和协作配合关系

在工程建设中,经常出于不同的目的,将施工任务分成几个标进行发包。各承包单位之间可能经常由于工作交接、施工场地交接或交叉、交通干扰、相互间作业干扰等原因,发生冲突;有时也可能为了完成合同任务,必须使用其他承包单位的设施。监理单位应利用合同赋予的权利,根据具体情况,做出最有利于工程总体进展的协调工作。同时,应根据合同,对由此造成损失的承包单位给予补偿。

7.3 协调施工进度与资源的供给与分配

施工进度是靠相关的资源保证的。这里的资源是一个很广泛的概念,如设施、设备、场地、图纸、劳动力、资金等。在资源供给不能满足施工进度的条件下,监理单位应根据工程的具体情况,做好协调工作,力争使这种影响造成的损失最小,并公正、合理地处理好有关费用补偿问题。对于承包人应当提供的设备、劳动力等情况,监理单位主要任务是督促。

7.4 协调由于设计变更引起的施工组织、施工方案调整

有时,由于设计变更引起施工组织设计、施工方案的较大变化,现场的资源可能不能满足施工的要求,从而影响工程的顺利实施,且有可能对相关的某一方造成损失。因此,监理单位应组织实施方案商定的协调工作,并对遭受损失的当事人进行合理补偿。

7.5 监理机构内部的工作协调

在监理工作过程中,监理机构各部门或监理人员个人,经常由于分工与协作配合、职责与权利、责任与成绩及利益的分配等原因,造成工作冲突、不连续、互相推诿或相互之间的隔阂,影响监理工作的整体效果。因此,各级监理负责人应及时发现这些问题,并及时、合理疏导解决,保证监理机构内部各部门、每个监理人员在良好的团队精神下,顺利开展监理工作。

项目2 水利工程建设监理单位

任务1 水利工程建设监理单位的设立与管理

工程建设监理单位是我国推行建设监理制之后才逐渐兴起的一种企业。按水利部《水利工程建设监理规定》,从事水利工程建设监理的监理单位必须取得水利工程建设监理单位资格等级证书,方可从事水利工程建设监理业务。监理单位的责任主要是向工程业主提供高智能的技术服务,对工程项目的建设投资、建设工期和质量等方面进行监督管理。

1 监理单位的概念

监理单位,一般是指具有法人资格,取得监理资格等级证书,主要从事工程建设监理工作的监理公司、监理事务所等;也包括具有法人资格的单位下设的专门从事工程建设监理的二级机构。这里所说的“二级机构”是指企业法人中专门从事工程建设监理工作的内设机构,如设计单位中的“监理部”等。根据《水利工程施工监理规范》(SL 288—2014),监理单位是指具有企业法人资格,取得水利工程建设监理资格等证书,并与发包人签订了监理合同,提供监理服务的单位。监理单位必须具有自己的名称、组织机构和场所,有与承担监理业务相适应的经济、法律、技术及管理人员,完善的组织章程和管理制度,并应具有一定数量的资金和设施。符合条件的建设监理单位经申请取得监理资格等级证书,并经工商注册取得营业执照后才可承担监理业务。

一个发育完善的市场,不仅要有法人资格的交易双方,还要有协调交易双方,为交易双方提供交易服务的第三方。就建筑市场而言,项目法人和承建商是买卖双方。承建商(包括工程建设的勘察、规划、设计、建筑构配件制造、施工单位,就具体的交易活动来说,承建商可以是其中之一,也可能是指几个单位,甚至是指上述所有单位)以物的形式出卖自己的劳动,是卖方。项目法人以支付货币的形式购买承建商的产品,是买方。一般来说,建筑产品的买卖交易不是霎时就可以完成的,往往经历较长的时日。交易的时间越长,或者说,阶段性交易的次数越多,买卖双方产生矛盾的概率就越高,需要协调的问题就越多。随着市场经济体制的建立与深化,交易的范围越来越广,交易活动的科学性越来越强,交易活动的技巧越来越高。由此,中介服务组织便应运而生,成为为交易活动提供服务的专业机构。在建筑市场中,监理单位就是这种专业服务机构的主要代表。监理单位都是技术密集的群体,在工程建设活动中发挥着智囊团的作用。总之,项目法人、监理单位和承建商构成了建筑市场的三大主体,三者缺一不可。

2 监理单位的分类

2.1 按经济性质分

(1)全民所有制监理单位。这类企业成立较早,一般是在公司法颁布实施之前批准成立的,其人员从已有的全民所有制企业中分离出来,由原有企业或原有企业的上级主管部门负责组建。该类监理单位在其开展监理经营活动的初期,往往还依附于原来企业,由原来企业给予经济上和物质上等多方面的支持。当然,这是一种暂时的现象,随着建设监理事业的发展,全民所有制单位会发展成为真正具有独立法人资格的企业法人。同时,会像其他全民所有制一样,在企业现代化的过程中,按照公司法的规定,改建为新型的企业。

(2)集体所有制监理单位。作为法规,允许成立集体所有制的监理单位,但实际上,多年来申请设立这类经济性质的监理单位很少。

(3)私有监理单位。私有监理单位承揽监理业务,属于“无限责任”经营,一旦发生监理事故,私有制单位要赔偿所有因自己的责任而产生的直接损失,甚至要赔偿间接的损失。

2.2 按照组建方式分

(1)有限责任公司。以其出资额为限,对公司承担责任,公司以其全部资产对公司的债务承担责任。公司股东,按其投入公司资本额的多少,享有大小不同的资产受益权、重大决策参与权和对管理者的选择权。公司享有由股东投资形成的全部法人财产权,依法享有民事权,并承担民事责任。

(2)股份有限公司。其全部资本分为等额股份,股东以其所持股份为限对公司承担经济责任。同时,以所持股份的多少,享有相应份额的资产受益权、重大决策参与权和选择管理者的权力。公司则以其全部资产对公司的债务承担责任。另外,与有限责任公司一样,股份有限公司享有股东投资形成的全部法人财产权,依法享有民事权利,承担民事责任。

有限责任公司和股份有限公司的区别有以下几点:

(1)有限责任公司是属于“人资两合公司”,其运作不仅是资本的结合,而且是股东之间的信任关系;股份有限公司完全是资合公司,是股东的资本结合,不基于股东间的信任关系。

(2)有限责任公司的股东人数有限制,为2人以上50人以下,而股份有限公司股东人数没有上限,只要不少于5人就可以。有限责任公司的股东向股东以外的人转让出资有限制,需要经过全体股东过半数同意,而股份有限公司的股东向股东以外的人转让出资没有限制,可以自由转让。

(3)有限责任公司不能公开募集股份,不能公开发行股票,而股份有限公司可以公开发行股票。

(4)有限责任公司不用向社会公开披露财务、生产、经营管理的信息,而股份有限公司需要向社会公开其财务状况。

2.3 按资质等级分

水利工程建设监理单位资质分为水利工程施工监理、水土保持工程施工监理、机电及金属结构设备制造监理、水利工程建设环境保护监理4个专业。其中,水利工程施工监理、水土保持工程施工监理专业资质等级分为甲级、乙级、丙级3个等级,机电及金属结构设备制造监理专业资质分为甲级、乙级2个等级,水利工程建设环境保护监理专业资质暂不分级。

3 监理单位的设立

3.1 设立监理单位的基本条件

3.1.1 甲级监理单位资质条件

(1)具有健全的组织机构、完善的组织章程和管理制度。技术负责人具有高级专业技术职称,并取得总监理工程师岗位证书。

(2)专业技术人员。监理工程师以及其中具有高级专业技术职称的人员、总监理工程师,均不少于规定的人数。水利工程造价工程师不少于3人。

(3)具有5年以上水利工程建设监理经历,且近3年监理业绩分别为:

①申请水利工程施工监理专业资质,应当承担过(含正在承担,下同)1项Ⅱ等水利枢纽工程,或者2项Ⅱ等(2级堤防)其他水利工程的施工监理业务;该专业资质许可的监理范围内的近3年累计合同额不少于600万元。

承担过水利枢纽工程中的挡、泄、导流、发电工程之一的,可视为承担过水利枢纽工程。

②申请水土保持工程施工监理专业资质,应当承担过2项Ⅱ等水土保持工程的施工监理业务;该专业资质许可的监理范围内的近3年累计合同额不少于350万元。

③申请机电及金属结构设备制造监理专业资质,应当承担过4项中型机电及金属结构设备制造监理业务;该专业资质许可的监理范围内的近3年累计合同额不少于300万元。

(4)能运用先进技术和科学管理方法完成建设监理任务。

(5)注册资金不少于200万元。

3.1.2 乙级监理单位资质条件

(1)具有健全的组织机构、完善的组织章程和管理制度。技术负责人具有高级专业技术职称,并取得总监理工程师岗位证书。

(2)专业技术人员。监理工程师以及其中具有高级专业技术职称的人员、总监理工程师,均不少于规定的人数。水利工程造价工程师不少于2人。

(3)具有3年以上水利工程建设监理经历,且近3年监理业绩分别为:

①申请水利工程施工监理专业资质,应当承担过3项Ⅲ等(3级堤防)水利工程的施工监理业务;该专业资质许可的监理范围内的近3年累计合同额不少于400万元。

②申请水土保持工程施工监理专业资质,应当承担过4项Ⅲ等水土保持工程的施工监理业务;该专业资质许可的监理范围内的近3年累计合同额不少于200万元。

(4)能运用先进技术和科学管理方法完成建设监理任务。

(5)注册资金不少于100万元。

首次申请机电及金属结构设备制造监理专业乙级资质,只需满足第(1)、(2)、(4)、

(5)项;申请重新认定、延续或者核定机电及金属结构设备制造监理专业乙级资质,还须该专业资质许可的监理范围内的近3年年均监理合同额不少于30万元。

3.1.3 丙级和不定级监理单位资质条件

(1)具有健全的组织机构、完善的组织章程和管理制度。技术负责人具有高级专业技术职称,并取得总监理工程师岗位证书。

(2)专业技术人员。监理工程师以及其中具有高级专业技术职称的人员、总监理工程师,均不少于规定的人数。水利工程造价工程师不少于1人。

(3)能运用先进技术和科学管理方法完成建设监理任务。

(4)注册资金不少于50万元。

申请重新认定、延续或者核定丙级(或者不定级)监理单位资质,还须专业资质许可的监理范围内的近3年年均监理合同额不少于30万元。

3.2 设立建设监理单位的申请

根据《水利工程建设监理规定》,取得水利工程建设监理单位资质,须向有管辖权的受理机构提出资质申请并经初审后,由国务院水行政主管部门认定并颁发《水利工程建设监理单位资质等级证书》。

3.2.1 申请程序

新设立的监理单位,须先向单位所在地工商行政管理部门进行企事业法人预登记,取得营业核准书后,按申请水利工程建设监理单位资质的程序报水利部,取得《水利工程建设监理单位资质等级证书》后再进行正式工商企事业法人登记。

新申请建设监理资质等级的监理单位,条件符合上述丙级资质标准中1、2、4、5款,先定为丙级(暂定),一年后年检期间,具备了丙级资质标准中规定的监理业务经历要求后,方可正式定为丙级。

3.2.2 申请书内容

符合以上条件的单位,可填写《水利工程建设监理单位资质申请书》。申请书包括以下内容:

(1)监理单位的名称和地址。

(2)法人代表或负责人的姓名、年龄、文化程度、专业、职称和简历。

(3)技术负责人的姓名、年龄、文化程度、专业、职称和简历。

(4)监理工程师一览表,内容包括姓名、年龄、文化程度、专业、职称和简历并附资格证书复印件。

(5)监理单位的所有制性质。

(6)拟申请的监理业务范围、资质等级。

新申请监理单位资质等级除填写《水利工程建设监理单位资质等级申请表》外,还必须出具以下证明材料:

(1)单位营业执照原件或工商行政管理部门颁发的营业核准书;

(2)注册资金证明(验资报告);

(3)单位法人代表、技术负责人任职文件、专业技术职务任职资格证书和水利工程建设监理工程师资格证书及岗位证书复印件;

(4)《水利工程建设监理工程师注册批准书》;

(5)《业务手册》或监理业绩及其证明材料;

(6)单位组织章程;

(7)其他附件。

3.2.3 建设监理单位的申报

审批程序,一般分为三步:一是按照申报的要求,准备好各种材料,向建设监理行政主管部门申请设立;二是建设监理行政主管部门审查其资质条件;三是审查资质合格者到工商行政管理机关申请登记注册,领取营业执照。

建设监理行政主管部门对申报设立监理单位的资质审查,主要是看它是否具备开展监理业务的能力;同时,要审查它是否具备法人资格的起码条件。在达到上述两项条件的基础上,核定它开展建设监理业务活动的经营范围,并提出资质审查合格的书面材料。

没有建设监理行政主管部门签署的资质审查合格的书面意见,监理单位不得到工商行政管理部门申请登记注册,工商行政管理部门不得受理没有建设监理行政主管部门签署资质审查合格书面材料的监理单位的登记注册申请。

工商行政管理部门对申请登记注册监理单位的审查,主要是按企业法人应具备的条件进行审理。经审查合格者,给予登记注册,并填发营业执照。登记注册是对法人成立的确认。没有获准登记注册的不得以申请登记注册的法人名称进行经营活动。

3.3 监理单位的审批

申请水利工程建设监理单位资格的单位,应将《水利工程建设监理单位资质等级申请表》及必须出具的证明材料,按隶属关系送流域机构或省、自治区、直辖市水利(水电)厅(局),经初审后,报送水利部。

水利部水利工程建设监理资格评审委员会负责审定申请单位的业务范围和资格等级,由水利部颁发《水利工程建设监理单位资质等级证书》。

4 监理单位的资质管理

监理单位的资质,主要体现在监理能力及其监理效果上。所谓监理能力,是指能够监理多大规模和多大复杂程度的工程建设项目。所谓监理效果,是指对工程建设项目实施监理后,在工程投资控制、工程质量控制、工程进度控制等方面取得的成果。监理单位监理的"大"、"难"的工程项目数量越多,成效越大,表明其资质越高。资质高的监理单位,其社会知名度也大,取得的监理成效也会越显著。

监理单位的监理能力和监理效果主要取决于监理人员素质、专业配套能力、技术装备、监理经历和管理水平等。我国的建设监理法规规定,按照这些要素的状况来划分与审定监理单位的资质等级。

4.1 监理单位的资质要素

4.1.1 监理人员素质

监理单位是智能型企业,监理单位的产品是高智能的技术服务。所以,工作性质决定了监理单位是高智能的人才库。尤其较之一般物质生产企业来说,监理单位对人才的专业技术素质的要求是相当高的。

关于监理人员的素质:一是监理人员要具备较高的工程技术组织或经济专业知识;二是监理人员要具有较强的组织协调能力;三是监理人员要具备高尚的职业道德;四是要拥护中国共产党的领导、热爱社会主义祖国;五是身体健康,能胜任监理工作的需要。

对监理单位负责人的素质要求则更高一些:在技术方面,应当具有高级职业技术职称;应具有较强的组织协调和领导才能;应当取得国家认证的监理工程师资格证书。

关于对监理人员专业知识的要求,主要体现在其学历和技术职称等方面。一般说来,从事监理工作的人员都应具有大专以上(含大专)的学历。对一个监理单位来说,具有大学本科以上(含本科)学历的人员是大多数。在专业职称方面,具有高级职称的人员拟有20%左右,中级职称的人员拟有50%左右,具有初级职称的人员拟有20%左右,其余10%以下的人员可不要求具备专业职称,如汽车司机、生活服务人员、后勤管理人员等。对于甲级资质监理单位来说,最好还应有与主要经营范围相应的具有较高权威的专家。

4.1.2 专业配套能力

任何一项工程建设,往往都需要多种专业人员协同工作。在现代化建设中,如水利水电工程建设、石油化工工程建设、高层住宅建设等,其生产工艺十分复杂,涉及的学科知识也相当广泛。因此,现代化工程建设监理工作,需要多专业的人员共同来完成。如承担水电工程建设监理业务的监理单位,还要配备地质、水工、水电机械设备、工业电力等专业方面的监理人员。一个监理单位,按照它所从事的监理业务范围的要求,配备的专业监理人员是否齐全,在很大程度上决定了它的监理能力的强弱。

4.1.3 监理单位的技术装备

监理单位的技术装备也是其资质要素之一。尽管工程建设监理是一门管理性的专业,但是,也少不了有一定的技术装备,作为机械科学管理的辅助手段,在科学发达的今天,如果没有较先进的技术装备辅助管理,就不称其为科学管理,甚至都谈不上管理。综合国内外监理单位的技术装备内容,大体上有以下几项:

(1)计算机。主要用于电算、各种信息和资料的收集整理及分析,用于各种报表、文件、资料的打印等办公自动化管理,更重要的是要开发计算机软件辅助监理管理。

(2)工程测量仪器设备。主要用于对建筑物(构筑物)的平面位置、空间位置和几何尺寸及有关工程实物的测量。

(3)检测仪器设备。主要用于确定建筑材料、建筑机械设备、工程实体方面的质量状况。如混凝土强度回弹仪、焊接部件无损探伤仪、混凝土灌注桩质量测定仪及相关的化验、试验设备等。

(4)交通、通信设备。主要包括常规的交通工具,如汽车、摩托车等;电话、电传、传呼机、步话机等。装备这类设备主要是为了适应高效、快速现代化工程建设的需要。

(5)照相、录像设备。工程建设活动是不可逆转的,而且中间的产品(或叫过程产品)随着过程建设活动的进展,也绝大部分被隐蔽起来。为了相对真实地记载工程建设过程中重要活动及其产品的情况,为事后分析、查证有关问题,以及为以后的工程建设活动提供借鉴等,有必要进行照相或录像加以记载。

4.1.4 监理单位的管理水平

管理是一门科学。对于企业来说,管理包括组织管理、人事管理、财务管理、设备管理、生产经营管理、科技管理和档案文书管理等多方面的内容。

一般情况下,监理单位应建立以下几种管理制度:

(1)组织管理制度,包括关于机构设置和各种机构职能划分、职责确定及组织发展规划等。

(2)人事管理制度,包括职员录用制度、职员培训制度、职员晋升制度、工资分配制度、奖励制度等激励机制。

(3)财务管理制度,包括职员录用制度、财务计划管理、投资管理、资金管理制度、财务审计管理制度等。

(4)生产经营管理制度,包括企业的经营规划(经营目标、方针、战略、对策等)、工程项目激励机构的运行办法、各项监理工作的标准及检查评定办法、生产统计办法等。

(5)设备管理制度,包括设备的购置办法,设备的使用、保养规定等。

(6)科技管理制度,包括科技开发规划、科技成果评审办法、科技成果汇编和推广应用办法等。

(7)档案文书管理制度。包括档案的整理和保管制度,文件和资料的使用管理办法等。

另外,还有会议制度、工作报告制度,党、团、工会工作的管理制度等。

4.1.5 监理单位的经历和成效

监理单位的经历是指监理单位成立之后,从事监理工作的历程。一般情况下,监理单位从事监理工作的年限越长,监理的工程项目就可能越大,监理的成效会越大,监理的经验也会越丰富。刚成立不久的监理单位,从事监理活动的经历短,实践少,资历浅,经验也不会多,其资历高低也就难以评定。显然,监理经历是确定经历单位资质的重要因素之一。

监理成效,主要是指监理活动在控制工程建设的投资、工期和保证工程质量等方面取得的效果。工程不竣工,这些效果很难得到最终的认定。有了认定的监理成效,才能评定一个监理单位的能力大小,才能确定其资质等级的高低。因此,在审定监理单位资质时,规定必须有一定数量竣工的工程。一般情况下,监理成效是一个监理单位人员素质、专业配套能力、技术装备状况、管理水平和监理经历的综合反映。同时,监理的工程规模越大,技术难度越大,监理成效越显著,就说明监理单位的资质越高。

此外,监理单位要有起码的经济实力,即要有一定数额的注册资金。

4.2 监理单位资质等级的管理

按照有关法规规定,监理单位自领营业执照之日起,从事监理工作满2年后,可以向监理资质管理部门申请核定资质等级。刚成立的监理单位,不定资质等级,只能领取临时资质等级证书。

4.2.1 资质等级审定内容

无论甲级、乙级或丙级资质监理单位,其资质等级的审定都是从以下四个方面考虑的:

(1)监理单位负责人专业技术素质;

(2)监理单位的群体专业素质及专业配套能力;

(3)注册资金的数额；

(4)监理工程的等级和竣工的工程数量及监理成效。

4.2.2　注意事项

核定监理单位资质等级时要注意以下四点：

(1)在程序上，必须坚持自愿申请、主管部门初审合格并推荐后，上一级资质管理部门再受理的原则(如申报乙级、丙级监理资质的，应由其业务主管部门审查后，再向省或部委建设行政主管部门申报)。因为其业务管理部门对其监理工作等各方面情况了解得比较详细、深透。这也是广泛征询意见，合理地评定资质等级的有效方式。

(2)考核的内容重点是审查监理业绩。监理业绩包括监理的工程类别、数量，监理的范围和深度，监理的成效等方面。

(3)核审的方法，主要是把各项条款再进一步细化、量化，然后进行综合评定，必要时要进行核查。

(4)评定资质等级的同时，要根据单位专业技术人员的构成，核定其业务范围。一般说来，一个监理单位的业务范围不宜过大。每项监理业务范围，必须要有与之相应的专业人员。监理单位的主要监理专业队伍中，必须有 2 名以上具有高级专业技术职称的监理人员。

4.2.3　监理单位的资质检查

4.2.3.1　检查方式

水利工程建设监理单位资质等级每年年检一次，每 4 年复查一次。年检结论分合格、基本合格和不合格 3 种，具体条件由水利部另行规定。对基本合格单位发黄牌警告，限期整改，对不合格单位作降级处理。

凡年检或复查时被核定降级或在工程监理中发生重大质量、安全事故的监理单位，由年检或复查单位提出资质降级鉴定报告，报水利部批准，收缴原资格证书，并核发新的资质证书。

凡执业成绩优异，获得良好社会信誉，达到上一资质等级标准的监理单位，可按规定申报正式定级或升级；正式定级或升级与年检同时进行，资质等级不能越级申报。

4.2.3.2　检查机构

甲级监理单位及水利部直属监理单位资质等级的年检工作由水利部负责。乙、丙级监理单位资质等级的年检工作按隶属关系由各流域机构，各省、自治区、直辖市水利(水电)厅(局)负责，年检结果报水利部备案。监理单位资质的复查工作由水利部或委托流域机构负责。

5　监理单位从业守则

水利工程建设监理单位应严格遵守法律法规的规定，开展监理工作，监理单位应遵守以下准则：

(1)申请监理单位资质等级不得隐瞒有关情况或者提供虚假材料；不得以欺骗、贿赂等不正当手段取得监理单位资质等级证书。

(2)监理单位不得涂改、倒卖、出租、出借、伪造资质等级证书，或者以其他形式非法转让资质等级证书。

(3)监理单位不得超越本单位资质等级许可的范围或以其他监理单位的名义承揽水利工程建设监理业务。

(4)监理单位不得允许其他单位或者个人以本单位名义承揽工程建设监理业务。

(5)监理单位不得转让监理业务。

(6)监理单位不得以回扣、贿赂、串通、欺诈、胁迫等不正当竞争手段承揽工程建设监理业务。

(7)监理单位不得与建设单位或者施工单位(被监理单位)串通,弄虚作假、降低工程质量;不得将不合格的建设工程、建筑材料、建筑构配件和设备按照合格签字。

(8)监理单位应当对施工组织设计中的安全技术措施或者专项施工方案进行审查;在施工过程中发现安全事故隐患应当及时要求施工单位整改或者暂时停止施工,施工单位拒不整改或者不停止施工,应及时向有关主管部门报告;应依照法律法规和工程建设强制性标准实施监理。

(9)监理单位不得与建设单位或者施工单位串通,弄虚作假、降低环境保护标准;应严格对施工组织设计中的施工区环境保护措施进行审查;当发现环境保护措施不符合要求或存在生态破坏、环境污染隐患,应及时要求施工单位整改或者暂时停止施工。

(10)监理单位不得聘用无水利工程建设监理人员资格证书(或未经注册)的人员从事水利工程建设监理活动;在开展工程建设监理业务中,不得隐瞒有关情况、提供虚假材料或者拒绝提供反映其活动的真实材料。

(11)监理单位不得利用工作便利与建设单位、施工单位以及建筑材料、建筑构配件和设备供应单位勾结,谋取不正当利益或损害他人利益。

任务2 水利工程建设监理单位的经营

按照市场经济体制的观念,项目法人把监理业务委托给哪家监理单位是项目法人的自由,愿意接受哪个项目法人的监理委托是监理单位的权力。自由交易是市场经济的基本规律。监理单位在建筑市场中开展经营活动,也必须遵守这个规律。另外,自由竞争是市场经济的基本规律之一。监理单位必须参与市场竞争,通过竞争承揽业务,在竞争中求生存、求发展。

1 监理单位资质等级许可的业务范围

1.1 水利工程施工监理专业资质

(1)甲级:可以承担各等级水利工程建设监理业务。

(2)乙级:可以承担Ⅱ等(堤防2级)及以下等级水利工程建设监理业务。

(3)丙级:可以承担Ⅲ等(堤防3级)及以下等级水利工程建设监理业务。

1.2 水土保持工程施工监理专业资质

(1)甲级:可以承担各等级水土保持工程的施工监理业务。

(2)乙级:可以承担Ⅱ等及以下水土保持工程的施工监理业务。

(3)丙级:可以承担Ⅲ等及以下水土保持工程的施工监理业务。

同时具备水利工程施工监理专业资质和乙级以上水土保持工程施工监理专业资质的,方可承担淤地坝中的骨干坝施工监理业务。

适用于建设监理的水土保持工程等级划分标准见《水利工程建设监理单位资质管理办法》(水利部令第29号)。

1.3 机电及金属结构设备制造监理专业资质

(1)甲级:可以承担水利工程中的各类型机电及金属结构设备制造监理业务。

(2)乙级:可以承担水利工程中的中、小型机电及金属结构设备制造监理业务。

适用建设监理的机电及金属结构设备等级划分标准见《水利工程建设监理单位资质管理办法》(水利部令第29号)。

1.4 环境保护监理专业资质

水利工程建设环境保护监理专业资质可以承担各类、各等级水利水电工程建设的环境保护监理业务。

2 监理单位获取监理业务的途径

2.1 监理单位获取监理业务的基本方式

2.1.1 业主选择监理单位考虑的主要因素

选择一个理想而又合适的监理单位,对工程建设项目举足轻重。业主选择监理单位应考虑以下主要因素:

(1)必须选择依法成立的监理单位。即选择取得监理单位资质证书、具有法人资格的专业化监理单位或兼承监理业务的工程咨询、设计、科研等单位。

(2)被选择的监理单位的人员应具有较好的素质,具有足够的可以胜任建设项目监理业务的技术、经济、法律、管理等各类工作人员。

(3)被选择的社会监理单位,应具有良好的工程建设监理业务的技能和工程建设监理的实践经验,能提供良好的监理服务。

(4)被选择的监理单位应具有较高的工程建设管理水平。

(5)被选择的监理单位应有良好的社会信誉及较好的监理业绩。监理单位在科学、守法、公正、诚实方面有良好的声誉,以及在以往工程项目监理中有较好业绩,监理单位能全心全意地与业主和承包商合作。

(6)合理的监理费用。

2.1.2 监理单位获取监理业务的方式

监理单位承揽监理业务的表现形式有两种:一是通过投标竞争取得监理业务;二是由业主直接委托取得监理业务。通过投标取得监理业务,这是市场经济体制下比较普遍的形式。业主一般通过招标投标的方式择优选定监理单位。在不宜公开招标的机密工程或没有投标竞争对手等情况下,或者是工程规模比较小、比较单一的监理业务,或者是对原监理单位的续用等情况下,业主可以直接委托监理单位。

一般对于大中型项目,或国际金融组织贷款项目,或属于国际承包工程项目等,多数采用竞争性委托方式。一个工程项目的成败,原因固然不一,但是监理单位的素质和管理水平对此有很大影响。如何能够选择一个最合适的公司来承担本项目的监理工作,则是至关重要的。因此,需要经过一个选择的过程,最终能够确认这家公司有经验、有人才、有方法、有手段、有信誉,能够把工程项目目标顺利实现,这是完全必要的。

无论是通过投标承揽监理业务,还是由业主直接委托取得监理业务,都有一个共同的前提,即监理单位的资质能力和社会信誉得到业主的认可。从这个意义上讲,在市场经济发展到一定程度,企业的信誉比较稳固的情况下,业主直接委托监理单位承担监理业务的做法会有所增加。

2.2 竞争性委托监理的方式及程序

2.2.1 业主委托监理的方式

业主采用竞争方式委托监理时,可采用公开招标和邀请招标两类。

2.2.1.1 公开招标

公开招标又称无限竞争性招标。招标人通过报刊、信息网络或其他媒介,向社会公开发布招标公告。凡具备相应资质符合招标条件的法人或组织均可自愿参加投标。其优点是能充分体现公开、公平、公正、竞争择优的原则,招标人选择范围广,有利于提高工程质量,缩短工期,降低造价,得到合理的利益回报。其缺点是投标人多,招标人审查投标人的资格、投标文件及评标工作量大,时间长,耗资多。

2.2.1.2 邀请招标

邀请招标又称有限竞争性招标或选择性招标。由招标人根据对监理市场的了解,选择一定数目的监理企业(不少于3家),向他们发出投标邀请。被邀请者可自愿参与投标竞争。这种招标方式的优点是不需发布招标公告和设置资格预审程序,节约招标费用与时间。由于对投标人以往的业绩和履约能力比较了解,减小了合同履行过程中的风险。其缺点是邀请范围小、选择面窄、竞争的激烈程度相对较差。

2.2.2 邀请招标委托监理的程序

2.2.2.1 确定委托监理服务的范围

业主根据本项目的特点及自己项目管理的能力,确定在哪些阶段委托监理;在这些阶段中,将哪些工作委托给社会监理单位,这是业主在开始委托时考虑的首要问题。也就是确定自己的监理需求。

2.2.2.2 编制监理费用概算

建设监理是有偿的服务活动。为了使监理单位能顺利地开展监理工作,完成业主委托的任务,并达到满意的程度,必须付给监理单位一定的报酬,以补偿其在监理服务中的直接成本和各项开支、利润和税金。这是监理企业赖以生存和发展的基本条件。同时,作为委托方,他需要为开展监理工作提供各种方便条件和后勤支持,也需要一定数量的费用。所有这些费用必须事先进行估算或概算,做好财务上的准备及谈判的准备。

2.2.2.3 成立委托组织机构

业主着手委托之前,应当预先成立专门的委托机构,由这个机构直接进行委托方面的一系列事务性工作,并由他及时与领导沟通,便于领导决策。这个机构人员宜少而精,所有成员必须在三个方面具备基本条件,即他们十分熟悉本工程项目的情况;了解有关监理方面的基本知识和业务及行业情况;能够秉公办事,有一定的公关能力。

2.2.2.4　收集并筛选监理单位，确定参选名单

国际上一个公认的经验是，在选择监理单位时，参选名单的长短，应按取短不取长的原则办，即形成一个所谓的"短名单"。一是数量多则评审监理投标书的时间太长，甚至因为数量大，反而造成差异过小，以至于影响质量的辨别；二是参选单位过多，影响实力雄厚、信誉卓著的监理单位参加的积极性，使他们拒绝参加或不尽力提高监理大纲质量；三是大量公司投入竞争，又大量地被淘汰，使得这些被淘汰的公司造成资金损失，这笔费用迟早要在今后的监理合同中补偿回来，最终会使监理费提高，对业主和监理单位都是不利的。

按国际通行做法，参选公司数量以3~6家为宜。对于像世界银行这样的国际金融组织，他们在选择"咨询人"时，还有其他一些政策应当遵守。例如，要求来自同一国家的监理单位数量以不超过两家为宜，应考虑至少一家来自发展中国家，鼓励借款人将本国监理单位列入参选行列等。

2.2.2.5　确定评标方式

业主选择监理单位的方式有两种。第一种是根据监理单位的监理投标书的质量，配备监理人员的素质，以及监理单位的工程监理经验和业绩来选择。即先进行单纯技术评审，技术评审合格者再进行监理费用的评审。第二种就是进行综合评审，既考虑技术评审内容，又考虑监理费用报价。如果采用综合评审方式，最好要求技术评审内容与监理费用评审内容分别单独密封，在评审时，先评审技术部分，然后再评审监理费用报价的内容，以避免费用报价的高低给技术评审造成影响。

具体采用哪种方式，主要取决于工程项目的复杂性和难易程度，以及业主对社会监理单位的期望。但无论采用哪一种选择方式，都应反映和体现一个基本事实，即选择工程监理单位重在他的监理水平、监理经验、社会信誉和投入监理的主要人员的素质。而监理费用则是评审的第二位因素。因为选择一个理想的监理单位和监理工程师，可以优化实施项目，在经济方面产生良好的效益，所带来的好处远比支付的监理费要大。

2.2.2.6　发出邀请信

邀请信的内容一般包括以下基本内容：

(1)工程项目简介。

(2)拟委托服务的范围、内容、职责、合同条件及其他补充资料等。

(3)监理费用计价方式。

(4)监理投标书编制格式、要求、内容。

(5)监理投标书编制的时间要求。

(6)监理投标书有效期规定，即在此期间不允许改变监理人员配置方案和监理报价等。

(7)提交投标书的地点、方式和日期。

(8)开始监理的时间。

(9)业主可提供的人员、设施、交通、通信和生活设施等。

(10)其他。如有关纳税规定，当地有关法律，其他被邀监理单位名单，被邀方接受邀请的回复办法等。

2.2.2.7 评审

接受监理投标书并评审，确定选择对象，准备谈判。

评审包括三个方面的基本内容：监理单位的监理经验和业绩、监理大纲、监理人员的素质和水平。但对以上三个方面的评审并非等同对待，其重要程度依次为：监理人员的素质和水平、监理大纲、监理单位的监理经验和业绩。

监理单位的监理经验和业绩所占比例较小的原因主要是，在确定选择名单之前已经进行了一番评比和筛选，这个筛选过程就是对这些监理单位的一般经验的评价。评审阶段对监理单位评审内容，则侧重于本项目更直接的经验和特殊经验的要求方面。

对监理大纲的评审着重于该监理单位对项目委托任务的理解程度，有无创造性的设想，以及采用的监理方法和手段是否适当，是否科学，是否能满足对监理的需要。

评审对配备于本项目上的主要监理人员给予极大的重视，这是监理工作的特点所决定的。一个工程项目监理的好坏，取决于实际投入的监理工程师的素质水平和他们的努力程度，尤其是关键性人物，如总监理工程师和监理各部门的主要负责人。监理人员方面的评审内容侧重三个方面：一般资格，包括学历、专业成绩、任职经历等；对本项目适应情况，包括与本项目类似的工程监理经验，以及拟议中所承担的工作是否与他的专业特长和经验相符合等；项目所在地的工作经验，主要指对项目外部环境的熟悉程度，这是十分必要的经验。

2.2.2.8 签订监理委托合同

与中选监理单位谈判，签订监理委托合同。

业主在选择监理单位的过程中，通常监理费用不是选择监理单位的主要考虑因素，这是监理单位的选择与一般性质的工程招标投标及货物采购的主要区别。

3 监理单位经营活动基本准则

监理单位从事工程建设监理活动，应当遵循“守法、诚信、公正、科学”的准则。

3.1 守法

守法，这是任何一个具有民事行为能力的单位或个人最起码的行为准则，对于监理单位来说，守法，就是要依法经营。依法经营主要包括以下几个方面：

(1)监理单位只能在核定的业务范围内开展经营活动。

(2)监理单位不得伪造、涂改、出租、转让、出卖《资质等级证书》。

(3)工程建设监理合同一经双方签订，即具有一定的法律约束力(违背国家法律、法规的合同，即无效合同除外)，监理单位应按照合同的规定认真履行，不得无故或故意违背自己的承诺。

(4)监理单位跨地域承接监理业务，要自觉遵守当地人民政府颁发的监理法规和有关规定，并要主动向监理工程所在地的省、自治区、直辖市建设行政主管部门备案登记，接受其指导和监督管理。

(5)遵守国家关于企业的其他法律、法规的规定，包括行政的、经济的和技术的。

3.2 诚信

所谓诚信，简单地讲，就是忠诚老实、讲信用。每个监理单位，甚至每一个监理人员能否做到诚信，都会对这一事业造成一定的影响，尤其对监理单位、监理人员自己的声誉会带来很大影响。所以说，诚信是监理单位经营活动基本准则的重要内容之一。

3.3　公正

所谓公正，主要是指监理单位在处理业主与承建商之间的矛盾和纠纷时，要做到“一碗水端平”，是谁的责任，就由谁承担；该维护谁的权益，就维护谁的权益。监理单位要做到公正，必须要做到以下几点：

(1)要培养良好的职业道德，不为私利而违心地处理问题；

(2)要坚持实事求是的原则，对上级或业主的意见不唯命是从；

(3)要提高综合分析问题的能力，不为局部问题或表面现象而模糊自己的“视听”；

(4)要不断提高自己的专业技术能力，尤其是要尽快提高综合理解、熟练运用工程建设有关合同条款的能力，以便以合同条款为依据，恰当地协调、处理问题。

3.4　科学

所谓科学，是指监理单位的监理活动要依据科学的方案，运用科学的手段，采取科学的方法。监理单位科学进行监理工作主要体现在以下几个方面：

(1)科学的计划。就一个工程项目的监理工作而言，科学的方案主要是指监理细则。它包括：该项目监理机构的组织计划，该项目监理工作的程序，各专业、各年度(含季度，甚至按天计算)的监理内容和对策，工程的关键部位或可能出现的重大问题的监理措施。总之，在实施监理前，要尽可能地把各种问题都列出来，并拟订解决办法，使各项监理活动都纳入计划管理的轨道。更重要的是，要集思广益，充分运用已有的经验和智能，制定出切实可行、行之有效的监理细则，指导监理活动顺利地进行。

(2)科学的手段。单凭人的感官直接进行监理，这是最原始的监理手段。科学发展到今天，必须借助于先进的科学仪器才能做好监理工作，如已普遍使用的计算机，各种检测、试验、化验仪器等。

(3)科学的方法。监理工作的科学方法主要体现在监理人员在掌握大量确凿的有关监理对象及其外部环境实际情况的基础上，适时、妥帖、高效地处理有关问题；体现在解决问题要用“事实说话”、“用书面文字说话”、“用数据说话”；尤其体现在要开发、利用计算机软件，建立起先进的软件库。

4　监理单位的经营内容

根据建立社会主义市场经济体制的总体目标和工程建设的客观需要，监理单位进行监理经营服务的内容主要包括工程建设决策阶段监理、工程建设设计阶段监理、工程建设施工阶段监理三大部分。这里仅对工程建设施工阶段的监理工作进行讲述。工程建设施工阶段是一个比较大的含义，它包括施工招标阶段的监理、施工监理和竣工后工程保修阶段的监理。由于施工招标阶段的监理工作量比较大，保修阶段的监理性质比较特殊，所以，有的学者把这两部分单独列出作为两个独立的阶段对待。这里把三者归并在一起表述。工程建设施工阶段的监理工作内容包括：

(1)编制工程施工招标文件。

(2)核查工程施工图设计、工程施工图预算。当工程总包单位承担施工图设计时，监理单位更要投入较大的精力搞好施工图设计审查和施工图预算审查工作。

(3)协助业主组织投标、开标、评标活动,向业主提出中标单位建议。

(4)协助业主与中标单位签订工程施工合同书。

(5)协助业主与承建商编写开工申请报告。

(6)查看工程项目建设现场,向承建商办理移交手续。

(7)审查、确认承建商选择的分包单位。

(8)制订施工总体计划,审查承建商的施工组织设计和施工技术方案,提出修改意见,下达单位工程施工开工令。

(9)审查承建商提出的建筑材料、建筑物配件和设备的采购清单。工业工程的业主往往为了满足连续施工的需求,在选定承建商之前就开始设备订货。

(10)检查工程使用的材料、构件、设备的规格和质量。

(11)检查施工技术措施和安全防护设施。

(12)主持协商业主或设计单位,或施工单位,或监理单位本身提出的设计变更。

(13)监督管理工程施工合同的履行,主持协商合同条款的变更,调解合同双方的争议,处理索赔事项。

(14)检查完成的工程量,验收分项分部工程,签署工程付款凭证。

(15)督促施工单位整理施工文件的归档准备工作。

(16)参与工程竣工预验收,并签署监理意见。

(17)检查工程结算。

(18)向业主提交监理档案资料。

(19)编写竣工验收申请报告。

(20)在规定的工程质量保修期内,负责检查工程质量状况,组织鉴定质量问题责任,督促责任单位维修。

监理单位除承担工程建设监理方面的业务外,还可以承担工程建设咨询方面的业务。属于工程建设咨询方面的业务有:

(1)工程建设投资风险分析。

(2)工程建设立项评估。

(3)编制工程建设项目可行性研究报告。

(4)编制工程施工招标标底。

(5)编制工程建设各种估算。

(6)各类建筑物(构筑物)的技术测验、质量鉴定。

(7)有关工程建设的其他专项技术咨询服务。

当然,对于一个监理单位来说,不可能什么都会干。工程建设业主往往把工程项目建设不同阶段的监理业务分别委托不同的监理单位承担,甚至把同一阶段的监理业务分别委托几个不同专业的监理单位监理。但是,作为一个行业,监理单位完全可以承担上述各项监理业务及各项咨询业务。

5 水利工程监理费测算

建设监理是一种有偿的技术服务活动,而且是一种“高智能的有偿技术服务”。众所周知,工程建设是一个比较复杂且需花费较长时间才能完成的系统工程。要取得预期的、比较满意的效果,对工程建设的管理就要付出艰辛的劳动。业主为了使监理单位能顺利地完成监理任务,必须付给监理单位一定的报酬,用以补偿监理单位在完成监理任务时的支出。包括监理人员的劳务支出、各项费用支出,以及监理单位缴纳各项税金和应提留的发展基金。所以,对于监理单位来说,收取的监理费用是监理单位得以生存和发展的血液。

5.1 监理费的构成

作为企业,监理单位要担负必要的支出,监理单位的经营活动应达到收支平衡,且略有节余。所以,监理费的构成是指监理单位在工程项目建设监理活动中所需要的全部成本,再加上应缴纳的税金和合理的利润。

5.1.1 直接成本

直接成本是指监理单位在完成具体监理业务中所发生的成本。主要包括:

(1)监理人员和监理辅助人员的工资,包括津贴、附加工资、奖金等。

(2)用于监理人员和监理辅助人员的其他专项开支,包括差旅费、补助费、书报费、医疗费等。

(3)用于监理工作的计算机等办公设施的购置使用费和其他仪器、机械的租赁费等。

(4)所需要的其他外部服务支出。

5.1.2 间接成本

间接成本,有时称作日管理费,包括全部企业经营开支和非工程项目监理的特定开支。一般包括:

(1)管理人员、行政人员、后勤服务人员的工资,包括津贴、附加工资、奖金等。

(2)经营业务费,包括为招揽监理业务而发生的广告费、宣传费、有关契约合同的公证费和签证费等活动经费。

(3)办公费,包括办公用具、用品购置费,交通费,办公室及相关设施的使用(或租用)费、维修费,以及会议费、差旅费等。

(4)其他固定资产及常用工、器具和设备的使用费。

(5)垫支资金贷款利息。

(6)业务培训费,图书、资料购置等教育经费。

(7)新技术开发、研制、试用费。

(8)咨询费、专有技术使用费。

(9)职工福利费、劳动保护费。

(10)工会等职工组织活动经费。

(11)其他行政活动经费,如职工文化活动费等。

(12)企业领导基金和其他营业外支出。

5.1.3 税金

税金是指按照国家规定,监理单位应缴纳的各种税金总额,如缴纳营业税、所得税等。监理单位属科技服务类,应享受一定的优惠政策。

5.1.4 利润

利润是指监理单位的监理活动收入扣除直接成本、间接成本和各种税金之后的余额。监理单位是一种高智能群体,监理是一种高智能的技术服务,监理单位的利润应当高于社会平均利润。

5.2 我国监理费计算方法

建设工程监理与相关服务收费根据建设项目性质不同情况,分别实行政府指导价或市场调节价。依法必须实行监理的建设工程施工阶段的监理收费实行政府指导价;其他建设工程施工阶段的监理收费和其他阶段的监理与相关服务收费实行市场调节价。实行政府指导价的建设工程施工阶段监理收费,其基准价根据《建设工程监理与相关服务收费标准》计算,浮动幅度为上下20%。发包人和监理人应当根据建设工程的实际情况在规定的浮动幅度内协商确定收费额。实行市场调节价的建设工程监理与相关服务收费,由发包人和监理人协商确定收费额。

5.2.1 施工监理服务收费计算公式

施工监理服务收费按照下列公式计算:

$$\text{施工监理服务收费} = \text{施工监理服务收费基准价} \times (1 \pm \text{浮动幅度值}) \tag{2-1}$$

$$\text{施工监理服务收费基准价} = \text{施工监理服务收费基价} \times \text{专业调整系数} \times \text{工程复杂程度调整系数} \times \text{高程调整系数} \tag{2-2}$$

5.2.2 施工监理服务收费基价

施工监理服务收费基价是完成国家法律法规、规范规定的施工阶段监理基本服务内容的价格。施工监理服务收费基价按表2-1确定,计费额处于两个数值区间的,采用直线内插法确定施工监理服务收费基价。

表2-1 施工监理服务收费基价表 (单位:万元)

序号	计费额	收费基价	序号	计费额	收费基价
1	500	16.5	9	60 000	991.4
2	1 000	30.1	10	80 000	1 255.8
3	3 000	78.1	11	100 000	1 507.0
4	5 000	120.8	12	200 000	2 712.5
5	8 000	181.0	13	400 000	4 882.6
6	10 000	218.6	14	600 000	6 835.6
7	20 000	393.4	15	800 000	8 658.4
8	40 000	708.2	16	1 000 000	10 390.1

注:计费额大于1 000 000万元的,以计费额乘以1.039%的收费率计算收费基价。其他未包含的,其收费由双方协商议定。

5.2.3 施工监理服务收费调整系数

施工监理服务收费调整系数包括专业调整系数、工程复杂程度调整系数和高程调整系数。

(1)专业调整系数是对不同专业建设工程的施工监理工作复杂程度和工作量差异进行调整的系数。计算施工监理服务收费时,专业调整系数在表2-2中查找确定。

表2-2 施工监理服务收费专业调整系数表

序号	工程类型	专业调整系数
1	水利电力工程	
(1)	风力发电、其他水利工程	0.9
(2)	火电工程、送变电工程	1.0
(3)	核能、水电、水库工程	1.2
2	交通运输工程	
(1)	机场场道、助航灯光工程	0.9
(2)	铁路、公路、城市道路、轻轨及机场空管工程	1.0
(3)	水运、地铁、桥梁、隧道、索道工程	1.1
3	建筑市政工程	
(1)	园林绿化工程	0.8
(2)	建筑、人防、市政公用工程	1.0
(3)	邮政、电信、广电电视工程	1.0

(2)工程复杂程度调整系数是对同一专业建设工程的施工监理复杂程度和工作量差异进行调整的系数。工程复杂程度分为一般、较复杂和复杂三个等级,其调整系数分别为:一般(Ⅰ级),0.85;较复杂(Ⅱ级),1.0;复杂(Ⅲ级),1.15。计算施工监理服务收费时,工程复杂程度可查表4-2确定。

(3)高程调整系数如下:

海拔2 001 m以下的为1;

海拔2 001~3 000 m的为1.1;

海拔3 001~3 500 m的为1.2;

海拔3 501~4 000 m的为1.3;

海拔4 001 m以上的,高程调整系数由发包人和监理人协商确定。

5.2.4 施工监理服务收费的计费额

施工监理服务收费以建设项目工程概算投资额分档定额计费方式收费的,其计费额为工程概算中的建筑安装工程费、设备购置费和联合试运转费之和,即工程概算投资额。对设备购置费和联合试运转费占工程概算投资额40%以上的工程项目,其建筑安装工程费全部计入计费额,设备购置费和联合试运转费按40%的比例计入计费额。但其计费额不应小于建筑安装工程费与其相同且设备购置费和联合试运转费等于工程概算投资额40%的工程项目的计费额。

工程中有利用原有设备并进行安装调试服务的，以签订工程监理合同时同类设备的当期价格作为施工监理服务收费的计费额；工程中有缓配设备的，应扣除签订工程监理合同时同类设备的当期价格作为施工监理服务收费的计费额；工程中有引进设备的，按照购进设备的离岸价格折换成人民币作为施工监理服务收费的计费额。

施工监理服务收费以建筑安装工程费分档定额计费方式收费的，其计费额为工程概算中的建筑安装工程费。

作为施工监理服务收费计费额的建设项目工程概算投资额或建筑安装工程费均指每个监理合同中约定的工程项目范围的投资额。

5.2.5 其他规定

（1）发包人将施工监理服务中的某一部分工作单独发包给监理人，按照其占施工监理服务工作量的比例计算施工监理服务收费，其中质量控制和安全生产监督管理服务收费不宜低于施工监理服务收费总额的70%。

（2）建设工程项目施工监理服务由两个或者两个以上监理人承担的，各监理人按照其占施工监理服务工作量的比例计算施工监理服务收费。发包人委托其中一个监理人对建设工程项目施工监理服务总负责的，该监理人按照各监理人合计监理服务收费的4%～6%向发包人加收取总体协调费。

5.3 水利工程监理费计算案例

案例背景：某水闸工程，建筑物级别3级，位于海拔2 010 m处，工程概算4 000万元，其中建筑安装工程费2 500万元（未含机电及金属结构设备）。发包人委托监理人对该建设工程项目进行施工阶段的监理服务。

施工监理服务收费按以下步骤计算：

施工监理服务收费基准价＝施工监理服务收费基价×专业调整系数×
工程复杂程度调整系数×高程调整系数

（1）确定施工监理服务收费计费额，水闸工程的施工监理服务收费计费额为建筑安装工程费，该建设工程项目的施工监理服务收费的计费额为2 500万元。

（2）计算施工监理服务收费基价。

根据施工监理服务收费基价表，采用内插法计算：

施工监理服务收费基价＝30.1＋[（78.1－30.1）/（3 000－1 000）]×（2 500－1 000）
＝66.1（万元）

（3）确定专业调整系数，根据“施工监理服务收费专业调整系数表”，专业调整系数为0.9。

（4）确定工程复杂程度调整系数，查表4-2，复杂程度调整系数为1.15。

（5）确定高程调整系数，该建设工程项目所处地理位置海拔2 010m，高程调整系数为1.1。

（6）计算施工监理服务收费基准价。

施工监理服务收费基准价＝施工监理服务收费基价×专业调整系数×

工程复杂程度调整系数×高程调整系数

$$=66.1\times0.9\times1.15\times1.1=75.25(\text{万元})$$

该建设工程项目的施工监理服务收费基准价75.25万元。若该建设工程项目属于依法必须实行监理的，监理人和发包人应在此基础上，根据本标准规定，在上下20%浮动范围内，协商确定该建设工程项目的施工监理服务收费合同额。

项目3 监理人员

任务1 监理人员素质和职业道德

1 监理人员的概念及要求

1.1 监理人员的概念

水利工程建设监理人员包括监理员、监理工程师、总监理工程师。总监理工程师实行岗位资格管理制度,监理工程师实行执业资格管理制度,监理员实行从业资格管理制度。

(1)监理员。监理员是指经过建设监理培训合格,经中国水利工程协会审核批准取得《水利工程建设监理员资格证书》且从事建设监理业务的人员。在监理机构中主要承担辅助、协助工作。

(2)监理工程师。水利工程建设监理工程师是指经全国水利工程建设监理工程师资格统一考试合格,经批准获得《水利工程建设监理工程师资格证书》,并经注册机关注册取得《水利工程建设监理工程师岗位证书》,且从事建设监理业务的人员。监理工程师系岗位职务,并非国家现有专业技术职称的一个类别,而是指工程建设监理的执业资格。监理工程师的这一特点,决定了监理工程师并非终身职务。只有具备资格并经注册上岗,从事监理业务的人员,才能成为监理工程师。

(3)总监理工程师。水利工程建设总监理工程师是指具有《水利工程建设监理工程师注册证书》并经总监理工程师培训班的培训合格,取得《水利工程建设总监理工程师岗位证书》且在总监理工程师岗位上从事建设监理业务的人员。水利工程建设监理实行总监理工程师负责制。

总监理工程师是项目监理机构履行监理合同的总负责人,行使合同赋予监理单位的全部职责,全面负责项目监理工作。项目总监理工程师对监理单位负责,副总监理工程师对总监理工程师负责,部门监理工程师或专业监理工程师对副总监理工程师或总监理工程师负责。监理员对监理工程师负责,协助监理工程师开展监理工作。

上述资格证书有效期一般为3年。未取得上述资格证书和虽已取得监理工程师资格证书但未经注册的人员不得从事水利工程建设监理业务。监理工程师不得同时在两个以上监理单位申请注册。

1.2 监理人员的基本素质要求

1.2.1 监理员的基本素质要求

监理员应具有初级专业技术任职资格,掌握一定的水利工程建设专业技术知识,包括水工建筑、测量、地质、检验、机电等专业知识,并经过建设监理基本知识的专门培训。

1.2.2 监理工程师基本素质的要求

对于一个监理工程师来说，要求有比较广泛的知识面、比较高的业务水平和比较丰富的工程实践经验，但是一个有经验的设计工程师或施工工程师，不一定能胜任监理工程师的工作。

(1)监理工程师应当具有较高的理论水平。

监理工程师作为从事工程监理活动的骨干人员，只有具有较高的理论水平，才能保证在监理过程中抓重点、抓方法、抓效果，把握监理的大方向和坚持正确的原则，才能起到权威作用。监理工程师的理论水平，来自本身的理论修养。这种理论修养应当是多方面的。首先是对工程建设方针、政策、法律、法规方面，应当具有较高的造诣，并能联系实际，从而使监理工作有根有据，扎实稳妥，这是使监理工作立于不败之地的基本保证。其次，应当掌握工程建设方面的专业理论，知其然并知其所以然，以解决实际问题时能够透过现象看本质，从根本上解决和处理问题。

(2)监理工程师应当具有较高的专业技术水平。

监理工程师要向项目法人提供工程项目的技术咨询服务，必须具有高于一般专业技术人员的专业技术知识和较丰富的工程建设实践经验。这里所说的技术是指为完成监理各项任务所需要的知识和技能，也就是指对理论知识的应用。监理工程师在开展监理业务整个过程中，都在应用各种技术来为客户解决工程技术问题，提供工程服务。只有经过工程实际的反复锻炼，才能使技术水平达到应有的高度。监理工程师面临的是一个工程项目经过投入到产出的转化过程，在这个过程中，是什么力量使投入的人、财、物变为建筑产品的呢？正是掌握着科学技术的人们，而其中的工程监理活动，即是这种转化活动不可缺少的一种。因此，我们说，监理工程师必须要有较高的专业技术水平，而且在专业知识的深度与广度方面，应当掌握并达到能够解决和处理工程问题的程度。他们需要把建筑、结构、施工、材料、设备、工艺等方面的知识融于监理之中，去发现问题，提出方案，作出决策，确定细则，贯彻实施。所以，从事建设监理工作的监理工程师中，水工工程师、结构工程师以及其他专业工程师所占比例最大，工程项目建设处处离不开工程技术知识。

(3)监理工程师应当具有足够的管理知识。

监理单位在一个项目建设中应作为合同管理核心，要求监理工程师应具备规划、控制和协调能力，其中组织协调和应变的能力，是衡量他的管理能力最主要的方面。对处于关键岗位的监理工程师更是如此。应变能力指能因人、因事、因时间、因空间、因环境、因目标的不同而采取不同的组织、管理方法和领导方式，使之与实际情况尽量保持协调，从而使工程项目的监理工作有效能、有效益和有效率。因此，监理工程师要胜任监理工作，就应当有足够的管理知识和技能。其中，最直接的管理知识是工程项目管理。监理工程师为了能够协助项目法人在预定的目标内实现工程项目，他们所做的一系列工作都是在管理这条线上。诸如，风险分析与管理、目标分解与综合、动态控制、信息管理、合同管理、协调管理、组织设计、安全管理等。监理工程师所进行的管理工作，贯穿于整个项目的始终。

(4)监理工程师应当熟知法律、法规的知识。

监理工程师要协助项目法人组织招标工作，协助项目法人起草和商签承包合同，并进行工程承包合同实施的监督管理，特别要熟知《合同法》和国家制定的有关招标投标的法规,同时还要具备工程建设合同管理方面的知识和经验。监理工程师要做项目法人与承包单位双方之间的合同纠纷调解工作,因此要求监理工程师必须懂得法律,必须具备较高的组织协调能力,同时,必须有高尚的品德,公正地处理承包合同过程中出现的问题,积极维护项目法人和承包单位双方的利益,不能偏袒任何一方。因此,监理工程师应当对工程建设的法律、法规不但熟悉而且掌握,尤其要通晓建设监理法规体系。建设监理是基于一个法制环境下的制度,建设监理法规是他们开展监理工作的依据,没有法律、法规作为监理的后盾,建设监理将一事无成。特别重要的一项知识是关于工程合同方面的。合同是监理工程师最直接的监理依据,它是一项工程实施的操作手册。每一位监理工程师不论他从事何种监理工作,其实都是在实施工程合同和监督管理工程合同。合同的重要性对监理工程师是不言而喻的,所以,法律和法规方面的知识以及工程合同知识,对监理工程师是必不可少的。

(5)监理工程师应当具备足够的经济方面的知识。

监理工程师还应当具备足够的经济方面的知识。因为从整体讲,工程项目的实现是一项投资的实现。从项目的提出到项目的建成乃至它的整个寿命期,资金的筹集、使用、控制和偿还都是极为重要的工作。在项目实施过程中,监理工程师需要做好各项经济方面的监理工作,他们要收集、加工、整理经济信息,协助项目法人确定项目或对项目进行论证,他们要对计划进行资源、经济、财务方面的可行性分析;对各种工程变更方案进行技术经济分析;以及概预算审核、编制资金使用计划、价值分析、工程结算等。经济方面的知识,是监理工程师所从事的业务不可缺少的一门专业知识。

(6)监理工程师应当具有较高的外语水平。

监理工程师如果从事国际工程的监理,则必须具有较高的专业外语水平,即具有专业会话、谈判、阅读(招标文件、合同条件、技术规范等)及写作(公函、合同、电传等)方面的外语能力。同时,还要具有国际金融、国际贸易和国际经济技术合作有关的法律等方面的基础知识。

1.2.3 总监理工程师的素质要求

总监理工程师是监理单位派往项目执行组织机构的全权负责人。在国外,有的监理委托合同是以总监理工程师个人的名义与业主签订的。可见,总监理工程师在项目监理过程中,扮演着一个很重要的角色,承担着工程监理最终责任。总监理工程师在项目建设中所处的位置,要求他是一个技术水平高、管理经验丰富、能公正执行合同,并已取得政府主管部门核发的资格证书和注册证书的监理工程师,在整个施工阶段,总监理工程师人选不宜更换,以利监理工作的顺利开展。

1.2.3.1 专业技术知识的深度

总监理工程师必须精通专业知识,其特长应和项目专业技术相对口。作为总监理工程师,如果不懂专业技术,就很难在重大技术方案、施工方案的决策上勇于决断,更难以按照工程项目的工艺逻辑、施工逻辑开展监理工作,鉴别工程施工技术方案、工程设计和设备选型等的优劣。

当然,不能要求总监理工程师对所有的技术都很精通,但必须熟悉主要技术,再借助于技术专家和各专业工程师的帮助,就可以应付自如,胜任职责。例如,从事水利水电工程建设的总监理工程师，要求必须是精通水电专业知识，其专业特长应和监理项目专业技术相"对口"。水利水电工程尤其是大、中型工程项目，其工艺、技术、设备专业性很强。作为总监理工程师，如果不懂水电专业技术，就很难胜任水利水电工程建设项目的监理工作。

1.2.3.2　管理知识的广度

监理工作具有专业交叉渗透、覆盖面宽等特点。因此，总监理工程师不仅需要一定深度的专业知识，更需要具备管理知识和才能。只精通技术，不熟悉管理的人不宜做总监理工程师。

1.2.3.3　领导艺术和组织协调能力

总监理工程师要带领监理人员圆满实现项目目标，要与上上下下的人合作共事，要与不同地位和知识背景的人打交道，要把各方面的关系协调好。这一切都离不开高超的领导艺术和良好的组织协调能力。

1. 总监理工程师的理论修养

现代化行为科学和管理心理学，应作为总监理工程师研究和应用的理论武器。其中的组织理论、需求理论、授权理论、激励理论，应作为潜心研究的理论知识，结合工程项目组织设计，选择下属人员及其使用、奖惩、培训、考核等，提高自身理论修养水平。

2. 总监理工程师的榜样作用

作为监理工程师班子的带头人，总监理工程师榜样作用的本身就是无形的命令，具有很强的号召力。这种榜样作用往往是靠领导者的作风和行动体现的。总监理工程师的实干精神、开拓进取精神、团结精神、牺牲精神、不耻下问的精神和雷厉风行的作风，对下属有巨大感召力，容易形成班子内部的合作气氛和奋斗进取的作风。

总监理工程师尤其应该认识到，良好的群众意识会产生巨大的向心力，温暖的集体本身对成员就是一种激励；适度的竞争气氛与和谐的共事气氛互相补充，才易于保持良好的人际关系和人们心理的平衡。

3. 总监理工程师的个人素质及能力特征

总监理工程师作为监理班子的领导指挥者，要在困难的条件下圆满完成任务，离不开良好的组织才能和优秀的个人素质。这种才能和素质具体表现如下：

（1）决策应变能力。水电工程施工中的水文、地质、设计、施工条件和施工设备等情况多变，及时决断，灵活应变，才能抓住战机避免失误。例如，在重大施工方案选择、合同谈判、纠纷处理等重大问题处理上，总监理工程师的决策应变水平，显得特别重要。

（2）组织指挥能力。监理工程师在项目建设中责任大、任务繁重，作为监理人员的最高领导人必须能指挥若定。因而良好的组织指挥才能，就成了总监理工程师的必备素质。总监理工程师要避免组织指挥失误，特别需要统筹全局，防止陷入事务圈子或把精力过分集中于某一专门性问题。所以，良好的组织指挥才能的产生，需要阅历的积累和实践的磨炼，而且这种才能的发挥，需要以充分的授权为前提。

（3）协调控制能力。总监理工程师要力求把参加工程建设各方的活动组织成一个整体，要处理各种矛盾、纠纷，就要求具备良好的协调能力和控制能力。为了确保工程目标的实现，总监理工程师应该认识到：协调是手段，控制是目的，两者缺一不可，互相促进。

所以,总监理工程师必须对工程的进度、质量、投资和所有重大工程活动,进行严格监督,科学控制。

(4)其他能力。总监理工程师在工程建设中经常扮演多重角色,处理各种人际关系。因而还必须具备交际沟通能力、谈判能力、说服他人的能力、必要的妥协能力等。这些能力的取得,主要靠在实践中的磨炼。

4.开会艺术

会议是总监理工程师沟通情况、协调矛盾、反馈信息、制定决策和下达指令的主要方式,也是总监理工程师对工程进行监督控制和对内部人员进行有效管理的重要工具。如何高效率地召开会议、掌握会议组织与控制的技巧,是对总监理工程师的基本要求之一。

水利工程推行招投标和建设监理的实践告诉我们,工程建设过程中必然会举行众多类型的会议;有的会议需要总监理工程师主持召开,例如设计交底会议、施工方案审查会议、工程阶段验收会议、索赔谈判协调会议,以及监理机构内部的人员组织、工作研讨、管理工作等会议;有的会议需要总监理工程师参加或主持,如招标前会议、评议标会议、设备采购会议、年度工程计划会议、工程各协调管理例会、竣工验收会议、机组启动试运转会议等。这些众多类型的会议有着不同目的、不同参加人员和专门议题。总监理工程师要提高会议效率,防止陷入会海之中,就必须掌握会议组织和控制艺术,学会利用会议解决矛盾,推动工作顺利进行。

总之,作为建设项目的总监理工程师,在专业技术上、管理水平上、领导艺术和组织协调及开会艺术诸方面,要有较高的造诣,要具备高智能、高素质,才能够有效地领导监理工程师及其工作人员顺利地完成建设项目的监理业务。

1.3 监理人员的职业道德和纪律

对一名监理人员来说,除具备比较广泛的知识和丰富的工程实践经验外,还必须具备高尚的职业道德。

(1)热爱本职工作,忠于职守,认真负责,具有对工程建设项目的高度责任感,遵纪守法,遵守监理职业道德。

(2)维护国家利益和建设各方的合法利益,按照“守法、诚信、公正、科学”的准则执业。

(3)模范地自觉遵守国家、地方和水利建设行业的法律、法规、政策及技术规程、规范、标准,并监督承包方执行。

(4)严格履行工程建设监理合同规定的职责和义务。

(5)未经注册,不得以监理工程师的名义从事水利工程建设监理业务;不得同时在两个或两个以上监理单位注册和从事监理活动。

(6)不得出卖、出借、转让、涂改或以不正当手段取得《水利工程建设监理工程师资格证书》或《水利工程建设监理工程师岗位证书》。

(7)不得以个人名义承揽监理业务。

(8)努力钻研业务,熟悉工程建设合同文件、设计文件,熟悉技术规程、规范和质量检验标准,熟悉施工环境,熟悉监理规划、监理实施细则,应用科学技能,认真履行监理的职责和权力。

(9)廉洁奉公,不得接受任何回扣、提成或其他间接报酬。

(10)不得在政府机构或具有行政职能的事业单位任职。

(11)不得经营或参与经营承包施工、设备、材料采购或经营销售等有关活动,也不得在施工单位、材料供应单位任职或兼职。

(12)坚持公正性,公平合理地处理项目法人和承包方之间的利益关系。

(13)对项目法人和承包方的技术机密及其他商业秘密,应严守机密,维护合同当事人的权益。

(14)实事求是,不得隐瞒现场真实情况,不得以谎言欺骗项目法人、承包方或其他监理人员,不得污蔑、诽谤他人,藉以抬高自己的地位。

(15)坚守岗位,勤奋工作。需请假、出差、离岗时,应按规定办理手续,并在安排好工作交接后方可离岗。

(16)勇于自我批评。当发现处理问题有错误时,应主动及时承认错误,予以纠正。

(17)不得与承包方勾结,出现瞒报、虚报和偷工减料、以次充好等行为。

(18)努力学习专业技术知识和监理知识,不断提高业务能力和水平。

2 监理人员的岗位职责

2.1 总监理工程师职责

水利工程施工监理实行总监理工程师负责制。总监理工程师应负责全面履行监理合同约定的监理单位的义务,主要职责应包括以下各项:

(1)主持编制监理规划,制定监理机构工作制度,审批监理实施细则。

(2)确定监理机构部门职责及监理人员职责权限;协调监理机构内部工作;负责监理机构中监理人员的工作考核,调换不称职的监理人员;根据工程建设进展情况,调整监理人员。

(3)签发或授权签发监理机构的文件。

(4)主持审查承包人提出的分包项目和分包人,报发包人批准。

(5)审批承包人提交的合同工程开工申请、施工组织设计、施工进度计划、资金流计划。

(6)审批承包人按有关安全规定和合同要求提交的专项施工方案、度汛方案和灾害应急预案。

(7)审核承包人提交的文明施工组织机构和措施。

(8)主持或授权监理工程师主持设计交底;组织核查并签发施工图纸。

(9)主持第一次监理工地会议,主持或授权监理工程师主持监理例会和监理专题会议。

(10)签发合同工程开工通知、暂停施工指示和复工通知等重要监理文件。

(11)组织审核已完成工程量和付款申请,签发各类付款证书。

(12)主持处理变更、索赔和违约等事宜,签发有关文件。

(13)主持施工合同实施中的协调工作,调解合同争议。

(14)要求承包人撤换不称职或不宜在本工程工作的现场施工人员或技术、管理人员。

(15)组织审核承包人提交的质量保证体系文件、安全生产管理机构和安全措施文件并监督其实施,发现安全隐患及时要求承包人整改或暂停施工。

(16)审批承包人施工质量缺陷处理措施计划,组织施工质量缺陷处理情况的检查和施工质量缺陷备案表的填写;按相关规定参与工程质量及安全事故的调查和处理。

(17)复核分部工程和单位工程的施工质量等级,代表监理机构评定工程项目施工质量。

(18)参加或受发包人委托主持分部工程验收,参加单位工程验收、合同工程完工验收、阶段验收和竣工验收。

(19)组织编写并签发监理月报、监理专题报告和监理工作报告;组织整理监理档案资料。

(20)组织审核承包人提交的工程档案资料,并提交审核专题报告。

总监理工程师可书面授权副总监理工程师或监理工程师履行其部分职责,但下列工作除外:

(1)主持编制监理规划,审批监理实施细则。

(2)主持审查承包人提出的分包项目和分包人。

(3)审批承包人提交的合同工程开工申请、施工组织设计、施工总进度计划、年施工进度计划、专项施工进度计划、资金流计划。

(4)审批承包人按有关安全规定和合同要求提交的专项施工方案、度汛方案和灾害应急预案。

(5)签发施工图纸。

(6)主持第一次监理工地会议,签发合同工程开工通知、暂停施工指示和复工通知。

(7)签发各类付款证书。

(8)签发变更、索赔和违约有关文件。

(9)签署工程项目施工质量等级评定意见。

(10)要求承包人撤换不称职或不宜在本工程工作的现场施工人员或技术、管理人员。

(11)签发监理月报、监理专题报告和监理工作报告。

(12)参加合同工程完工验收、阶段验收和竣工验收。

监理工程师应按照职责权限开展监理工作,是所实施监理工作的直接责任人,并对总监理工程师负责。主要职责应包括以下各项:

(1)参与编制监理规划,编制监理实施细则。

(2)预审承包人提出的分包项目和分包人。

(3)预审承包人提交的合同工程开工申请、施工组织设计、施工总进度计划、年施工进度计划、专项施工进度计划、资金流计划。

(4)预审承包人按有关安全规定和合同要求提交的专项施工方案、度汛方案和灾害应急预案。

(5)根据总监理工程师的安排核查施工图纸。

(6)审批分部工程或分部工程部分工作的开工申请报告、施工措施计划、施工质量缺陷处理措施计划。

(7)审批承包人编制的施工控制网和原始地形的施测方案;复核承包人的施工放样成果;审批承包人提交的施工工艺试验方案、专项检测试验方案,并确认试验成果。

(8)协助总监理工程师协调参建各方之间的工作关系;按照职责权限处理施工现场发生的有关问题,签发一般监理指示和通知。

(9)核查承包人报验的进场原材料、中间产品的质量证明文件;核验原材料和中间产品的质量;复核工程施工质量;参与或组织工程设备的交货验收。

(10)检查、监督工程现场的施工安全和文明施工措施的落实情况,指示承包人纠正违规行为;情节严重时,向总监理工程师报告。

(11)复核已完成工程质量报表。

(12)核查付款申请单。

(13)提出变更、索赔及质量和安全事故处理等方面的初步意见。

(14)按照职责权限参与工程的质量评定工作和验收工作。

(15)收集、汇总、整理监理档案资料,参与编写监理月报,核签或填写监理日志。

(16)施工中发生重大问题和遇到紧急情况时,及时向总监理工程师报告、请示。

(17)指导、检查监理员的工作,必要时可向总监理工程师建议调换监理员。

(18)完成总监理工程师授权的其他工作。

监理员应按照职责权限开展监理工作,其主要职责应包括下列各项:

(1)核实进场原材料和中间产品报验单并进行外观检查,核实施工测量成果报告。

(2)检查承包人用于工程建设的原材料、中间产品和工程设备等的使用情况,并填写现场记录。

(3)检查、确认承包人单元工程(工序)施工准备情况。

(4)检查并记录现场施工程序、施工工艺等实施过程情况,发现施工不规范行为和质量隐患,及时指示承包人改正,并向监理工程师或总监理工程师报告。

(5)对所监理的施工现场进行定期或不定期的巡视检查,依据监理实施细则实施旁站监理和跟踪检测。

(6)协助监理工程师预审分部工程或分部工程部分工作的开工申请报告、施工措施计划、施工质量缺陷处理措施计划。

(7)核实工程计量结果,检查和统计计日工情况。

(8)检查、监督工程现场的施工安全和文明施工措施的落实情况,发现异常情况及时指示承包人纠正违规行为,并向监理工程师或总监理工程师报告。

(9)检查承包人的施工日志和现场试验室记录。

(10)核实承包人质量评定的相关原始记录。

(11)填写监理日记,依据总监理工程师或监理工程师授权填写监理日志。

当监理人员数量较少时,监理工程师可同时承担监理员的职责。

任务2　水利工程建设监理人员的资格管理

监理人员分为总监理工程师、监理工程师、监理员。总监理工程师实行岗位资格管理制度，总监理工程师不分类别、专业。监理工程师实行执业资格管理制度。监理员实行从业资格管理制度。监理工程师实行执业资格管理制度，只有通过全国监理工程师资格考试合格，才能取得《监理工程师资格证书》。

1　水利工程建设监理员资格管理

取得监理员从业资格，须由中国水利工程协会审批，或者由具有审批管辖权的行业自律组织或中介机构审批并报中国水利工程协会备案后，颁发《全国水利工程建设监理员资格证书》。

申请监理员资格应同时具备以下条件：

(1)取得工程类初级专业技术职务任职资格，或者具有工程类相关专业学习和工作经历(中专毕业且工作5年以上、大专毕业且工作3年以上、本科及以上学历毕业且工作1年以上)；

(2)经培训合格；

(3)年龄不超过60周岁。

申请监理员资格，由监理单位签署意见后向具有审批管辖权的单位申报，并提交以下有关材料：

(1)《水利工程建设监理员资格申请表》；

(2)身份证、学历证书或专业技术职务任职资格证书、监理员培训合格证书。

审批单位自收到监理员资格申请材料后，应当在20个工作日内完成审批，审批结果报中国水利工程协会备案后，颁发《全国水利工程建设监理员资格证书》。监理员资格证书由中国水利工程协会统一印制、统一编号，由审批单位加盖中国水利工程协会统一规格的资格管理专用章。监理员资格证书有效期一般为3年。中国水利工程协会定期向社会公布取得监理员资格的人员名单，接受社会监督。

2　水利工程建设监理工程师资格管理

取得监理工程师资格，须经中国水利工程协会组织的资格考试合格，并颁发《全国水利工程建设监理工程师资格证书》。监理工程师资格考试，一般每年举行一次，全国统一考试。

2.1　报考水利工程建设监理工程师的条件

根据《水利工程建设监理人员资格管理办法》文件规定，参加监理工程师资格考试者，必须同时具备以下条件：

(1)取得工程类中级专业技术职务任职资格，或者具有工程类相关专业学习和工作经历(大专毕业且工作8年以上、本科毕业且工作5年以上、硕士研究生毕业且工作3年以上)；

(2)年龄不超过60周岁；

(3)有一定的专业技术水平、组织协调能力和管理能力。

申请监理工程师资格考试,应当向中国水利工程协会申报,并提交以下材料：

(1)《水利工程建设监理工程师资格考试申请表》；

(2)身份证、学历证书或专业技术职务任职资格证书。

中国水利工程协会对申请材料组织审查,对审查合格者准予参加考试。中国水利工程协会向考生公布考试结果,公示合格者名单,向考试合格者颁发《全国水利工程建设监理工程师资格证书》。对监理工程师考试结果公示有异议的,可向中国水利工程协会申诉或举报。

2.2 监理工程师考试管理

监理工程师资格考试,在全国水利工程建设监理资格评审委员会的统一指导下进行。水利工程建设监理资格评审委员会下设考试委员会,负责监理工程师资格考试的管理工作,主要任务是：

(1)制定监理工程师资格考试大纲和有关要求；

(2)发布监理工程师资格考试通知；

(3)确定考试命题,提出考试合格标准；

(4)受理部直属单位人员的考试申请,审查考试资格；

(5)组织考试、评卷；

(6)向水利部建设监理资格评审委员会报告工作情况。

凡参加监理工程师资格考试者,需填写《水利工程建设监理工程师资格申请表》,由所在单位按隶属关系逐级审查：

(1)流域机构所属单位人员的申请表由流域机构审查；

(2)地方所属单位人员的申请表由省、自治区、直辖市水利(水电)厅(局)审查；

(3)水利部直属单位人员的申请表由本单位审查。

经各单位审查合格后,报水利部备案,经复核后,发放考试通知。经监理工程师资格考试合格者,由水利部水利工程建设监理资格评审委员会进行评审,提出具备监理工程师资格者名单,报水利部批准后,核发《水利工程建设监理工程师资格证书》。监理工程师资格考试是一种水平考试,采用统一命题、闭卷考试、统一标准录取的方式。

2.3 监理工程师注册管理

专业执业资格实行注册管理,这是国际上通行的做法。改革开放以来,我国相继实行了律师、经济师、会计师、建筑师等专业的执业注册管理制度。监理工程师是一种岗位职务,我国实行监理工程师执业注册管理制度,即持有监理工程师资格的人员,必须经注册,才能从事工程建设监理工作。实行监理工程师注册管理制度,是为了建立和维护监理工程师岗位的严肃性。

2.3.1 注册管理的组织机构

水利部是全国水利工程建设监理工程师注册管理机关,注册工作由水利部统一部署。

(1)水利部建设与管理司是部属监理单位的监理工程师注册机关。

(2)各流域机构是本流域机构所属监理单位的监理工程师注册机关。

(3)各省、自治区、直辖市水利(水电)厅(局)是本行政区域所属监理单位的监理工程师注册机关。

2.3.2 注册的程序

申请监理工程师注册,需由申请者填写《水利工程建设监理工程师注册申请表》,由监理单位审查同意后,按隶属关系向注册机关报送《水利工程建设监理工程师注册书》,监理工程师注册机关收到注册书后依照《水利工程建设监理人员资格管理办法》第十五条的条件进行审查,对符合条件者,予以注册,颁发《水利工程建设监理工程师岗位证书》,并向监理单位颁发《水利工程建设监理工程师注册批准书》,同时报水利部备案。

2.3.3 申请

申请监理工程师注册者,必须具备下列条件:

(1)已取得《水利工程建设监理工程师资格证书》;

(2)身体健康,胜任工程建设监理的现场工作;

(3)已离退休返聘的人员年龄一般不应超过65周岁。

另外,国家行政机关和具有行政职能的事业单位的现职工作人员,不得申请监理工程师注册。

监理工程师只能在一个监理单位注册并在该单位承接的监理项目中工作。调出或退出原注册单位,须重新注册。监理工程师注册后两年内一直未从事监理工作或不再从事监理工作或被解聘,须向原注册机关交回其《水利工程建设监理工程师岗位证书》,核销注册。如再从事监理业务,须重新申请注册。

注册机关每年对《水利工程建设监理工程师岗位证书》持有者年检一次。对不符合条件者,核销注册并收回《水利工程建设监理工程师岗位证书》。年检结果报水利部备案。年检时应向注册机关提交如下资料:

(1)一年内所参加监理的水利工程项目规模及监理内容等情况;

(2)在现场监理机构中的职务或岗位;

(3)主要工作业绩。

3 水利工程建设总监理工程师资格管理

取得总监理工程师岗位资格,须持有《水利工程建设监理工程师注册证书》并经培训合格后,由中国水利工程协会审批并颁发《水利工程建设总监理工程师岗位证书》。申请总监理工程师岗位资格应同时具备以下条件:

(1)具有工程类高级专业技术职务任职资格并在监理工程师岗位从事水利工程建设监理工作的经历不少于2年;

(2)已取得《水利工程建设监理工程师注册证书》;

(3)经总监理工程师岗位培训合格;

(4)年龄不超过65周岁;

(5)具有较高的专业技术水平、组织协调能力和管理能力。

申请总监理工程师岗位资格,应由其注册的监理单位签署意见后向中国水利工程协会申报,并提交以下材料:

(1)《水利工程建设总监理工程师岗位资格申请表》;

(2)《水利工程建设监理工程师注册证书》、专业技术职务任职资格证书、总监理工程师岗位培训合格证书;

(3)由监理单位和建设单位共同出具近两年监理工作经历证明材料。

中国水利工程协会组织评审总监理工程师申请材料,并将评审结果公示,公示期满后向合格者颁发《水利工程建设总监理工程师岗位证书》,证书有效期一般为3年。

对总监理工程师岗位资格评审结果有异议的,可在公示期内向中国水利工程协会申诉或举报。

4　对违规监理人员的处罚

(1)申请监理人员资格时,隐瞒有关情况或者提供虚假材料申请资格的,不予受理或者不予认定,并给予警告,且一年内不得重新申请。

(2)以欺骗、贿赂等不正当手段取得监理人员资格证书的,吊销相应的资格证书,3年内不得重新申请。有违法所得的,予以没收,并处1万元以下罚款。

(3)监理人员涂改、倒卖、出租、出借、伪造资格证书,或者以其他形式非法转让资格证书的,吊销相应的资格证书,3年内不得重新申请;有违法所得的,予以没收,并处1万元以下罚款;造成损失的,承担连带赔偿责任。

(4)无水利工程建设监理人员资格证书(或未经注册)的人员直接从事水利工程建设监理活动的,予以取缔;有违法所得的,予以没收,并处违法所得额2倍以上、1万元以下罚款。

(5)监理人员从事工程建设监理活动中,有下列行为之一的,责令改正,给予警告;情节严重的,吊销相应的资格证书;有违法所得的,予以没收,并处违法所得额2倍以上、1万元以下罚款;造成损失的,承担连带赔偿责任;构成犯罪的,依法追究刑事责任:

①利用执(从)业上的便利,索取或收受所监理工程的建设单位、施工单位(被监理单位)以及建筑材料、建筑构配件和设备供应单位财物的;

②与被监理工程的施工单位(被监理单位)以及建筑材料、建筑构配件和设备供应单位勾结,谋取不正当利益或损害他人利益的;

③将质量不合格的建设工程、建筑材料、建筑构配件和设备按照合格签字的;

④泄露执(从)业中应当保守的秘密的;

⑤从事工程建设监理活动中,发现问题不纠正、不报告等不认真履行监理职责的。

(6)监理人员因过错造成质量事故的,责令停止执(从)业一年;造成重大质量事故的,吊销相应的资格证书,5年内不得重新申请;情节特别恶劣的,终身不得申请。

(7)监理人员未执行法律法规和工程建设强制性标准的,责令停止执(从)业3个月以上、一年以下;情节严重的,吊销相应的资格证书,5年内不得重新申请;造成重大安全事故的,终身不得申请;构成犯罪的,依法追究刑事责任。

项目4 建设监理组织

任务1 组织的基本原理

1 组织的概念及其特征

所谓组织,就是为了使系统达到它的特定的目标,使全体参加者经分工与协作以及设置不同层次的权力和责任制度而构成的人的集合。组织的定义包含三层意思:

(1)组织必须具有目标。目标是组织存在的前提,而组织又是目标能否实现的决定性因素。

(2)没有分工与协作就不是组织。组织机构适当的层次划分,是组织产生高效率的保证,如电影院的观众是有共同目的的,但没有分工与合作,所以不是组织。

(3)没有不同层次的权力和责任制度就不能实现组织活动与组织目标。分工后就赋予每个人以相应权力与责任制度,若想完成一项任务,必须具有完成该项任务的权力,同时又必须负有相应的责任。

组织作为生产要素之一,与其他要素相比有如下特征:其他要素可以互相替代,如增加机器设备等劳动手段可以替代劳动力,而组织不能替代其他要素,也不能被其他要素所替代。它只是使其他要素合理配置而增值的要素,也就是说,组织可以提高其他要素的使用效益。随着现代化社会大生产的发展,随着其他生产要素的增加和复杂程度的提高,组织在提高经济效益方面的作用也愈益显著。

组织是管理的一项重要职能。建立精干、高效的监理组织,并使之得以正常运行,是实现监理目标的前提条件。建设监理单位必须强化自身的组织管理,提高管理水平,才能保证工程项目监理工作的质量和水平,也才能在市场上有竞争力。

2 组织结构

组织内部各构成部分和各部分间所确立的较为稳定的相互关系与联系方式,称为组织结构。组织结构的以下几种提法反映了组织结构的基本内涵。

2.1 组织结构与职权的关系

职权是指组织中成员间的关系,是以下级服从上级的命令为基础,而不是某一个人的属性。组织结构与职位以及职位间关系的确立密切相关,它为职权关系规定了一定的格局。

2.2 组织结构与职责的关系

组织结构与组织中各部门的职责和责任的分配直接有关。有了职位就有了职权,也就有了职责。管理是以机构和人员职责的确定与分配为基础的,组织结构为职责的分配奠定了基础。

2.3 组织结构与工作监督和业绩考核的关系

组织结构明确了部门间的职责分工和上下级层次间的权力与责任,由此奠定了对各部门、各级工作质量监督和业绩考核的基础。

2.4 组织结构与组织行为的关系

组织结构明确了各个部门或个人分配任务和各种活动的方式。合理的组织结构,由于分工明确合理,权力与职责统一协调,有利于人力资源的充分利用,有利于增强个人、群体的责任心和工作积极性。相反,不合理的组织结构,可能由于分工不明、责任交叉、工作冲突或连续性差等,造成机构内部各部门或个人间相互推诿、相互摩擦,影响工作效率和效果。

2.5 组织结构与协调

在组织结构内部,由于各个部门或个人的利益角度不同,处理问题的观点和方式可能有较大差别,经常影响到其他部门或个人的利益,甚至影响到组织的整体利益。组织结构规定了组织中各个部门或个人的权力、地位和等级关系,这种关系一定程度上讲是下级服从上级、局部服从整体的关系。因此,组织结构为协调关系、解决矛盾、调动各方的积极性,维护组织整体利益提供了保证。

3 组织设计

组织设计就是对组织活动和组织结构的设计过程。具体来说,有以下几个要点:第一,组织设计是管理者在系统中建立最有效相互关系的一种合理化的、有意识的过程;第二,这个过程既要考虑系统的外部要素,又要考虑系统的内部要素;第三,组织设计的结果是形成组织结构。有效的组织设计在提高组织活动效能方面起着重大的作用。

3.1 组织构成因素

组织构成一般是上小下大的形式,由管理层次、管理跨度、管理部门、管理职责四大因素组成。各因素是密切相关、相互制约的。在组织结构设计时,必须考虑各因素间的平衡与衔接。

3.1.1 合理的管理层次

管理层次是指从最高管理者到实际工作人员的等级层次的数量。管理层次通常分为决策层、协调层和执行层、操作层。决策层的任务是确定管理组织的目标和大政方针,它必须精干、高效;协调层主要是参谋、咨询职能,其人员应有较高的业务工作能力,执行层是直接调动和组织人力、财力、物力等具体活动内容的,其人员应有实干精神并能坚决贯彻管理指令;操作层是从事操作和完成具体任务的,其人员应有熟练的作业技能。这三个层次的职能和要求不同,标志着不同的职责和权限,同时也反映出组织系统中的人数变化规律。它有如一个三角形,从上至下权责递减,人数递增。管理层次不宜过多,否则是一种浪费,也会使信息传递慢、指令走样、协调困难。

3.1.2 合理的管理跨度

管理跨度是指一名上级管理人员所直接管理的下级人数。这是由于每一个人的能力和精力都是有限度的,所以一个上级领导人能够直接、有效地指挥下级的数目是有一定限度的。管理跨度大小取决于需要协调的工作量。下式说明了下级数目按算术级数增长的话,其直接的领导者需要协调的关系数目则按几何级数增长:

$$\text{领导者需要协调的关系数目} = n(\frac{2^n}{2} + n - 1) \tag{4-1}$$

式中:n 为下级数目。

管理跨度的大小弹性很大,影响因素很多。它与管理人员性格、才能、个人精力、授权程度及被管理者的素质关系很大。此外,还与职能的难易程度、工作地点远近、工作的相似程度、工作制度和程序等客观因素有关。确定适当的管理跨度,需积累经验并在实践中进行必要的调整。

3.1.3 合理划分部门

组织中各部门的合理划分对发挥组织效应是十分重要的。如果部门划分不合理,会造成控制、协调的困难,也会造成人浮于事,浪费人力、物力、财力。部门的划分要根据组织目标与工作内容确定,形成既有相互分工又有相互配合的组织系统。

3.1.4 合理确定职能

组织设计中确定各部门的职能,应使纵向的领导、检查、指挥灵活,达到指令传递快,信息反馈及时。要使横向各部门间相互联系、协调一致,使各部门能够有职有责、尽职尽责。

3.2 组织设计原则

现场监理组织的设计,关系到工程项目监理工作的成败,在现场监理组织设计中一般须考虑以下几项基本原则。

3.2.1 目的性原则

组织机构设置的根本目的是产生组织功能,确保项目总目标的实现。从这一根本目的出发,应因目标设事,因事设机构、定编制,按编制设岗位、定人员,以职责定制度。

3.2.2 集权与分权统一的原则

集权是指把权力集中在主要领导手中;分权是指经过领导授权,将部分权力交给下级掌握。事实上,在组织中不存在绝对的集权,也不存在绝对的分权,只是相对集权和相对分权的问题。在现场监理组织设计中,采取集权形式还是分权形式,要根据工作的重要性,总监理工程师的能力、精力及监理工程师的工作经验、工作能力等综合考虑确定。

3.2.3 专业分工与协作统一的原则

分工就是按照提高监理的专业化程度和工作效率的要求,把现场监理组织的目标、任务分成各级、各部门、每个人的目标、任务,明确干什么、怎么干。在分工中应强调以下三个方面:

(1)尽可能按照专业化的要求来设置组织结构;

(2)工作上要有严密分工,每个人所承担的工作,应力求达到较熟悉的程度,这样才能提高效率;

(3)要注意分工的经济效益。

在组织中有分工还必须有协作,明确部门之间和部门内的协调关系与配合办法。

在协作中应强调以下两个方面:

(1)主动协调是至关重要的。要明确甲部门与乙部门的关系。在工作中的联系与衔接。找出易出矛盾之点,加以协调。

(2)对于协调中的各项关系,应逐步走上规范化、程序化,应有具体可行的协调配合办法。

3.2.4 管理跨度与管理分层统一的原则

管理跨度与管理层次是成反比例关系。也就是说,管理跨度如果加大,那么管理层次就可以适当减少;反之,如果缩小管理跨度,那么管理层次肯定就会增多。一般来说,应该在通盘考虑决定管理跨度的因素后,在实际运用中根据具体情况确定管理层次。

美国管理学家戴尔曾调查41家大企业,管理跨度的中位数是6~7人。究竟多大的管理跨度合适,至今没有公认的客观标准,如国外调查表明以不超过5~6人为宜。结合我国具体情况,有人建议一般企业领导直接管辖的下级人员数以4~7人为宜。

云南鲁布革水电站工程引水隧洞施工项目管理中,进行适当分层、授权,运用管理跨度进行了有效的组织。项目经理下属33人,分成4个层次,管理跨度为5人。

在组建组织机构时,必须认真设计切实可行的跨度和层次,画出机构系统图,以便讨论、修正、按设计组建。

3.2.5 权责一致的原则

权责一致的原则就是在监理组织中明确划分职责、权力范围,同等的岗位职务赋予同等的权力,做到责任和权力相一致。从组织结构的规律来看,一定的人总是在一定的岗位上担任一定的职务,这样就产生了与岗位职务相应的权力和责任,只有做到有职、有权、有责,才能使组织系统得以正常运行。权责不一致对组织的效能损害是很大的。权大于责就很容易产生瞎指挥、滥用权力的官僚主义;责大于权就会影响管理人员的积极性、主动性、创造性,使组织缺乏活力。

3.2.6 效率原则

组织设计必须将效率原则放在重要地位。组织结构中的每个部门、每个人为了一个统一的目标,组合成最适宜的结构形式,实行最有效的内部协调,使事情办得简捷而正确,减少重复和扯皮,并且具有灵活的应变能力。现代化管理的一个要求就是组织高效化。

以云南鲁布革水电站建设为例,日本大成公司仅用33名管理和技术骨干,雇用420名中国劳务人员,承担了电站总工程量的1/6,中国水利水电第十四工程局有限公司投入近1 000人承担电站总工程量的5/6,两者相比,人均承担工程量相差3.5倍以上。大成公司主要是把“尽量少用日本人”、“不用多余的人”、“一专多能”作为用人原则,一律不设副职作为精简机构的措施之一,为简化机构创造了良好的条件。

一个组织办事效率高不高,是衡量这个组织中的结构是否合理的主要标准之一。

3.2.7 适应性原则

组织机构所面临的管理对象和环境是变化的。组织机构不应该是僵死的“金字塔”结构,而应该是具有一定适应能力的“太阳系”结构。这样,才能在变化的客观世界中立于不败之地。

任务 2　建设监理的组织模式

监理组织模式应根据工程项目的特点、工程项目承发包模式、业主委托的任务及监理单位自身情况而确定。在建设监理实践中形成的监理组织模式一般分为直线型模式、职能型模式、直线—职能型模式和矩阵型模式四种。

1　直线型监理组织模式

直线型监理组织模式是一种最简单的古老的组织形式，它的特点是组织中各种职位是按垂直系统直线排列的，如图 4-1 所示。

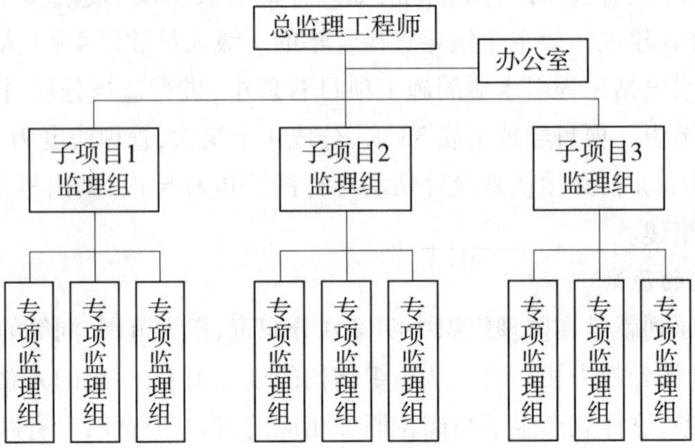

图 4-1　直线型监理组织模式

这种组织模式的特点是命令系统自上而下进行，责任系统自下而上承担。上层管理下层若干个子项目管理部门，下层只接受唯一的上层指令。它可以适用于监理项目能划分为若干相对独立子项的、技术与管理专业性不太强的建设项目监理。总监理工程师负责整个项目的计划、组织和指导，并着重整个项目范围内各方面的协调工作。子项目（如大坝、厂房等）监理组分别负责子项目的目标控制，具体领导现场专业或专项（如土建、金结、机电等）监理组的工作。

这种组织模式的主要优点是机构简单、权力集中、命令统一、职责分明、决策迅速、隶属关系明确。缺点是实行没有职能机构的"个人管理"，这就要求各级监理负责人员通晓各有关业务和多种知识技能，成为"全能"式人物。显然，在技术和管理较复杂的项目监理中，这种组织形式不太合适。

这种组织模式的主要优点是目标控制分工明确，能够发挥机构的项目管理作用。

2　职能型监理组织模式

职能型监理组织模式，是总监理工程师下设若干职能机构（如技术部、合同部等），分别从职能角度对基层监理组进行业务管理，这些职能机构可以在总监理工程师授权的范围内，就其主管的业务范围，向下下达命令和指示。如图 4-2 所示。

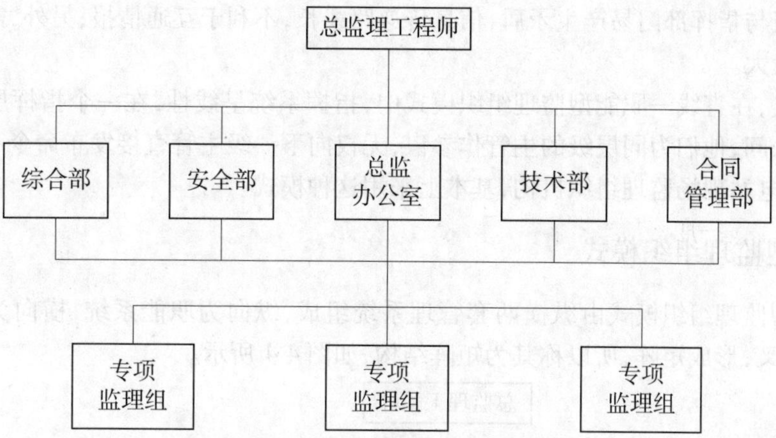

图 4-2 职能型监理组织模式

职能型监理组织模式的优点是能体现专业化分工特点，能够发挥职能机构的专业管理作用，专家参加管理，提高管理效率，减轻总监理工程师负担。缺点是命令源不唯一，易造成职责不清。同时，权与责不够明确，有时决策效率低。此种模式适用于工程项目在地理位置上相对集中的、技术较复杂的工程项目监理。

3 直线—职能型监理组织模式

直线—职能型监理组织模式是吸收了直线型监理组织模式和职能型监理组织模式的优点而构成的一种组织模式，如图 4-3 所示。

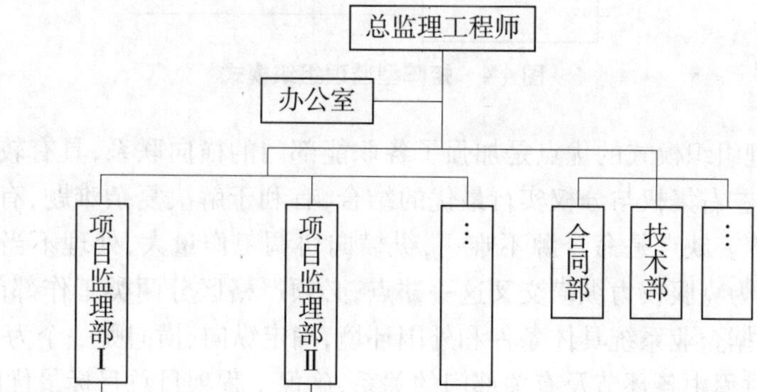

图 4-3 直线—职能型监理组织模式

直线—职能型监理组织模式具有明显的优点。它既有直线型监理组织模式权力集中、权责分明、决策效率高等优点，又兼有职能部门处理专业化问题能力强的优点。缺点是职能部门与指挥部门易产生矛盾,信息传递路线长,不利于互通情报;另外,需投入的监理人员数量大。

实际上,在直线—职能型监理组织模式中,指挥系统呈线性,在一个指挥层上配有相应的职能顾问,他们为同层级的主管作参谋,无权向下一级主管直接发布命令和指挥。例如,二滩水电站现场监理组织机构,基本上采用这种模式。

4 矩阵型监理组织模式

矩阵型监理组织模式由纵横两套管理系统组成,纵向为职能系统,横向为子项目系统,纵横交叉,形成矩阵,所以称其为矩阵结构,如图4-4所示。

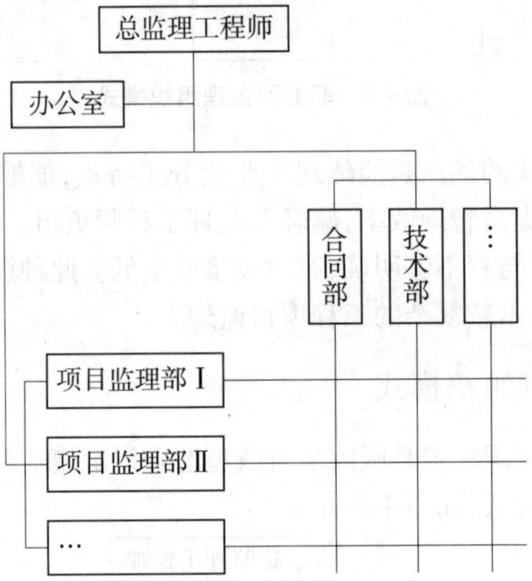

图4-4 矩阵型监理组织模式

矩阵型监理组织模式的优点是加强了各职能部门的横向联系,具有较大的机动性和适应性;把上下左右集权与分权实行最优的结合,有利于解决复杂难题,有利于监理人员业务能力的培养。缺点是命令源不唯一,纵横向协调工作量大,处理不当会造成扯皮现象,产生矛盾。为克服权力纵横交叉这一缺点,必须严格区分两类工作部门的任务、责任和权力,并应根据企业系统具体条件和外围环境,确定纵向、横向哪一个为主命令方向,解决好项目建设过程中各环节及有关部门的关系,确保工程项目总目标最优的实现。

这种模式适用于大中型工程项目的管理,同时有若干个子项目要完成,而每个项目又需具有不同专业或专长的人共同完成。如三峡永久性船闸工程现场监理组织机构就是矩阵组织结构。

任务3 项目监理机构设置

1 建设监理组织机构设置步骤

监理单位在组织项目监理机构时,一般按以下步骤进行,如图4-5所示。

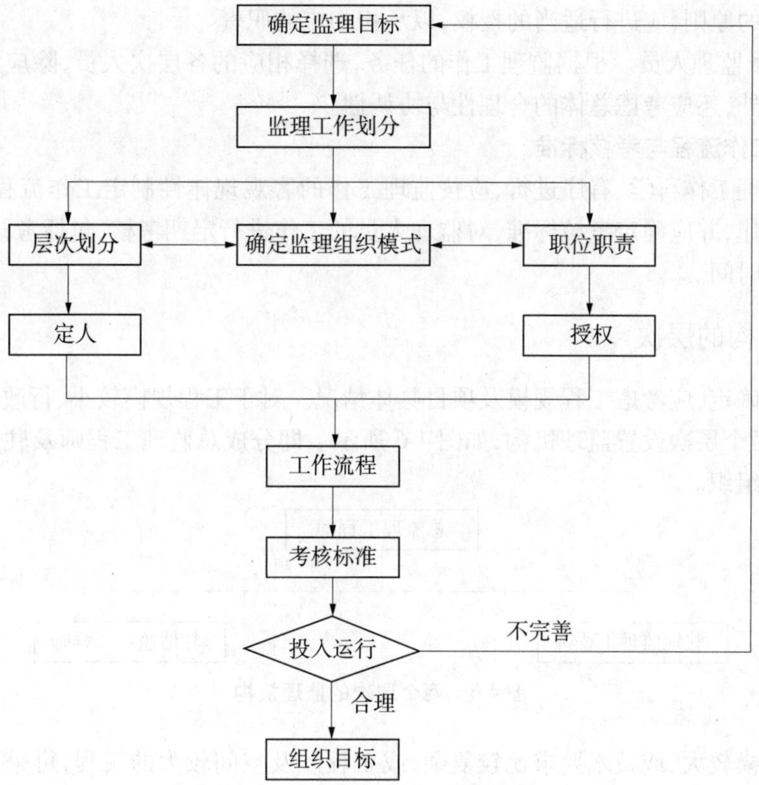

图 4-5　监理组织机构设置步骤

1.1　确定建设监理目标

建设监理目标是项目监理组织设立的前提,应根据工程建设监理合同中确定的监理目标,明确划分为具体的分目标。

1.2　确定工作内容

根据监理目标和监理合同中规定的监理任务,明确列出监理工作内容,并进行分类、归并及组合,是一项重要的组织工作。对各项工作进行归并及组合应以便于监理目标控制为目的,并考虑监理项目的规模、性质、工期、工程复杂程度,以及监理单位自身技术业务水平、监理人员数量、组织管理水平等。

1.3　组织结构设计

(1)确定组织结构形式。结构形式的选择应考虑有利于项目合同管理,有利于目标控制,有利于决策指挥,有利于信息沟通。

(2)合理确定管理层次。监理组织结构中一般应有三个层次:①决策层。由总监理工程师和其助手组成。要根据工程项目的监理活动特点与内容进行科学化、程序化决策。②中间控制层(协调层和执行层)。由专业监理工程师和子项目监理工程师组成。具体负责监理规划的落实、目标控制及合同实施管理。属承上启下管理层次。③作业层(操作层)。由监理员等组成,具体负责监理工作的操作。

(3)制定岗位职责。岗位职务及职责的确定,要有明确的目的性,不可因人设岗。根据责权一致的原则,应进行适当的授权,以承担相应的职责。

(4)选派监理人员。根据监理工作的任务,选择相应的各层次人员,除应考虑监理人员个人素质外,还应考虑总体的合理性与协调性。

1.4 制定工作流程与考核标准

为使监理工作科学、有序进行,应按监理工作的客观规律性制定工作流程,规范化地开展监理工作,并应确定考核标准,对监理人员的工作进行定期考核,包括考核内容、考核标准及考核时间。

2 监理机构的层次

层次的确定,应考虑工程规模及项目具体情况。对于工程规模较小、行政管理简单的工程,可按两个层次设置监理机构,如图 4-6 所示。即分成总监理工程师及驻地监理工程师两级监理组织。

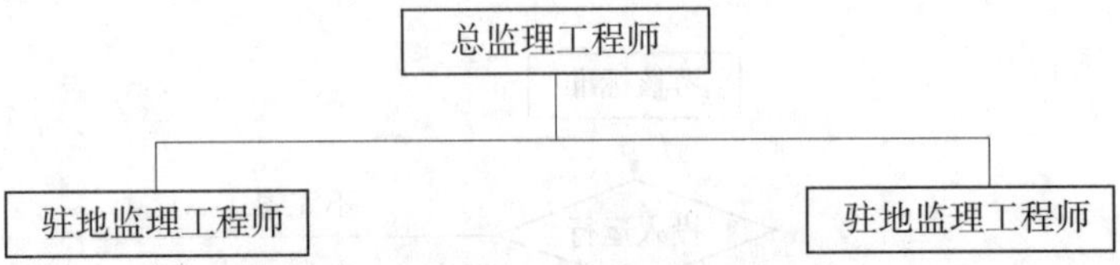

图 4-6 两个层次的监理机构

对于规模较大,或技术要求比较复杂,或工程涉及空间较大的工程,可采取三个层次的监理机构,如图 4-7 所示。即分成总监理工程师、高级驻地监理工程师、驻地监理工程师三级监理组织。

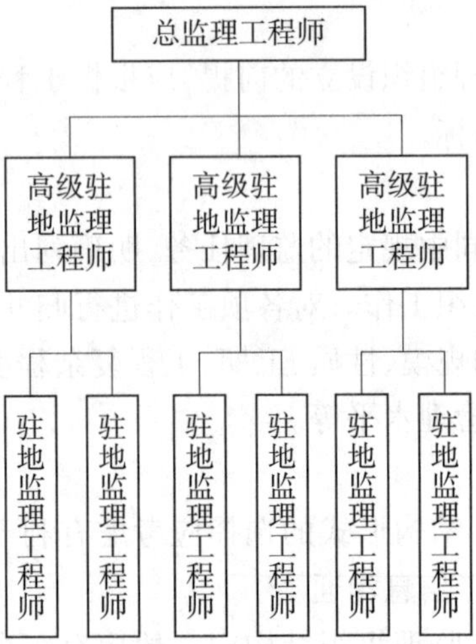

图 4-7 三级监理机构模式

也可以把工程规模较大的工程项目的监理机构按 4 个层次设置,即总监理工程师、高级驻地监理工程师、驻地监理工程师及各专业检查员(各类工作人员)。

广州抽水蓄能电站工程,装机容量第一期工程为 120 万 kW。工程监理实行三级管理,如图 4-8 所示。采取总监理工程师负责制,一正两副;各部实行部长负责制,一正一副；内部实行三级管理，人员要求一专多能、一人多用；机构设置和人员配备必须适应现场情况的变化与工作需要。广州抽水蓄能电站工程监理机构，如图4-9所示。

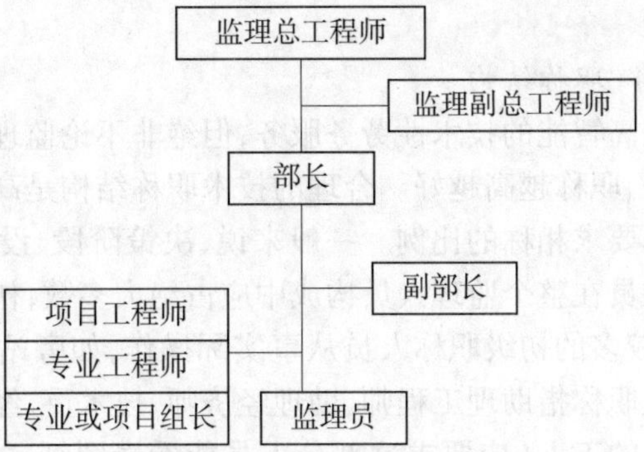

图4-8　广州抽水蓄能电站工程监理的三级管理

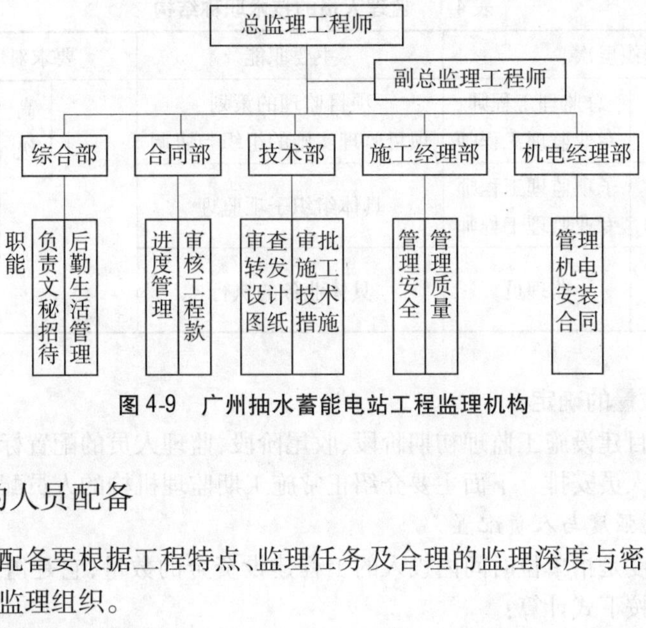

图4-9　广州抽水蓄能电站工程监理机构

3　项目监理的人员配备

监理的人员配备要根据工程特点、监理任务及合理的监理深度与密度，优化组合，形成整体高素质的监理组织。

3.1　项目监理组织的人员结构

项目监理组织要有合理的人员结构才能适应监理工作的要求。合理的人员结构包括以下两方面的内容。

3.1.1　合理的专业结构

项目现场监理机构应由与监理项目的性质及项目法人对项目监理的要求相称职的各专业人员组成，也就是各专业人员要配套。监理组织机构应具备与所承担的监理任务相适应的专业人员，如从事水利工程施工监理，应当配备水工建筑、地质、测量、金属结构等专业的人员。

一般来说，监理组织应具备与所承担的监理任务相适应的专业人员。但是，当监理项目局部具有某些特殊性，或业主提出某些特殊的监理要求而需要借助于采用某种特殊的监控手段时，如局部的钢结构、网架、罐体等质量监控需采用无损探伤、X光及超声探测仪;水下及地下混凝土桩基,需采用遥测仪器探测等,此时,将这些局部的、专业性很强的监控工作另行委托给相应资质的咨询监理机构来承担,也应视为保证了人员合理的专业结构。

3.1.2 合理的技术职务、职称结构

监理工作虽是一种高智能的技术性劳务服务,但绝非不论监理项目的要求和需要,追求监理人员的技术职务、职称越高越好。合理的技术职称结构是高级职称、中级职称和初级职称应有与监理工作要求相称的比例。一般来说,决策阶段、设计阶段的监理,具有中级及中级以上职称的人员在整个监理人员构成中应占绝大多数,初级职称人员仅占少数。施工阶段的监理,应有较多的初级职称人员从事实际操作,如旁站、填记日志、现场检查、计量等。这里说的初级职称指助理工程师、助理经济师、技术员、经济员,还可包括具有相应能力的实践经验丰富的工人(应要求这部分人员能看懂图纸、能正确填报有关原始凭证)。施工监理人员要求的技术职称结构如表4-1所示。

表4-1 监理人员的技术职称结构

监理组织层次		主要职能	要求对应的技术职责
项目监理部(决策层)	总监理工程师 专业监理工程师	项目监理的策划 项目监理实施的组织与协调	高级
子项监理组(执行层或协调层)	子项监理工程师 专业监理工程师	具体组织子项监理	中级
现场监理员(操作层)	监理员	具体业务的执行	初级

3.2 监理人员数量的确定

水利工程项目建设施工监理初期阶段、收尾阶段,监理人员的配置标准应根据项目实际情况进行监理人员安排。下面主要介绍正常施工期监理机构的人员配置标准。

3.2.1 工程建设强度与人员配置

工程建设强度是指单位时间内投入的工程建设资金的数量,它是衡量一项工程紧张程度的标准。可按下式计算:

$$\text{工程建设强度} = \text{投资} / \text{工期} \tag{4-2}$$

其中,投资是指由监理单位所承担的那部分工程的建筑安装工程投资(不包括设备费),工期也是指这部分工程的工期。投资费用可按工程估、概算或合同价计算,工期是根据进度总目标及其分目标计算。显然,工程建设强度越大,投入的监理人力就越多。工程建设强度是确定监理人数的重要因素。

监理人员配置数量一般可按下式计算:

$$\text{监理人员投入数量} = \text{工程建设强度} / \text{人员配置标准} \tag{4-3}$$

其中,监理人员配置数量按月投入人员数计,人员配置标准可按每投入20万~30万元安排1名监理人员计。

3.2.2 工程复杂程度

每项工程都具有不同的情况。地点、位置、气候、性质、空间范围、工程地质、施工方

法、后勤供应等不同，则投入的人力也就不同。一般根据工程的规模、施工条件、导流方法等因素综合考虑划分为一般（Ⅰ级）、较复杂（Ⅱ级）和复杂（Ⅲ级）三个等级，监理项目类别及等级划分见表4-2。一般情况下，简单级别的工程需要配置的监理人员少，而复杂的项目就多配置人员。根据工程复杂程度的不同，可绘制工作分解结构图（WBS）和组织结构图，按监理工作需要配备监理人员。

表4-2　水利工程监理项目类别及等级划分情况表

项目分类	等级	工程特征
水库水电工程 （专业调整系数1.2）	Ⅰ级	1. 最大坝高＜70 m，边坡高度＜50 m，基础处理深度＜20 m的水库水电工程； 2. 施工明渠导流建筑物与土石围堰； 3. 总装机容量＜50 MW的水电工程； 4. 单洞长度＜1 km的隧洞； 5. 无特殊环保要求
	Ⅱ级	1. 70 m≤最大坝高＜100 m或1 000万 m^3≤库容＜1亿 m^3 的水库水电工程； 2. 地下洞室的跨度＜15 m，50 m≤边坡高度＜100 m，20 m＜基础处理深度＜40 m的水库水电工程； 3. 施工明渠导流建筑物（洞径＜10 m）与混凝土围堰（最大堰高＜20 m）； 4. 50 MW≤总装机容量＜1 000 MW的水电工程； 5. 1 km≤单洞长度＜4 km的隧洞； 6. 工程位于省级环境（生态）保护区内，或毗邻省级环境（生态）保护区，有较高的环保要求
	Ⅲ级	1. 最大坝高≥100 m或库容≥1亿 m^3 的水库水电工程； 2. 地下洞室的跨度≥15 m，边坡高度≥100 m，基础处理深度≥40 m的水库水电工程； 3. 50 MW≤总装机容量＜1 000 MW的水电工程； 4. 施工明渠导流建筑物（洞径≥10 m）与混凝土围堰（最大堰高≥20 m）； 5. 单洞长度≥4 km的隧洞； 6. 工程位于国家重点环境（生态）保护区内，或毗邻国家重点环境（生态）保护区，有特殊的环保要求
河道治理建（构）筑物及河道堤防工程 （专业调整系数0.9）	Ⅰ级	堤防等级Ⅴ级的河道治理建（构）筑物及河道堤防工程
	Ⅱ级	堤防等级Ⅲ、Ⅳ级的河道治理建（构）筑物及河道堤防工程
	Ⅲ级	1. 堤防等级Ⅰ、Ⅱ级的河道治理建（构）筑物及河道堤防工程； 2. 护岸、防波堤、围堰、人工岛、围垦工程，城镇防洪、河口整治工程

续表 4-2

项目分类	等级	工程特征
引调水工程 （专业调整系数 0.9）	Ⅰ级	流量 < 15 m^3/s 的引调水渠道管线工程
	Ⅱ级	1. 15 m^3/s ≤ 流量 < 25 m^3/s 的引调水渠道管线工程； 2. 丘陵、山区、沙漠地区的引调水建筑物工程
	Ⅲ级	1. 流量 ≥ 25 m^3/s 的引调水渠道管线工程； 2. 丘陵、山区、沙漠地区的引调水建筑物工程
灌区田间工程 （专业调整系数 0.9）	Ⅰ级	

注：Ⅰ级、Ⅱ级、Ⅲ级复杂程度调整系数分别为 0.85、1.0、1.15。

3.2.3 工程监理单位的业务水平

每个监理单位的业务水平有所不同，人员素质、专业能力、管理水平、工程经验、设备手段等方面的差异影响监理效率的高低。高水平的监理单位可以投入较少人力完成一个工程项目的监理工作，而一个经验不多或管理水平不高的监理单位则需要投入较多的人力。因此，各工程监理单位应当根据自己的实际情况制定监理人员需要量定额。具体到一个工程项目中，还应视配备的具体监理人员的水平和设备手段加以调整。

3.2.4 监理组织结构和任务职能分工

监理组织情况牵涉具体人员配备，务必使监理机构与任务职能分工的要求得到满足，因而还需要将人员作进一步的调整。

监理机构的监理人员分总部监理人员和施工现场监理人员，包括总监理工程师、副总监理工程师、监理工程师、监理员、造价工程师、造价员。监理工程师按照岗位或专业分为水工监理工程师、机电设备安装监理工程师、金属结构设备安装监理工程师、测量监理工程师、地质监理工程师、检测监理工程师、合同监理工程师、质量监理工程师、技术监理工程师、进度监理工程师等专业监理工程师。

3.3 案例

3.3.1 案例背景

某水电站位于云南省某江干流上，以发电为主。正常蓄水位 1 223 m，总库容 17.18 亿 m^3。装有 6 台 360 MW 机组，总装机容量 2 160 MW，保证出力 946.50 MW，多年平均发电量 99.57 亿 kWh，年利用小时 4 610 h，属Ⅰ等大(1)型工程。水电站主体工程建设监理（引水发电系统）的工作范围是：水电站引水发电系统工程施工期（包括施工质量缺陷责任期）除机电设备制安外的全过程全面监理。监理服务期 7 年。

水电站主体工程建设监理（引水发电系统）的工程范围是：水电站引水发电系统工程自进水口至尾水隧洞出口的土建和装饰装修，以及绿化等工程的监理。主要包括以下内容：

(1)引水系统（含进水口坝段）施工监理；

(2)地下厂房系统施工监理；

(3)尾水系统施工监理；

(4)地面中控室及副厂房、GIS 开关站施工监理；

(5)右岸砂石料系统建设、安装、运行监理；

(6)其他相关工程。

3.3.2 监理组织及人员配置方案

根据本水电站工程招标的实际情况，按照精干、高效的原则，在监理部内设综合部、技术部、合同部、安全办 4 个职能管理部门和 4 个项目部(引水及尾水项目部、厂房项目部、金结机电项目部、辅助项目部)，按照直线职能管理模式开展工作。其中：设立综合部，负责文件处理及监理部内部管理等工作；设立技术部，负责地质、检验、测量、技术文件审核、信息等监理工作；设立合同部，负责工程价款结算的审核，价差的审核及新增项目的单价审核，负责有关经济索赔等监理工作；设立安全办，负责工程安全、文明施工及环保管理工作；设立引水及尾水项目部，负责坝式进水口、压力管道、引水隧洞、尾水调压室、尾水隧洞、尾水支管及尾水出口；设立厂房项目部，负责主厂房、主变室、开关站；设立金结机电项目部，负责本标段金结制安、设备安装、机电埋件及电气设备安装工作；设立辅助项目部，负责右岸砂石加工系统建设、运行及右岸采场工作。工程监理部组织机构见图 4-10。

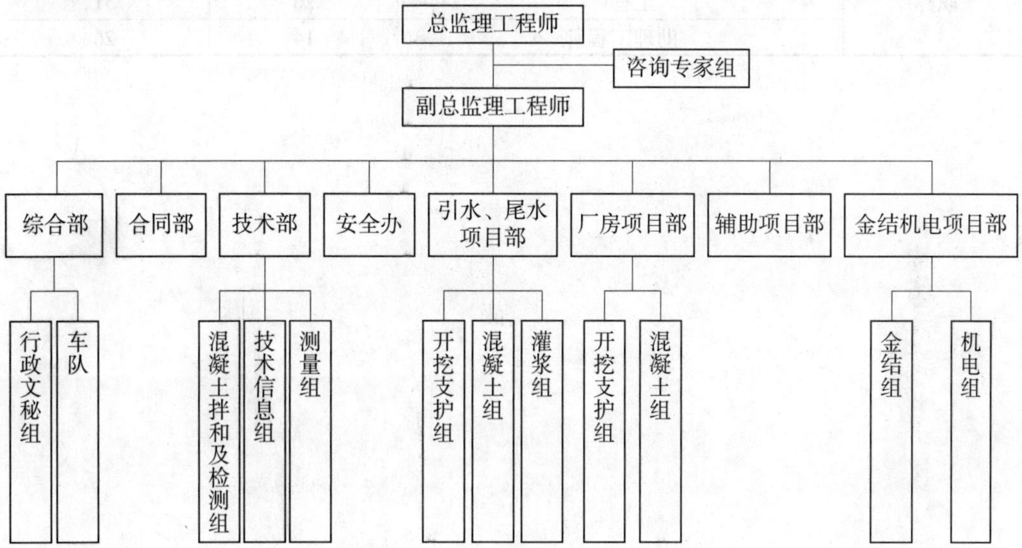

图 4-10 工程监理部组织机构

根据水电站工程建设监理招标文件明确的工程监理服务期限、监理服务范围和工程范围，以及招标文件中相关要求，监理部设总监 1 人，是负责监理合同履行的总负责人，也是监理人的全面负责人，下设副总监 3 人，其中 1 名分管土建工程，1 名分管技术、合同、金结、机电，1 名分管安全，咨询专家 5 人。人员职称结构：高级以上 12 人，监理工程师 26 人、助理工程师 14 人。年平均监理人员数 52 人，高峰期监理人员 84 人。其中助理工程师、工程师、高级工程师(含教授级高工)，分别占总人数的 26%、51%、23%(见表 4-3)。年龄结构由老、中、青结合，80% 为大专以上文化程度，全部达到中专以上文化(后勤人员除外)。在专业及人员配备上已充分考虑了本工程的特点及专业的需要,完全能够满足全过程监理工作的需要。

表 4-3 各类人员构成基本情况表

名称	结构	人数	比例(%)
高峰人数		84	
平均人数		52	
专业	土建(开挖、混凝土、灌浆等)	50	53.76
	地质	1	1.08
	金结、机电	12	12.90
	技术、信息	5	5.38
	测量	5	5.38
	试验	5	5.38
	合同	3	3.23
	安全、环保	3	3.23
	文秘	4	4.49
	其他	5	5.38
职称	高工及以上	12	23
	工程师	26	51
	助理工程师	14	26

项目5 水利工程建设监理文件

任务1 监理大纲

监理大纲是监理单位在监理招标投标阶段编制的规划性文件。监理单位一般先编制用于承揽监理业务进行工程监理投标的建设监理大纲,中得监理标后在建设监理大纲的基础上再编制建设监理规划,然后在建设监理规划的基础上再编制建设监理实施细则。

1 建设监理大纲概念和作用

建设监理大纲是监理单位在项目法人开始委托监理的过程中,特别是在项目法人进行建设项目监理招标过程中,监理单位为承揽监理业务而编制的监理方案性文件,是监理投标书的重要组成部分。监理大纲的主要作用包括:一是使项目法人认可监理大纲中的监理方案,其目的是让项目法人信服本监理单位能胜任该项目的监理工作,从而承揽到监理业务;二是为监理单位对所承揽的监理项目,而组建的监理机构在以后开展监理工作制订方案、编制建设监理规划的基础和依据。

2 监理大纲的主要内容

监理大纲的主要内容应当根据项目法人发布的建设项目监理招标文件的要求来制定。一般应包括以下几点:

(1)监理单位拟派往监理项目的主要监理人员,并对这些人员的资格情况作介绍,其中介绍拟派驻的项目总监理工程师的情况至关重要,这往往决定监理单位承揽监理业务的成败。

(2)监理单位根据项目法人所提供的和自己初步掌握的工程信息,制订准备采用的监理方案。具体内容包括:监理项目的监理组织机构方案,质量、进度、投资三大目标控制方案,工程建设所涉及的合同管理方案,监理组织机构在监理过程中进行组织协调的方案等。

(3)明确说明将提供给项目法人的反映监理阶段性成果的文件。监理单位应向项目法人提供其未来反映监理阶段性成果的文件,有助于监理单位承揽到建设监理业务。

3 建设监理大纲的编写

监理单位应根据工程项目监理招标文件、项目的特点、规模,以及监理单位自身的条件和以往承担工程项目监理的经验编写监理大纲。监理大纲具体内容如下。

3.1 工程项目概况

工程项目概况主要包括下列内容:

(1)项目法人名称、监理项目名称;

(2)建设地点、工程规模、工程等级;

(3)主要建筑物形式、项目总投资;

(4)建设工期、计划开工日期、计划完工日期;

(5)其他。

3.2 监理工作的范围及监理目标

根据监理单位对项目法人监理招标文件的理解,列出监理单位的工作范围,以及监理工作应实现的监理投资目标、进度目标和质量目标。

3.3 监理机构的组织模式

根据项目工程特点与规模,给出监理单位在该项工程上所采用的监理组织模式,并在相应位置上给出监理人员名单。

3.4 投资控制的主要任务

列出监理单位对项目工程进行投资控制的任务及手段,主要包括下列内容:

(1)编制工程项目各阶段,各年、季、月度资金使用计划,并控制其执行;

(2)在项目实施过程中,每月进行投资计划值与实际值的比较,并提交投资控制报表;

(3)审核各类工程付款单;

(4)计算、审核索赔金,采取相应的反索赔措施。

3.5 进度控制的主要任务

对项目工程进行进度控制,必须做好下列工作:

(1)审核设计方、施工方和材料、设备供应商提出的进度计划,并检查、督促其执行;

(2)在项目实施过程中,做进度计划值与实际值的比较,并定期提交各种进度报表。

3.6 质量控制的主要任务

(1)审核原材料、购配件及设备的质量;

(2)检查施工质量,特别是重要工序及隐蔽工程的质量验收,进行单位工程、单项工程质量验收和项目完工验收;

(3)审核施工组织设计;

(4)处理工程质量事故和安全事故;

(5)审核施工单位的资质及质量保证体系。

3.7 合同管理的主要任务

协助项目法人处理与本工程有关的合同变更、索赔事宜及纠纷事宜。

3.8 信息管理与档案管理的主要任务

(1)建立本工程项目的信息体系;

(2)负责本工程项目的各类信息的收集、整理和保存,向业主提供有关本工程项目信息管理服务,定期整理各类监理报表;

(3)建立工程会议制度,整理各类会议记录;

(4)做好与本工程有关的各类监理档案整理工作。

3.9 组织协调的任务

(1)协调工程建设各单位之间的配合关系,协助业主处理有关问题;

(2)处理各种与本工程项目有关的纠纷事宜。

3.10 监理报告目录

(1)建设监理月报;

(2)监理通知;

(3)设计变更通知;

(4)不合格工程通知;

(5)工程检验认可书;

(6)工程移交证书;

(7)工程暂停指令;

(8)停工指令;

(9)复工通知;

(10)工程款支付凭证;

(11)单位工程施工进度计划审批表;

(12)延长工期审批表;

(13)工地指令;

(14)其他。

3.11 其他

接受业主委托,处理上述未包括的其他与本工程项目有关的事宜。

任务2 监理规划

1 监理规划基本概念

监理规划是在监理单位与发包人签订监理合同之后,由总监理工程师主持编制,并经监理单位技术负责人同意的用以指导监理机构全面开展监理工作的指导性文件。监理规划应在监理大纲的基础上,根据工程的需要及发包人的委托,结合承包人报批的施工组织设计、施工进度计划编写,具有针对性,突出监理工作的预控性,要设想出产生各种情况的可能性,针对不同情况制订相应的对策。

任何项目的正常管理都始于规划。进行有效的规划,首先必须确定项目的目标。当目标确定后,要制订实现目标的可行性计划。计划确定之后,计划中涉及的工作将落实到责任人,工作的细化产生出组织机构。为了使这个项目管理组织机构有效地发挥职能,必须明确该组织机构中每个人的职责、任务和权限。管理的控制功能用来确定计划的执行情况是否有效,管理目标的运行情况如何,要不断进行实际与计划的对比,找出差距,分析原因,采取措施,进行调整。整个过程中会涉及组织机构内部、外部机构间关系的协调。只有这样,才能实现项目的总目标。这也是编制工程建设监理规划的最终目的。工程建设监理规划是监理人员有效地进行监理工作的依据和指导性文件。

2 工程建设监理规划编写的依据

工程建设监理规划必须根据监理委托合同和监理项目的实际情况来制定。编制前要收集有关资料作为编制依据：

(1)设计图纸和有关资料；

(2)有关工程建设法律、法规、规章；

(3)建设监理合同；

(4)施工承包合同；

(5)监理单位自身条件。

3 建设监理规划编写要求

编制监理规划，要求总监理工程师亲自主持编制工作，各监理人员要参加或熟悉监理规划的编制，掌握监理规划的内容和要求。编写监理规划要体现“三控制、三管理、一协调(投资控制、进度控制、质量控制、合同管理、信息管理、安全管理、组织协调)”，监理规划是个有机整体，要把“三控制、三管理、一协调”的内容全部纳入，要注意规划的可行性和操作性。监理规划具体内容应根据不同工程项目的性质、规模、工作内容等具体情况编制，格式和条目可有所不同。监理规划应随建设工程项目的进展或合同变更不断补充、修改与完善。总体来说，编制监理规划应满足以下几点要求：

(1)编写建设监理规划的内容应具有针对性、指导性。对工程项目而言，没有两个项目是相同的，每个项目都有其特殊性，因而对于每个项目都要求有自己的建设监理规划。每个项目的监理规划既要考虑项目自身的本质特点，也要根据承担这个项目监理工作的建设监理单位的情况来编制，监理规划具体内容应根据不同工程项目的性质、规模、工作内容等具体情况编制，格式和条目可有所不同。

(2)由项目总监理工程师主持建设监理规划的编制。建设监理规定中明确我国工程项目建设监理实行总监理工程师负责制。编写监理规划应当而且必须在总监理工程师的主持下进行，同时要广泛征求各专业监理工程师和其他监理人员的意见。在监理规划的编写过程中还要听取建设单位和被监理单位的意见，以便使监理工程师的工作得到有关各方的支持和理解。

(3)建设监理规划的编写要遵循科学性和实事求是的原则。科学性和实事求是是做好每一项工作的前提，也是做好每项工作的重要保证。

(4)建设监理规划内容的书面表达方式应注意文字简洁、直观、意思确切。

(5)建设监理规划的分阶段编写。建设监理机构在编写监理规划时应掌握大量与工程有关的信息，这样才能使编写的监理规划有针对性，切合实际。工程项目的实施都是分阶段逐步实现，每个阶段的工程信息都作为下一阶段规划的基础，不可能一开始就掌握工程实施过程的全部信息，所以应按具体工程的特点和合同的规定，分阶段、分步骤地编写监理规划。

4 建设监理规划的审定

工程建设监理规划在总监理工程师主持下编制好以后,应由监理单位的技术负责人审定。在这一过程中,如实际情况或条件发生重大变化而需要调整监理规划时,有可能需要修改补充,一旦审定批准后将正式执行,批准后的监理规划应分送给建设单位和承包单位。

5 建设监理规划的主要内容

工程建设监理规划是在工程建设监理合同签订以后编制的指导监理机构开展监理工作的纲领性文件。它起着对工程建设监理工作全面规划和进行监督指导的重要作用。因此,监理规划比监理大纲在内容与深度上更为详细和具体,而监理大纲是编制监理规划的依据。在项目总监理工程师的主持下,以监理合同、监理大纲为依据,根据项目的特点和具体情况,充分收集与项目建设有关的信息和资料,结合监理单位自身的情况认真编制。其主要内容如下。

5.1 总则

(1)工程项目基本概况。简述工程项目的名称、性质、等级、建设地点、自然条件与外部环境,工程项目组成及规模、特点,工程项目建设目的。

(2)工程项目主要目标。工程项目总投资及组成、计划工期(包括项目阶段性目标的计划开工日期和完工日期)、质量目标。

(3)工程项目组织。工程项目主管部门、发包人、质量监督机构、设计单位、承包人、监理单位、材料设备供货人的简况。

(4)监理工程范围和内容。发包人委托监理的工程范围和服务内容等。

(5)监理主要依据。列出开展监理工作所依据的法律、法规、规章,国家及部门颁发的有关技术标准,批准的工程建设文件和有关合同文件、设计文件等的名称、文号等。

(6)监理组织。现场监理机构的组织形式与部门设置,部门分工与协作,主要监理人员的配置和岗位职责等。

(7)监理工作基本程序。

(8)监理工作主要方法和主要制度。制定技术文件审核与审批、工程质量检验、工程计量与付款签证、会议、施工现场紧急情况处理、工作报告、工程验收等方面的监理工作具体方法和制度。

(9)监理人员守则和奖惩制度。

5.2 工程质量控制

(1)质量控制的原则。

(2)质量控制的目标。根据有关规定和合同文件,明确合同项目各项工作的质量要求和目标。

(3)质量控制的内容。根据监理合同明确监理机构质量控制的主要工作内容和任务。

(4)质量控制的措施。明确质量控制程序和质量控制方法,并明确质量控制点、质量控制要点与难点。

(5)明确监理机构所应制定的质量控制制度。

5.3 **工程进度控制**

(1)进度控制的原则。

(2)进度控制目标。根据工程基本资料,建立进度控制目标体系,明确合同项目进度的控制性目标。

(3)控制的内容。根据监理合同明确监理机构在施工中进度控制的主要工作内容。

(4)进度控制的措施。明确合同项目进度控制程序、控制制度和控制方法。

5.4 **工程投资控制**

(1)投资控制的原则。

(2)投资控制的目标。依据施工合同,建立投资控制体系。

(3)投资控制的内容。依据监理合同,明确投资控制的主要工作内容和任务。

(4)投资控制的措施。明确工程计量方法、程序和工程支付程序以及分析方法。明确监理机构所需制定的工程支付与合同管理制度。

5.5 **施工安全及文明施工监理**

(1)施工安全监理的范围和内容。

(2)施工安全监理的制度。

(3)施工安全监理的措施。

(4)文明施工组织。

5.6 **合同管理**

(1)变更的处理程序和监理工作方法。

(2)违约事件的处理程序和监理工作方法。

(3)索赔的处理程序和监理工作方法。

(4)担保与保险的审核和查验。

(5)分包管理的监理工作内容与程序。

(6)争议的调解原则、方法与程序。

(7)清场与撤离的监理工作内容。

5.7 **协调**

(1)明确监理机构协调工作的主要内容。

(2)明确协调工作的原则与方法。

5.8 **工程质量评定与验收监理工作**

(1)工程质量评定。

(2)工程验收。

5.9 **缺陷责任期监理工作**

(1)缺陷责任期的主要工作内容。

(2)缺陷责任期的监理措施。

5.10 **信息管理**

(1)信息管理程序、制度及人员岗位职责。

（2）文档清单及编码系统。

（3）文档管理计算机管理系统。

（4）文件信息流管理系统。

（5）文件资料归档系统。

（6）现场记录的内容、职责和审核。

（7）现场指令、通知、报告内容和程序。

5.11　监理设施

（1）制订现场交通、通信、试验、办公、食宿等设施设备的使用计划。

（2）制定交通、通信、试验、办公等设施使用的规章制度。

5.12　监理实施细则编制计划

（1）监理实施细则文件清单。

（2）监理实施细则编制工作计划。

5.13　其他内容

其他根据合同项目需要应包括的内容。

任务3　监理实施细则

1　监理实施细则的概念和作用

监理实施细则是由监理工程师负责编制，并经总监理工程师批准的用以实施某一项目或某一专业监理工作的操作性文件。监理实施细则是在监理规划指导下，在落实了各专业监理责任后，由专业监理工程师针对项目的具体情况制定的更具有实施性和可操作性的业务文件。监理实施细则在编写时间上总是滞后于建设监理规划，其编写主持人一般就是项目监理组织的各专业或各子项目的负责人，其内容具有局限性，是围绕本专业或子项目的主要工作来编写的，它起着具体指导监理实施工作的作用。

2　监理实施细则编写要点

（1）在施工措施计划批准后、专业工程（或作业交叉特别复杂的专项工程）施工前或专业工作开始前，负责相应工作的监理工程师应组织相关专业监理人员编制监理实施细则，并报总监理工程师批准。

（2）监理实施细则应符合监理规划的基本要求，充分体现工程特点和监理合同约定的要求，结合工程项目的施工方法和专业特点，明确具体的控制措施、方法和要求，具有针对性、可行性和可操作性。

（3）监理实施细则应针对不同情况制定相应的对策和措施，突出监理工作的事前审批、事中监督和事后检验。

（4）监理实施细则可根据实际情况按进度、分阶段编制，但应注意前后的连续性、一致性。

（5）总监理工程师在审核监理实施细则时，应注意各专业监理实施细则间的衔接与配套，以组成系统、完整的监理实施细则体系。

(6)存监理实施细则条文中，应具体写明引用的规程、规范、标准及设计文件的名称、文号；文中涉及采用的报告、报表时，应写明报告、报表所采用的格式。

(7)在监理工作实施过程中，监理实施细则应根据实际情况进行补充、修改和完善。

3. 监理实施细则的主要内容

3.1 专业工程监理实施细则

专业工程主要指施工导(截)流工程、土石方开挖、地下洞室开挖、支护工程、钻孔和灌浆工程、地基及基础处理工程、土石方填筑工程、混凝土工程、砌体工程、疏浚及吹填工程、屋面和地面建筑工程、压力钢管制造和安装、钢结构的制作和安装、钢闸门及启闭机安装、预埋件埋设、机电设备安装、工程安全检测等，专业工程监理实施细则的编制应包括下列内容：

(1)适用范围。

(2)编制依据。

(3)专业工程特点。

(4)专业工程开工条件检查。

(5)现场监理工作内容、程序和控制要点。

(6)检查和检验项目、标准和工作要求。一般应包括：巡视检查要点；旁站监理的部位、工序、控制要点和记录；检测项目、检测标准和检测要求，跟踪检测、平行检测的数量和要求。

(7)资料和质量评定工作要求。

(8)采用的表式清单。

3.2 专业工作监理实施细则

专业工作主要指测量、地质、试验、检测(跟踪检测和平行检测)、施工图核查与发布、工程验收、计量支付、信息管理等工作，可根据专业工作特点单独编制。根据监理工作需要，也可增加有关专业工作的监理实施细则，如进度控制、变更、索赔等。专业工作监理实施细则的编制应包括下列内容：

(1)适用范围。

(2)编制依据。

(3)专业工作特点和控制要点。

(4)监理工作内容、技术要求和程序。

(5)采用的表式清单。

3.3 安全监理实施细则

施工现场临时用电和达到一定规模的基坑支护与降水工程、土方和石方开挖工工程、模板工程、起重吊装工程、脚手架工程、爆破工程、围堰工程和其他危险性较大的工程应编制安全监理实施细则，安全监理实施细则的编制应包括下列内容：

(1)适用范用。

(2)编制依据。

(3)施工安全特点。

(4)安全监理工作内容和控制要点:

(5)安全监理的方法和措施。

(6)安全检查记录和报表格式。

(7)采用的表式清单。

3.4　原材料、中间产品、工程设备进场检验和验收监理工作细则

原材料、中间产品、工程设备进场检验和验收监理实施细则,可根据各类原材料、中间产品和工程设备的各自特点单独编制,应包括下列内容:

(1)适用范用。

(2)编制依据。

(3)检查、检验、验收的特点。

(4)进场报验程序。

(5)原材料、中间产品检验的内容、技术指标、检验方法与要求。包括原材料、中间产品的进场检验内容和要求,检测项目、检测标准和检验要求,跟踪检测、平行检测的数量和要求。

(6)工程设备交货验收的内容和要求。

(7)检验资料和报告。

(8)采用的表式清单。

监理实施细则的具体内容可根据工程特点和监理工作需要进行调整。

任务4　监理日志

1　监理日志的概念

监理日志是记录工程监理的历史过程,真实、准确、全面地反映“三控制”(投资控制、进度控制、质量控制)、“三管理”(合同管理、信息管理、安全管理)、“一协调”(组织协调)及与工程相关的一切问题的一种重要实时记录监理文件。

2　监理日志的内容

监理日志文件主要包括以下内容。

2.1　当天水文与气象概况

主要有水位、天气、风力、最高和最低气温等。

2.2　当天工程质量检查记录

(1)检查内容。例如:单项开工、仓申报(包括建筑材料报验、配合比通知单、设备、机具、施工方案等审查情况及手续是否齐全等)。施工单位“三检”报验结果。混凝土施工缝处理、模板表面、钢筋数量、平仓分层、成品、半成品试验结果记录、养护情况等。堤防接缝处理、坡面结合、压实、卸料及铺填等。

(2)检测内容。例如:施工放样复检情况(附图记录数据),检测单元、工序项目主要实测值、混凝土或土料碾压取样等记录主要数据(详细抽检数据单附旁站记录中),评定结果、抽检、验收意见等。

(3)监理旁站检查施工单位是否违反批准的施工方案和操作工艺及技术规范,记录对重要工序、欠稳定工序和不宜测控的工序施工所见情况。

(4)当天施工用的机械、设备(名称、数量、性能、检修)运行情况等。

2.3 监理决定及指示

(1)监理旁站对当天所作的决定,当天发生的纠纷及解决办法,总监或各级领导来工地现场谈及的问题,当天与总监和各级领导口头谈话摘要,达成的主要协议等。

(2)监理对施工单位的指示。主要内容为:正式函件(用于重大的指示);日常指示,如在每日的工地协调会中发出的指示,在施工现场发出的指示。

2.4 进度控制情况

当天施工进度与计划进度的比较(若发生施工进度拖延,应说明其原因),当天的综合评语,其他(应注意的事项)说明。

2.5 质量问题

当天发现的施工质量问题及处理意见。

2.6 其他内容

工程量认证、工程款支付、监理月报、工程设计变更、监理会议、安全作业情况等情况的记录。

3 监理日志案例

监理日志

填写人:×××　　　　日期:2014年8月20日

天气	白天	气温:最高气温:27.1 ℃, 风力:西风1~2级	夜晚	最低气温16 ℃
施工部位、施工内容、施工形象	前池1-2,主厂房1-7,副厂房1-8,出水管墩基1-6 施工进度与计划进度相符。			
施工质量检验、安全作业情况	一、检查内容 1. 单元1-7-1。检查主厂房框架柱钢筋安装的数量、规格尺寸、安装位置、绑扎情况。检查结果:符合设计图纸及施工规范要求。 2. 单元1-6-1。检查混凝土养护情况。检查结果:混凝土表面保持湿润,无时干时湿现象。 3. 单元1-6-1。检查1号支墩右联、中联混凝土浇筑质量。检查结果:配合比符合设计,施工方法符合规范要求,混凝土和易性良好,坍落度控制在4~5 cm,运输期间无离析现象产生,浇筑混凝土表面平整,无泌水现象。 4. 单元1-8-2。检查主副厂房砌砖质量。检查结果:砌体水平、竖向灰缝横平竖直,无游丁走缝现象。砌体水平、竖直灰缝砂浆饱满。砖块的内外搭接、上下错缝符合施工规范要求。砌筑用砖的湿润程度及砂浆的使用时间均符合施工规范要求。			

续表

施工质量检验、安全作业情况	二、检测内容 单元1-2-3。10时施工单位自检合格后,报验右侧3号挡土墙基础开挖及施工放样,监理对右侧3号挡土墙施工放样及基础开挖情况进行检测。参加人员:×××、×××、×××、×××、×××、×××、×××。检测结果:长10.3 m,宽6.3 m,基础开挖高程设计42.45 m,共检测10点,合格10点,合格率100%。 符合设计及施工规范要求,可以进行下一步模板安装施工。
施工作业中存在的问题及处理情况	感观发现砂含水率偏高,施工单位同意遵照监理检测结果,立即整改。
承包人的管理人员及主要技术人员到位情况	项目经理:×××;技术负责人:××× 终检:×××;施工队长:×××
施工机械投入运行和设备完好情况	投入Q315型塔吊2台,滚筒式搅拌机2台,800型配料机2台,电焊机4台,铲车1辆,减压水泵10台完好。
其他	监理指示: 1. 单元1-2-3。经对右侧3号挡土墙放样尺寸及基础开挖高程检测,符合设计及施工规范要求,可以进行下一步底板的模板及钢筋安装施工。 2. 单元1-6-1。在对1号支墩混凝土浇筑前,发现砂含水率偏高,要求检测部门对砂含水率进行检测。检测结果:砂含水率为6.1%,调整电子称砂子质量为200 kg。

说明:本表由监理机构指定专人填写,按月装订成册。

任务5　监理报告

1　监理报告的概念及编写要求

在监理实施过程中,由监理机构提交的监理报告包括监理月报、监理专题报告、监理工作报告和监理工作总结报告。监理报告应真实地反映工程或事件状况、监理工作情况,做到内容全面、重点突出、语言简练、数据准确,并附必要的图表、照片和音像片。总监理工程师应负责组织编制监理报告,审核签字、盖章后,报送发包人和监理单位。

监理报告的编写要求如下:

(1)监理月报。要全面反映当月的监理工作情况,编制周期与支付周期同步,监理月报应真实地反映工程现状和监理情况,做到数据准确、重点突出、语言简练,并附有必要的图表和照片。监理月报的编制周期为上月26日到本月25日。施工单位在本月25日向监理员递交施工月报,再由监理员审核后填报监理月报,报监理部由总监组织监理工程师汇编,总监审签后在下月5日前,由监理部报送发包人和监理公司。

(2)监理专题报告。针对施工监理中某项特定的专题撰写。专题事件持续时间较长时,监理机构可提交关于该专题事件的中期报告。

(3)监理工作报告。在进行监理范围内各类工程验收时,监理机构应按规定提交相应的监理工作报告。监理工作报告应在验收工作开始前完成。

(4)监理工作总结报告。监理工作结束后,监理部应在以前各类监理报告的基础上编制全面反映项目情况的监理工作总结报告。监理工作总结报告应在结清监理费用后56 日内发出。

2　监理报告的主要内容

2.1　监理月报的主要内容

(1)本月工程描述。

(2)工程质量控制。包括本月工程质量状况及影响因素分析、工程质量问题处理过程及采取的控制措施等。

(3)工程进度控制。包括本月施工资源投入、实际进度与计划进度比较、对进度完成情况的分析、存在的问题及采取的措施等。

(4)工程投资控制。包括本月工程计量、工程款支付情况及分析、本月合同支付中存在的问题及采取的措施等。

(5)合同管理其他事项。包括本月施工合同双方提出的问题、监理机构的答复意见和工程分包、变更、索赔、争议等处理情况,以及对存在的问题采取的措施等。

(6)施工安全和环境保护。包括本月施工安全措施执行情况、安全事故及处理情况、环境保护情况、对存在的问题采取的措施等。

(7)监理机构运行状况。包括本月监理机构的人员及设施、设备情况,尚需发包人提供的条件或解决的情况等。

(8)本月监理小结。包括对本月工程质量、进度、计量与支付、合同管理其他事项、施工安全、监理机构运行状况的综合评价。

(9)下月监理工作计划。包括对监理工作重点,在质量、进度、投资、合同其他事项和施工安全等方面需采取的预控措施等。

(10)本月工程监理大事记。

(11)本月监理工作统计月报表。

(12)其他应提交的资料和说明事项等。

2.2　监理专题报告的主要内容

(1)事件描述。

(2)事件分析。

①事件发生的原因及责任分析。

②事件对工程质量与安全影响分析。

③事件对施工进度影响分析。

④事件对工程费用影响分析。

(3)事件处理。

①施工单位对事件处理的意见。

②发包人对事件处理的意见。

③设计单位对事件处理的意见。

④其他单位或部门对事件处理的意见。

⑤监理机构对事件处理的意见。

⑥事件最后处理方案或结果(如果为中期报告,应描述截至目前事件处理的现状)。

(4)对策与措施。为避免此类事件再次发生或其他影响合同目标实现事件的发生,监理机构的意见和建议。

(5)其他应提交的资料和说明事项等。

2.3 监理工作报告的主要内容

(1)工程概况,其包括工程特性、合同目标、工程项目组成及施工进展等。

(2)监理规划(监理规划及实施细则制度的建立、组织机构的设置、检测采用的方法和主要设备等)。

(3)监理过程(主要叙述"三控制、三管理、一协调"情况,包括项目划分、质量检测、质量事故及缺陷处理,以及单位、分部、单元质量检查与检验情况等)。

(4)监理效果是指对工程投资、质量、进度控制,施工安全与环境保护监理工作成效及综合评价。

(5)经验与建议。

(6)其他需要说明或报告事项。

(7)其他应提交的资料和说明事项等。

(8)附件,其包括监理机构的设置与主要工作人员情况表、工程建设监理大事记。

2.4 监理工作总结报告的主要内容

(1)监理工程项目概况。包括工程特性、目标、工程项目组成等。

(2)监理工作综述。包括监理机构设置与主要工作人员,监理工作内容、程序、方法,监理设备情况等。

(3)监理规划执行、修订情况的总结评价。

(4)监理合同履行情况和监理过程情况简述。

(5)对质量控制的监理工作成效进行综合评价。

(6)对投资控制的监理工作成效进行综合评价。

(7)对施工进度控制的监理工作成效进行综合评价。

(8)对施工安全与环境保护监理工作成效进行综合评价。

(9)经验与建议。

(10)工程建设监理大事记。

(11)其他需要说明或报告的事项。

(12)其他应提交的资料和说明事项等。

下篇　水利工程建设监理实操

项目6　水利工程建设质量控制

任务1　水利工程建设质量控制概述

“百年大计,质量第一”是人们对建设工程项目质量重要性的高度概括。工程质量是基本建设效益得以实现的基本保证。没有质量,就没有投资效益、没有工程进度、没有社会信誉,工程质量是实现建设工程功能与效果的基本要素。质量控制是保证工程质量的一种有效方法,是建设工程项目管理的核心,是决定工程建设成败的关键。项目监理机构要进行有效的工程质量控制,必须熟悉工程质量形成过程及其影响因素,了解工程质量管理的制度,掌握工程参与主体单位的工程质量责任。

1　建设工程质量

质量是指一组固有特性满足要求的程度。“固有特性”包括了明示的和隐含的特性,明示的特性一般以书面阐明或明确向顾客指出,隐含的特性是指惯例或一般做法。“满足要求”是指满足顾客和相关方的要求,包括法律法规及标准规范的要求。

建设工程质量简称工程质量,是指建设工程满足相关标准规定和合同约定要求的程度,包括其在安全、使用功能及其在耐久性能、节能与环境保护等方面所有明示和隐含的固有特性。

建设工程作为一种特殊的产品,除具有一般产品共有的质量特性外,还具有特定的内涵。建设工程质量的特性主要表现在适用性、耐久性、安全性、可靠性、经济性、节能性、与环境的协调性七个方面。上述七个方面的质量特性彼此之间是相互依存的。总体而言,适用、耐久、安全、可靠、经济、节能与环境适应性,都是必须达到的基本要求,缺一不可,但对不同门类的不同专业可以有不同的侧重面。

2　质量管理及全面质量管理

质量管理是在质量方面指挥和控制组织的协调的活动。在质量方面的指挥和控制活动,通常包括制定质量方针、质量目标及质量策划、质量保证和质量改进。质量管理是有计划、有系统的活动,为实施质量管理需要建立质量体系,而质量体系又要通过质量策划、质量控制、质量保证和质量改进等活动发挥其职能,可以说,这四项活动是质量管理工作的四大支柱。

全面质量管理(Total Quality Management,TQM),是指一个组织以质量为中心,以全员参与为基础,目的在于通过顾客满意和本组织所有成员及社会受益而达到长期成功的管理途径。全面质量管理,是一种现代的质量管理。它重视人的因素,强调全员参加、全过程控制、全企业实施的质量管理。全面质量管理的基本核心是提高人的素质,增强质量意识,调动人的积极性,人人做好本职工作,通过抓好工作质量来保证和提高产品质量或服务质量。

2.1　全面质量管理的基本方法

全面质量管理的特点,集中表现在"全面质量管理、全过程质量管理、全员质量管理"三个方面。美国质量管理专家戴明(W. E. Deming)把全面质量管理的基本方法概括为四个阶段、八个步骤,简称PDCA循环,又称"戴明环"。

(1)计划阶段:又称P(Plan)阶段,主要是在调查问题的基础上制订计划。计划的内容包括确立目标、活动等,以及制定完成任务的具体方法。这个阶段包括八个步骤中的前四个步骤:查找问题,进行排列,分析问题产生的原因,制定对策和措施。

(2)实施阶段:又称D(Do)阶段,就是按照制订的计划和措施去实施,即执行计划。这个阶段是八个步骤中的第五个步骤,即执行措施。

(3)检查阶段:又称C(Check)阶段,就是检查生产(设计或施工)是否按计划执行,其效果如何。这个阶段是八个步骤中的第六个步骤,即检查采取措施后的效果。

(4)处理阶段:又称A(Action)阶段,就是总结经验和清理遗留问题。这个阶段包括八个步骤中的最后两个步骤:建立巩固措施,即把检查结果中成功的做法和经验加以标准化、制度化,并使之巩固下来;提出尚未解决的问题,转入到下一个循环。

在PDCA循环中,处理阶段是一个循环的关键。PDCA的循环过程是一个不断解决问题、不断提高质量的过程。同时,在各级质量管理中都有一个PDCA循环,形成一个大环套小环、一环扣一环,互相制约、互为补充的有机整体。

2.2　全面质量管理的基本观点

(1)"质量第一"的观点。"质量第一"是推行全面质量管理的思想基础。工程质量的好坏,不仅关系到国民经济的发展及人民生命财产的安全,而且直接关系到企事业单位的信誉、经济效益、生存和发展。因此,在工程项目的建设全过程中,所有人员都必须牢固树立"质量第一"的观点。

(2)"用户至上"的观点。"用户至上"是全面质量管理的精髓。工程项目用户至上的观点包括两层含义:一是直接或间接使用工程的单位或个人;二是在企事业内部,生产(设计、施工)过程中下一道工序为上一道工序的用户。

(3)预防为主的观点。工程质量的好坏是设计、建筑出来的,而不是检验出来的。检验只能确定工程质量是否符合标准要求,但不能从根本上决定工程质量的高低。全面质量管理必须强调从事检验把关变为工序控制,从管质量结果变为管质量因素,防检结合,预防为主,防患于未然。

(4)用数据说话的观点。工程技术数据是实行科学管理的依据,没有数据或数据不准确,质量则无法进行评价。全面质量管理就是以数理统计方法为基本手段,依靠实际数据资料,作出正确判断,进而采取正确措施,进行质量管理。

(5)全面管理的观点。全面质量管理突出一个“全”字,要求实行全员、全过程、全企业的管理。因为工程质量好坏,涉及施工企业的每个部门、每个环节和每个职工。各项管理既相互联系,又相互作用,只有共同努力、齐心管理,才能全面保证工程项目的质量。

(6)一切按 PDCA 循环进行的观点。坚持按照计划、实施、检查、处理的循环过程办事,是进一步提高工程质量的基础。经过一次循环,对事物内在的客观规律就有进一步的认识,从而制订出新的质量计划与措施,使全面质量管理工作及工程质量不断提高。

3 建设工程质量的特点

建设工程质量的特点是由建设工程本身和建设生产的特点决定的。建设工程(产品)及其生产的特点:一是产品的固定性,生产的流动性;二是产品多样性,生产的单件性;三是产品形体庞大,高投入,生产周期长,具有风险性;四是产品的社会性,生产的外部约束性。正是由于上述建设工程的特点而形成了工程质量本身的以下特点。

3.1 影响因素多

建设工程质量受到多种因素的影响,如决策、设计、材料、机具设备、施工方法、施工工艺、技术措施、人员素质、工期、工程造价等,这些因素直接或间接地影响工程项目质量。

3.2 质量波动大

由于建筑生产的单件性、流动性,不像一般工业产品的生产那样,有固定的生产流水线、有规范化的生产工艺和完善的检测技术、有成套的生产设备和稳定的生产环境,所以工程质量容易产生波动且波动大。同时,由于影响工程质量的偶然性因素和系统性因素比较多,其中任一因素发生变动,都会使工程质量产生波动。如材料规格品种使用错误、施工方法不当、操作未按规程进行、机械设备过度磨损或出现故障、设计计算失误等,都会发生质量波动,产生系统因素的质量变异,造成工程质量事故。为此,要严防出现系统性因素的质量变异,把质量波动控制在偶然性因素范围内。

3.3 质量隐蔽性

建设工程在施工过程中,分项工程交接多、中间产品多、隐蔽工程多,因此质量存在隐蔽性。若在施工中不及时进行质量检查,事后只能从表面上检查,就很难发现内在的质量问题,这样就容易产生判断错误,即将不合格品误认为合格品。

3.4 终检的局限性

工程项目建成后不可能像一般工业产品那样依靠终检来判断产品质量,或将产品拆卸、解体来检查其内在质量,或对不合格零部件进行更换。而工程项目的终检(竣工验收)无法进行工程内在质量的检验,发现隐蔽的质量缺陷。因此,工程项目的终检存在一定的局限性。这就要求工程质量控制应以预防为主,防患于未然。

3.5 评价方法的特殊性

水利工程质量的检查评定及验收是按单元工程、分部工程、单位工程进行的。单元工程的质量是整个工程质量验收的基础。隐蔽工程在隐蔽前要检查合格后验收,涉及结构安全的试块、试件以及有关材料,应按规定进行见证取样检测,涉及结构安全和使用功能的重要分部工程要进行抽样检测。工程质量是在施工单位按合格质量标准自行检查评定的基础上，由项目监理机构组织有关单位、人员进行检验，确认验收。这种评价方法体现了“验评分离、强化验收、完善手段、过程控制”的指导思想。

4 影响工程质量的因素

影响工程质量的因素很多，但归纳起来主要有五个方面，即人（Man）、材料（Material）、机械（Machine）、方法（Method）和环境（Environment），简称4M1E。

4.1 人员素质

人是生产经营活动的主体，也是工程项目建设的决策者、管理者、操作者，工程建设的规划、决策、勘察、设计、施工与竣工验收等全过程，都是通过人的工作来完成的。人员的素质，即人的文化水平、技术水平、决策能力、管理能力、组织能力、作业能力、控制能力、身体素质及职业道德等，都将直接和间接地对规划、决策、勘察、设计和施工的质量产生影响，而规划是否合理，决策是否正确，设计是否符合所需要的质量功能，施工能否满足合同、规范、技术标准的需要等，都将对工程质量产生不同程度的影响。人员素质是影响工程质量的一个重要因素。因此，水利行业实行资质管理和各类专业从业人员持证上岗制度是保证人员素质的重要管理措施。

4.2 工程材料

工程材料是指构成工程实体的各类建筑材料、构配件、半成品等，它是工程建设的物质条件，是工程质量的基础。工程材料选用是否合理、产品是否合格、材质是否经过检验、保管使用是否得当等，都将直接影响建设工程的结构刚度和强度，影响工程外表及观感，影响工程的使用功能，影响工程的使用安全。

4.3 机械设备

机械设备可分为两类：一类是指组成工程实体及配套的工艺设备和各类机具，如水轮机、泵机、通风设备等，它们构成了建筑设备安装工程或工业设备安装工程，形成完整的使用功能；另一类指施工过程中使用的各类机具设备，包括大型垂直与横向运输设备、各类操作工具、各种施工安全设施、各类测量仪器和计量器具等，简称施工机具设备，它们是施工生产的手段。施工机具设备对工程质量也有重要的影响。工程所用机具设备，其产品质量优劣直接影响工程使用功能质量。施工机具设备的类型是否符合工程施工特点，性能是否先进稳定，操作是否方便安全等，都将会影响工程项目的质量。

4.4 方法

方法是指工艺方法、操作方法和施工方案。在工程施工中，施工方案是否合理，施工工艺是否先进，施工操作是否正确，都将对工程质量产生重大的影响。采用新技术、新工艺、新方法，不断提高工艺技术水平，是保证工程质量稳定提高的重要因素。

4.5 环境条件

环境条件是指对工程质量特性起重要作用的环境因素，包括工程技术环境，如工程地质、水文、气象等；工程作业环境，如施工环境作业面大小、防护设施、通风照明和通信条件等；工程管理环境，主要指工程实施的合同环境与管理关系的确定，组织体制及管理制度等；周边环境，如工程邻近的地下管线、建（构）筑物等。环境条件往往对工程质量产生特定的影响。加强环境管理，改进作业条件，把握好技术环境，辅以必要的措施，是控制环境对质量影响的重要保证。

5 质量控制

质量控制是质量管理的一部分,致力于满足质量要求。质量控制的目标就是确保产品的质量能满足顾客、法律法规等方面所提出的质量要求。质量控制的范围涉及产品质量形成全过程的各个环节。任何一个环节的工作没做好,都会使产品质量受到损害,从而不能满足质量的要求。因此,质量控制是通过采取一系列的作业技术和活动对各个过程实施控制的。质量控制的工作内容包括了作业技术和活动。这些活动包括:

(1)确定控制对象,例如一道工序、设计过程、制造过程等。

(2)规定控制标准,即详细说明控制对象应达到的质量要求。

(3)制定具体的控制方法,例如工艺规程。

(4)明确所采用的检验方法,包括检验手段。

(5)实际进行检验。

(6)说明实际与标准之间有差异的原因。

(7)为解决差异而采取的行动。

质量控制具有动态性,因为质量要求随着时间的进展而在不断变化,为了满足不断更新的质量要求,对质量控制进行持续改进。项目监理机构在工程质量控制过程中,应遵循以下几条原则:

(1)坚持质量第一的原则。

建设工程质量不仅关系工程的适用性和建设项目投资效果,而且关系到人民群众生命财产的安全。所以,项目监理机构在进行投资、进度、质量三大目标控制时,在处理三者关系时,应坚持“百年大计,质量第一”,在工程建设中自始至终把“质量第一”作为对工程质量控制的基本原则。

(2)坚持以人为核心的原则。

人是工程建设的决策者、组织者、管理者和操作者。工程建设中各单位、各部门、各岗位人员的工作质量水平和完善程度,都直接和间接地影响工程质量。所以,在工程质量控制中,要以人为核心,重点控制人的素质和人的行为,充分发挥人的积极性和创造性,以人的工作质量来保证工程质量。

(3)坚持以预防为主的原则。

工程质量控制应该是积极主动的,应事先对影响质量的各种因素加以控制,而不能是消极被动的,等出现质量问题再进行处理,已造成不必要的损失。所以,要重点做好质量的事先控制和事中控制,以预防为主,加强过程和中间产品的质量检查与控制。

(4)以合同为依据,坚持质量标准的原则。

质量标准是评价产品质量的尺度,工程质量是否符合合同规定的质量标准要求,应通过质量检验并与质量标准对照。符合质量标准要求的才是合格的,不符合质量标准要求的就是不合格的,必须返工处理。

(5)坚持科学、公平、守法的职业道德规范。

在工程质量控制中,项目监理机构必须坚持科学、公平、守法的职业道德规范,要尊重科学，尊重事实，以数据资料为依据，客观、公平地进行质量问题的处理。要坚持原则，遵纪守法，秉公监理。

6 工程建设各单位的质量责任

《水利工程质量管理规定》（水利部令第7号）明确规定：水利工程质量实行项目法人（建设单位）负责、监理单位控制、施工承包人保证和政府监督相结合的质量管理体制。由此可见，水利工程质量管理的三个体系分别为：政府部门的质量监督体系，发包人和监理单位的质量控制体系，设计、施工单位的质量保证体系。

6.1 项目法人的质量责任

（1）项目法人（建设单位）应根据国家和水利部有关规定依法设立，主动接受水利工程质量监督机构对其质量体系的监督检查。

（2）项目法人（建设单位）应根据工程规模和工程特点，按照水利部有关规定，通过资质审查招标选择勘测设计、施工、监理单位并实行合同管理。在合同文件中，必须有工程质量条款，明确图纸、资料、工程、材料、设备等的质量标准及合同双方的质量责任。

（3）项目法人（建设单位）要加强工程质量管理，建立健全施工质量检查体系，根据工程特点建立质量管理机构和质量管理制度。

（4）项目法人（建设单位）在工程开工前，应按规定向水利工程质量监督机构办理工程质量监督手续。在工程施工过程中，应主动接受质量监督机构对工程质量的监督检查。

（5）项目法人（建设单位）应组织设计和施工单位进行设计交底；施工中应对工程质量进行检查，工程完工后，应及时组织有关单位进行工程质量验收、签证。

6.2 监理单位的质量责任

（1）监理单位必须持有水利部颁发的监理单位资格等级证书，依照核定的监理范围承担相应的水利工程的监理任务。监理单位必须接受水利工程质量监督机构对其监理资格质量检查体系及质量监理工作的监督检查。

（2）监理单位必须严格执行国家法律、水利行业法规、技术标准，严格履行监理合同。

（3）监理单位根据所承担的监理任务向水利工程施工现场派出相应的监理机构，人员配备必须满足项目要求。监理人上岗必须持有水利部颁发的监理人岗位证书，一般监理人员上岗要经过岗前培训。

（4）监理单位应根据监理合同参与招标工作，从保证工程质量全面履行工程承建合同出发，签发施工图纸；审查施工单位的施工组织设计和技术措施；指导监督合同中有关质量标准、要求的实施；参加工程质量检查、工程质量事故调查处理和工程验收工作。

6.3 设计单位的质量责任

（1）设计单位必须按其资质等级及业务范围承担勘测设计任务，并应主动接受水利工程质量监督机构对其资质等级及质量体系的监督检查。

（2）设计单位必须建立健全设计质量保证体系，加强设计过程质量控制，健全设计文件的审核、会签批准制度，做好设计文件的技术交底工作。

（3）设计文件必须符合下列基本要求：

①设计文件应当符合国家、水利行业有关工程建设法规、工程勘测设计技术规程、标

准和合同的要求。

②设计依据的基本资料应完整、准确、可靠,设计论证充分,计算成果可靠。

③设计文件的深度应满足相应设计阶段有关规定要求,设计质量必须满足工程质量、安全需要并符合设计规范的要求。

(4)设计单位应按合同规定及时提供设计文件及施工图纸,在施工过程中要随时掌握施工现场情况,优化设计,解决有关设计问题。对大中型工程,设计单位应按合同规定在施工现场设立设计代表机构或派驻设计代表。

(5)设计单位应按水利部有关规定在阶段验收、单位工程验收和竣工验收中,对施工质量是否满足设计要求提出评价。

6.4　施工单位的质量责任

(1)施工单位必须按其资质等级和业务范围承揽工程施工任务,接受水利工程质量监督机构对其资质和质量保证体系的监督检查。

(2)施工单位必须依据国家、水利行业有关工程建设法规、技术规程、技术标准的规定及设计文件和施工合同的要求进行施工,并对其施工的工程质量负责。

(3)施工单位不得将其承接的水利建设项目的主体工程进行转包。对工程的分包,分包单位必须具备相应资质等级,并对其分包工程的施工质量向总包单位负责,总包单位对全部工程质量向项目法人(建设单位)负责。工程分包必须经过项目法人(建设单位)的认可。

(4)施工单位要推行全面质量管理,建立健全质量保证体系,制定和完善岗位质量规范、质量责任及考核办法,落实质量责任制。在施工过程中要加强质量检验工作,认真执行"三检制",切实做好工程质量的全过程控制。

(5)工程发生质量事故,施工单位必须按照有关规定向监理单位、项目法人(建设单位)及有关部门报告,并保护好现场,接受工程质量事故调查,认真进行事故处理。

(6)竣工工程质量必须符合国家和水利行业现行的工程标准及设计文件要求,并应向项目法人(建设单位)提交完整的技术档案、试验成果及有关资料。

6.5　建筑材料、设备采购的质量责任

(1)建筑材料和工程设备的质量由采购单位承担相应责任。凡进入施工现场的建筑材料和工程设备均应按有关规定进行检验。经检验不合格的产品不得用于工程。

(2)建筑材料和工程设备的采购单位具有按合同规定自主采购的权利,其他单位或个人不得干预。

(3)建筑材料或工程设备应当符合下列要求:

①有产品质量检验合格证明;

②有中文标明的产品名称、生产厂名和厂址;

③产品包装和商标式样符合国家有关规定与标准要求;

④工程设备应有产品详细的使用说明书,电气设备还应附有线路图;

⑤实施生产许可证或实行质量认证的产品,应当具有相应的许可证或认证证书。

任务2　施工阶段的质量控制

工程施工是使工程设计意图最终实现并形成工程实体的阶段,也是最终形成工程产品质量和工程项目使用价值的重要阶段。工程施工质量控制是项目监理机构工作的主要内容。项目监理机构应基于施工质量控制的依据和工作程序,抓好施工质量控制工作。施工阶段的质量控制应重点做好图纸会审与设计交底、施工组织设计的审查、施工方案的审查和现场施工准备质量控制等工作。施工阶段项目监理机构的质量控制包括审查、巡视、监理指令、旁站、见证取样、验收和平行检验,工程变更的控制和质量记录资料的管理等。

1　质量控制的依据、程序及方法

1.1　质量控制的依据

项目监理机构施工质量控制的依据,大体上有以下几类。

1.1.1　工程合同文件

建设工程监理合同、建设单位与其他相关单位签订的合同,包括与施工单位签订的施工合同,与材料设备供应单位签订的材料设备采购合同等。项目监理机构既要履行建设工程监理合同条款,又要监督施工单位、材料设备供应单位履行有关工程质量合同条款。因此,项目监理机构监理人员应熟悉这些相应条款,据以进行质量控制。

1.1.2　已批准的工程勘察设计文件、施工图纸及相应的设计变更与修改文件

工程勘察包括工程测量、工程地质和水文地质勘察等内容,工程勘察成果文件为工程项目选址、工程设计和施工提供科学可靠的依据。也是项目监理机构审批工程施工组织设计或施工方案、工程地基基础验收等工程质量控制的重要依据。经过批准的设计图纸和技术说明书等设计文件,是质量控制的重要依据。施工图审查报告与审查批准书、施工过程中设计单位出具的工程变更设计都属于设计文件的范畴,“按图施工”是施工阶段质量控制的一项重要原则,已批准的设计文件无疑是监理人进行质量控制的依据。但是从严格质量管理和质量控制的角度出发,监理单位在施工前还应参加建设单位组织的设计交底工作,以达到了解设计意图和质量要求,发现图纸差错和减少质量隐患的目的。

1.1.3　有关质量管理方面的法律法规、部门规章与规范性文件

主要包括:法律,如《中华人民共和国水法》、《中华人民共和国防洪法》等;行政法规,如《建设工程质量管理条例》、《中华人民共和国防汛条例》等;部门规章,如《建筑工程施工许可管理办法》、《实施工程建设强制性标准监督规定》等;规范性文件,如《建设工程质量责任主体和有关机构不良记录管理办法(试行)》等。

1.1.4　质量标准与技术规范(规程)

质量标准与技术规范(规程)是针对不同行业、不同的质量控制对象而制定的,包括各种有关的标准、规范或规程。根据适用性,标准分为国家标准、行业标准、地方标准和企业标准。它们是建立和维护正常的生产与工作秩序应遵守的准则,也是衡量工程、设备和材料质量的尺度。对于国内工程,国家标准是必须执行与遵守的最低要求,行业标准、地

方标准和企业标准的要求不能低于国家标准的要求。企业标准是企业生产和工作的要求与规定,适用于企业的内部管理。

这里需要指出的是,工程建设监理制度,是按照国际惯例建立起来的,特别适用于大型工程、外资工程及对外承包工程。因此,进行质量控制还必须注意其他国家标准。当需要依据这些标准进行质量控制时,就要熟悉它、执行它。

1.2　施工阶段质量控制程序

1.2.1　合同项目质量控制程序

(1)监理机构应在施工合同约定的期限内,经发包人同意后向承包人发出进场通知,要求承包人按约定及时调遣人员和施工设备、材料进场进行施工准备。进场通知中应明确合同工期起算日期。

(2)监理机构应协助发包人向承包人移交施工合同约定应由发包人提供的施工用地、道路、测量基准点及供水、供电、通信设施等开工的必要条件。

(3)承包人完成开工准备后,应向监理机构提交开工申请。监理机构在检查发包人和承包人的施工准备满足开工条件后,签发开工令。

(4)由于承包人原因使工程未能按施工合同约定时间开工,监理机构应通知承包人在约定时间内提交赶工措施报告并说明延误开工原因。由此增加的费用和工期延误造成的损失由承包人承担。

(5)由于发包人原因使工程未能按施工合同约定时间开工,监理机构在收到承包人提出的顺延工期的要求后,应立即与发包人和承包人共同协商补救办法。由此增加的费用和工期延误造成的损失由发包人承担。如图 6-1 所示。

1.2.2　单位工程质量控制程序

监理机构应审批每一个单位工程的开工申请,熟悉图纸,审核承包人提交的施工组织设计、技术措施等,确认后签发开工通知。如图 6-2 所示。

1.2.3　分部工程质量控制程序

监理机构应审批承包人报送的每一分部工程开工申请,审核承包人递交的施工措施计划,检查该分部工程的开工条件,确认后签发分部工程开工通知。

1.2.4　单元工程(工序)质量控制程序

第一个单元工程在分部工程开工申请获批准后自行开工,后续单元工程凭监理机构签发的上一单元工程施工质量合格证明方可开工。如图 6-3 所示。

1.2.5　混凝土浇筑开仓

监理机构应对承包人报送的混凝土浇筑开仓报审表进行审核。符合开仓条件后,方可签发。

1.3　施工阶段质量控制方法

施工阶段质量检查的主要方法有以下几种。

1.3.1　旁站监理

旁站是指项目监理机构对工程的关键部位或关键工序的施工质量进行的监督活动。项目监理机构应根据工程特点和施工单位报送的施工组织设计,将影响工程主体结构安全的、完工后无法检测其质量的或返工会造成较大损失的部位及其施工过程作为旁站的

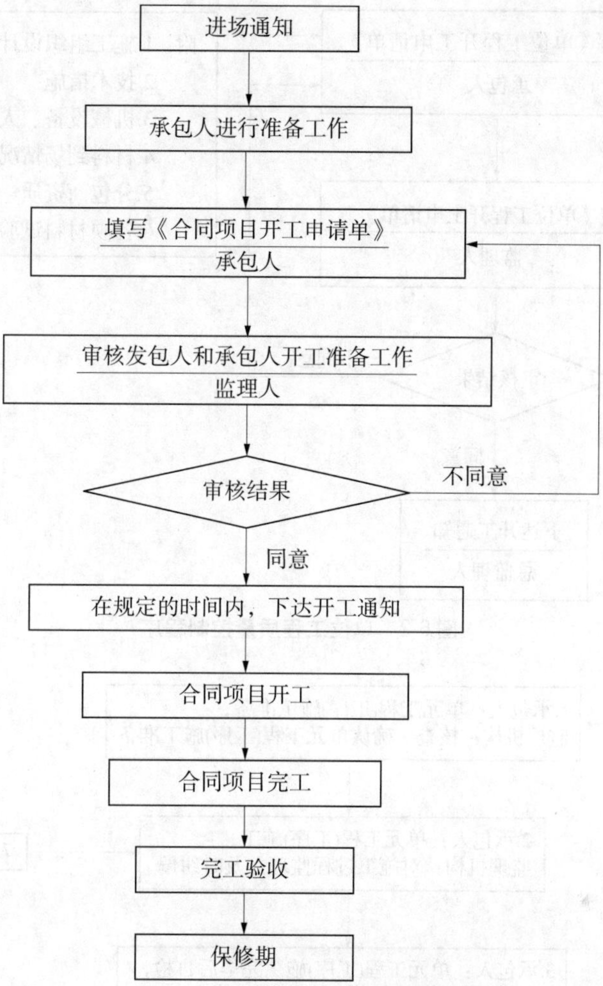

图 6-1　合同项目质量控制程序

关键部位、关键工序，安排监理人员进行旁站，并应及时记录旁站情况。

旁站工作程序：①开工前，项目监理机构应根据工程特点和施工单位报送的施工组织设计，确定旁站的关键部位、关键工序，并书面通知施工单位；②施工单位在需要实施旁站的关键部位、关键工序进行施工前书面通知项目监理机构；③接到施工单位书面通知后，项目监理机构应安排旁站人员实施旁站。

1.3.2　巡视检验

巡视是项目监理机构对施工现场进行的定期或不定期的检查活动，是项目监理机构对工程实施建设监理的方式之一。项目监理机构应安排监理人员对工程施工质量进行巡视。巡视应包括下列主要内容：①施工单位是否按工程设计文件、工程建设标准和批准的施工组织设计、(专项)施工方案施工。施工单位必须按照工程设计图纸和施工技术标准施工，不得擅自修改工程设计，不得偷工减料。②使用的工程材料、构配件和设备是否合格。应检查施工单位使用的工程原材料、构配件和设备是否合格。不得在工程中使用不合格的原材料、构配件和设备，只有经过复试检测合格的原材料、构配件和设备才能够用

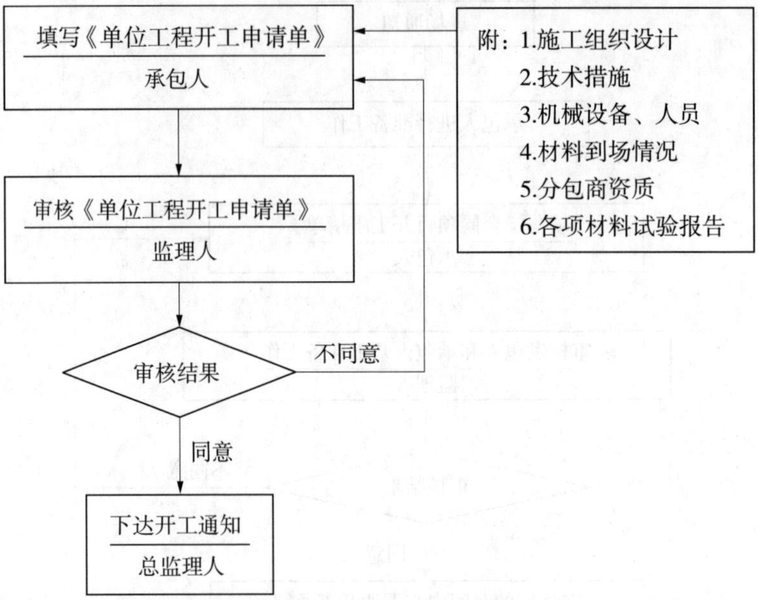

图 6-2　单位工程质量控制程序

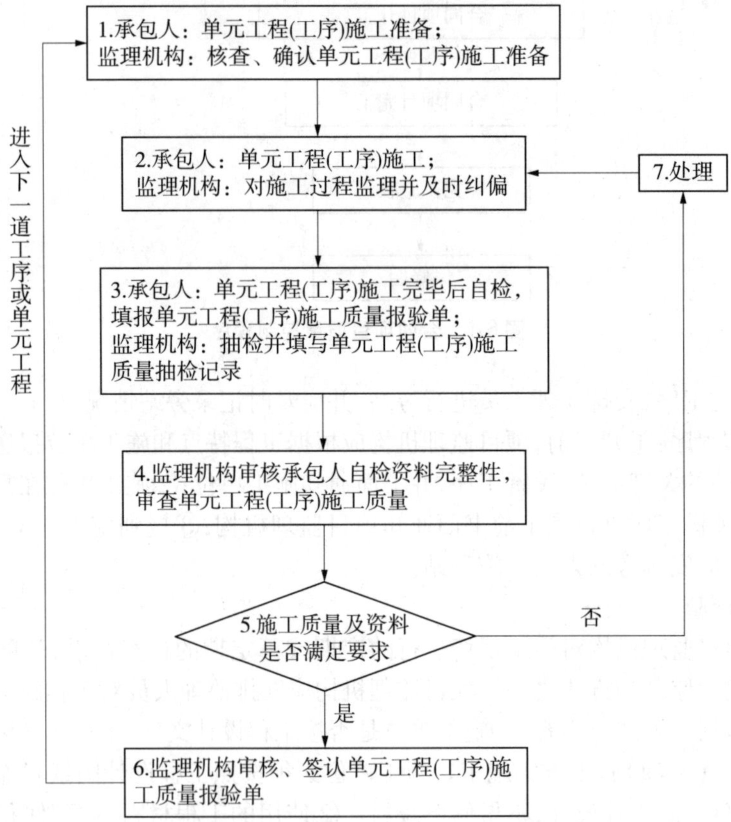

图 6-3　单元工程(工序)质量控制程序

于工程。③施工现场管理人员，特别是施工质量管理人员是否到位。应对其是否到位及履职情况做好检查和记录。④特种作业人员是否持证上岗。应对施工单位特种作业人员是否持证上岗进行检查。

1.3.3 见证取样与平行检测

见证取样是指项目监理机构对施工单位进行的涉及结构安全的试块、试件及工程材料现场取样、封样、送检工作的监督活动。完成取样后，施工单位取样人员应在试样或其包装上作出标识、封志。标识和封志应标明工程名称、取样部位、取样日期、样品名称和样品数量等信息，并由见证取样的专业监理工程师和施工单位取样人员签字。

平行检测是指项目监理机构在施工单位自检的同时，按有关规定、建设工程监理合同约定对同一检验项目进行的检测试验活动。项目监理机构应根据工程特点、专业要求，以及建设工程监理合同约定，对施工质量进行平行检验。平行检验的项目、数量、频率和费用等应符合建设工程监理合同的约定。对平行检验不合格的施工质量，项目监理机构应签发监理通知单，要求施工单位在指定的时间内整改并重新报验。

1.3.4 监理指令文件的签发

在工程质量控制方面，项目监理机构发现施工存在质量问题的，或施工单位采用不适当的施工工艺，或施工不当造成工程质量不合格的，应及时签发监理通知单，要求施工单位整改。监理通知单由专业监理工程师或总监理工程师签发。监理人员发现可能造成质量事故的重大隐患或已发生质量事故的，总监理工程师应签发工程暂停令。因建设单位原因或非施工单位原因引起工程暂停的，在具备复工条件时，应及时签发工程复工令，指令施工单位复工。所有这些指令和记录，要作为主要的技术资料存档备查，作为今后解决纠纷的重要依据。

1.3.5 工程变更的控制

施工过程中，由于前期勘察设计的原因，或由于外界自然条件的变化，未探明的地下障碍物、管线、文物、地质条件不符等，以及施工工艺方面的限制、建设单位要求的改变，均会涉及工程变更。做好工程变更的控制工作，是工程质量控制的一项重要内容。工程变更单由提出单位填写，写明工程变更原因、工程变更内容，并附必要的附件，包括：工程变更的依据、详细内容、图纸；对工程造价、工期的影响程度分析，以及对功能、安全影响的分析报告。

对于施工单位提出的工程变更，项目监理机构可按下列程序处理：①总监理工程师组织专业监理工程师审查施工单位提出的工程变更申请，提出审查意见。对涉及工程设计文件修改的工程变更，应由建设单位转交原设计单位修改工程设计文件。必要时，项目监理机构应建议建设单位组织设计、施工等单位召开论证工程设计文件修改方案的专题会议。②总监理工程师组织专业监理工程师对工程变更费用及工期影响作出评估。③总监理工程师组织建设单位、施工单位等共同协商确定工程变更费用及工期变化，会签工程变更单。④项目监理机构根据批准的工程变更文件监督施工单位实施工程变更。

施工单位提出工程变更的情形一般有：①图纸出现错、漏、碰、缺等缺陷而无法施工；②图纸不便施工，变更后更经济、方便；③采用新材料、新产品、新工艺、新技术的需要；④施工单位考虑自身利益，为费用索赔而提出工程变更。

施工单位提出的工程变更,当为要求进行某些材料、工艺、技术方面的修改时,即根据施工现场具体条件和自身的技术、经验和施工设备等,在不改变原设计文件原则的前提下,提出的对设计图纸和技术文件的某些技术上的修改要求,例如,对某种规格的钢筋采用替代规格的钢筋、对基坑开挖边坡的修改等。应在工程变更单及其附件中说明要求修改的内容及原因或理由,并附上有关文件和相应图纸。经各方同意签字后,由总监理工程师组织实施。

当施工单位提出的工程变更要求对设计图纸和设计文件所表达的设计标准、状态有改变或修改时,项目监理机构经与建设单位、设计单位、施工单位研究并作出变更决定后,由建设单位转交原设计单位修改工程设计文件,再由总监理工程师签发工程变更单,并附设计单位提交的修改后的工程设计图纸交施工单位按变更后的图纸施工。

建设单位提出的工程变更,可能是由于局部调整使用功能,也可能是方案阶段考虑不周,项目监理机构应对于工程变更可能造成的设计修改、工程暂停、返工损失、增加工程造价等进行全面的评估,为建设单位正确决策提供依据,避免工程反复和不必要的浪费。

对于设计单位要求的工程变更,应由建设单位将工程变更设计文件下发项目监理机构,由总监理工程师组织实施。

如果变更涉及项目功能、结构主体安全,该工程变更还要按有关规定报送施工图原审查机构及管理部门进行审查与批准。

1.3.6 质量记录资料的管理

质量记录资料是施工单位进行工程施工或安装期间,实施质量控制活动的记录,还包括对这些质量控制活动的意见及施工单位对这些意见的答复,它详细地记录了工程施工阶段质量控制活动的全过程。因此,它不仅在工程施工期间对工程质量的控制有重要作用,而且在工程竣工和投入运行后,对于查询和了解工程建设的质量情况,以及工程维修和管理提供大量有用的资料与信息。质量记录资料包括以下三方面内容:①施工现场质量管理检查记录资料;②工程材料质量记录;③施工过程作业活动质量记录资料。施工质量记录资料应真实、齐全、完整,相关各方人员的签字齐备、字迹清楚、结论明确,与施工过程的进展同步。监理资料的管理应由总监理工程师负责,并指定专人具体实施。

2 实体形成过程各阶段的质量控制的主要内容

2.1 事前质量控制内容

事前质量控制内容是指正式开工前所进行的质量控制工作,其具体内容包括以下方面:

(1)承包人资质审核。主要包括:①检查工程技术负责人是否到位;②审查分包单位的资质等级。

(2)施工现场的质量检验、验收。包括:①现场障碍物的拆除、迁建及清除后的验收;②现场定位轴线、高程标桩的测设、验收;③基准点、基准线的复核、验收等。

(3)负责审查批准承包人在工程施工期间提交的各单位工程和部分工程的施工措施计划、方法及施工质量保证措施。

(4)督促承包人建立和健全质量保证体系,组建专职的质量管理机构,配备专职的质量管理人员。承包人现场应设置专门的质量检查机构和必要的试验条件,配备专职的质量检查、试验人员,建立完善的质量检查制度。

(5)采购材料和工程设备的检验与交货验收。承包人负责采购的材料和工程设备,应由承包人会同现场监理人进行检验与交货验收,检验材质证明和产品合格证书。

(6)工程观测设备的检查。现场监理人需检查承包人对各种观测设备的采购、运输、保存、率定、安装、埋设、观测和维护等。其中观测设备的率定、安装、埋设和观测均必须在有现场监理人员在场的情况下进行。

(7)施工机械的质量控制。①凡直接危及工程质量的施工机械,如混凝土搅拌机、振动器等,应按技术说明书查验其相应的技术性能,不符合要求的,不得在工程中使用;②施工中使用的衡器、量具、计量装置应有相应的技术合格证,使用时应完好并不超过它们的校验周期。

2.2 事中控制的内容

(1)监理人有权对全部工程的所有部位及其任何一项工艺、材料和工程设备进行检查与检验,也可随时提出要求,在制造地、装配地、储存地点、现场、合同规定的任何地点进行检查、测量和检验,以及查阅施工记录。承包人应提供通常需要的协助,包括劳务、电力、燃料、备用品、装置和仪器等。承包人也应按照监理人的指示,进行现场取样试验、工程复核测量和设备性能检测,提供试验样品、试验报告和测量成果,以及监理人要求进行的其他工作。监理人的检查和检验不解除承包人按合同规定应负的责任。

(2)施工过程中承包人应对工程项目的每道施工工序认真进行检查,并应把自行检查结果报送监理人备查,重要工程或关键部位承包人自检结果核准后才能进行下一道工序施工。如果监理人认为必要时,也可随时进行抽样检验,承包人必须提供抽查条件。如抽查结果不符合合同规定,必须进行返工处理,处理合格后,方可继续施工;否则,将按质量事故处理。

(3)依据合同规定的检查和检验,应由监理人与承包人按商定的时间和地点共同进行检查与检验。

(4)隐蔽工程和工程隐蔽部位的检查。包括:①覆盖前的检查。经承包人的自行检查确认隐蔽工程或工程的隐蔽部位具备覆盖条件的,在约定的时间内,承包人应通知监理人进行检查。如果监理人未按约定时间到场检查,拖延或无故缺席,造成工期延误,承包人有权要求延长工期和赔偿其停工或窝工损失。②虽然经监理人检查,并同意覆盖,但事后对质量有怀疑时,监理人仍可要求承包人对已覆盖的部位进行钻孔探测,以至揭开重新检验,承包人应遵照执行;当承包人未及时通知监理人,或监理人未按约定时间派人到场检查时,承包人私自将隐蔽部位覆盖,监理人有权指示承包人进行钻孔探测或揭开检查,承包人应遵照执行。

(5)不合格工程、材料和工程设备的处理。在工程施工中禁止使用不符合合同规定的等级质量标准和技术特性的材料及工程设备。

(6)行使质量监督权,下达停工令。出现下述情况之一者,监理人有权发布停工通知:①未经检验即进入下一道工序作业者;②擅自采用未经认可或批准的材料者;③擅自将工程转包;④擅自让未经同意的分包商进场作业者;⑤没有可靠的质量保证措施贸然施工,已出现质量下降征兆者;⑥工程质量下降,经指出后未采取有效改正措施,或采取了一定措施而效果不好,继续作业者;⑦擅自变更设计图纸要求者等。

(7)行使好质量否决权,为工程进度款的支付签署质量认证意见。

2.3 事后质量控制的内容

(1)审核完工资料;

(2)审核施工承包人提供的质量检验报告及有关技术性文件;

(3)整理有关工程项目质量的技术文件,并编目、建档;

(4)评价工程项目质量状况及水平;

(5)组织联动试车等。

任务3 水利工程施工质量验收

工程施工质量验收是指工程施工质量在施工单位自行检查评定合格的基础上,由工程质量验收责任方组织,工程建设相关单位参加,对单元、分部、单位工程及其隐蔽工程的质量进行抽样检验,对技术文件进行审核,并根据设计文件和相关标准以书面形式对工程质量是否达到合格作出确认。工程施工质量验收是工程质量控制的重要环节。工程项目划分时,应按从大到小的顺序进行,这样有利于从宏观上进行项目评定的规划,不至于在分期实施过程中,从低到高评定时出现层次、级别和归类上的混乱。

1 水利水电工程项目划分的原则

按照《水利水电工程施工质量检验与评定规程》(SL 176—2007)(以下简称新规程),对水利水电工程项目进行划分。

1.1 新规程有关项目的名称与划分原则

水利水电工程质量检验与评定应当进行项目划分。项目按级划分为单位工程、分部工程、单元(工序)工程等三级。

水利水电工程项目划分应结合工程结构特点、施工部署及施工合同要求进行,划分结果应有利于保证施工质量以及施工质量管理。

1.1.1 单位工程项目划分原则

(1)枢纽工程,一般以每座独立的建筑物为一个单位工程。当工程规模大时,可将一个建筑物中具有独立施工条件的一部分划分为一个单位工程。

(2)堤防工程,按招标标段或工程结构划分单位工程。可将规模较大的交叉联结建筑物及管理设施以每座独立的建筑物划分为一个单位工程。

(3)引水(渠道)工程,按招标标段或工程结构划分单位工程。可将大、中型(渠道)建筑物以每座独立的建筑物划分为一个单位工程。

(4)除险加固工程,按招标标段或加固内容,并结合工程量划分单位工程。

1.1.2 分部工程项目划分原则

(1)枢纽工程,土建部分按设计的主要组成部分划分,金属结构及启闭机安装工程和机电设备安装工程按组合功能划分。

(2)堤防工程,按长度或功能划分。

(3)引水(渠道)工程中的河(渠)道按施工部署或长度划分。大、中型建筑物按工程结构主要组成部分划分。

(4)除险加固工程,按加固内容或部位划分。

(5)同一单位工程中,同类型的各个分部工程的工程量(或投资)不宜相差太大,不同类型的各个分部工程投资不宜相差太大,工程量相差不超过50%。每个单位工程中的分部工程数目不宜少于5个。

1.1.3 单元工程项目划分原则

(1)按《水利建设工程单元工程施工质量验收评定标准》(以下简称《单元工程评定标准》)规定进行划分。

(2)河(渠)道开挖、填筑及衬砌单元工程划分界限宜设在变形缝或结构缝处,长度一般不大于100 m。同一分部工程中各单元工程的工程量(或投资)不宜相差太大。

(3)《单元工程评定标准》中未涉及的单元工程可依据工程结构、施工部署或质量考核要求,按层、块、段进行划分。

1.2 新规程有关项目划分程序

(1)由项目法人组织监理、设计及施工等单位进行工程项目划分,并确定主要单位工程、主要分部工程、重要隐蔽单元工程和关键部位单元工程。项目法人在主体工程开工前将项目划分表及说明书面报相应工程质量监督机构确认。

(2)工程质量监督机构收到项目划分书面报告后,应当在14个工作日内对项目划分进行确认,并将确认结果书面通知项目法人。

(3)工程实施过程中,需对单位工程、主要分部工程、重要隐蔽单元工程和关键部位单元工程的项目划分进行调整时,项目法人应重新报送工程质量监督机构确认。

1.3 有关质量术语

(1)水利水电工程质量:工程满足国家和水利行业相关标准及合同约定要求的程度,在安全性、使用功能、适用性、外观及环境保护等方面的特性总和。

(2)质量检验:通过检查、量测、试验等方法,对工程质量特性进行的符合性评价。

(3)质量评定:将质量检验结果与国家和行业技术标准及合同约定的质量标准所进行的比较活动。

(4)单位工程:指具有独立发挥作用或独立施工条件的建筑物。

(5)分部工程:指在一个建筑物内能组合发挥一种功能的建筑安装工程,是组成单位工程的部分。对单位工程安全性、使用功能或效益起决定性作用的分部工程称为主要分部工程。

(6)单元工程:指在分部工程中由几个工序(或工种)施工完成的最小综合体,是日常质量考核的基本单位。

(7)关键部位单元工程:指对工程安全性或效益或使用功能有显著影响的单元工程。

(8)重要隐蔽单元工程:指主要建筑物的地基开挖、地下洞室开挖、地基防渗、加固处理和排水等隐蔽工程中,对工程安全或使用功能有严重影响的单元工程。

(9)主要建筑物及主要单位工程:主要建筑物,指其失事后将造成下游灾害或严重影响工程效益的建筑物,如堤坝、泄洪建筑物、输水建筑物、电站厂房及泵站等。属于主要建筑物的单位工程称为主要单位工程。

(10)中间产品:指工程施工中使用的砂石骨料、石料、混凝土拌合物、砂浆拌合物、混凝土预制构件等土建类工程的成品及半成品。

(11)见证取样:在监理单位或项目法人监督下,由施工单位有关人员现场取样,并送到具有相应资质等级的工程质量检测机构所进行的检测。

(12)外观质量:通过检查和必要的量测所反映的工程外表质量。

(13)质量事故:在水利水电工程建设过程中,由于建设管理、监理、勘测、设计、咨询、施工、材料、设备等原因造成工程质量不符合国家和行业相关标准及合同约定的质量标准,影响工程使用寿命和对工程安全运行造成隐患与危害的事件。

(14)质量缺陷:指对工程质量有影响,但小于一般质量事故的质量问题。

2 水利水电工程施工质量检验的要求

2.1 施工质量检验的基本要求

根据《水利水电工程施工质量检验与评定规程》(SL 176—2007),施工质量检验的基本要求如下:

(1)承担工程检测业务的检测机构应具有水行政主管部门颁发的资质证书。

(2)工程施工质量检验中使用的计量器具、试验仪器仪表及设备应定期进行检定,并具备有效的检定证书。国家规定需强制检定的计量器具应经县级以上计量行政部门认定的计量检定机构或其授权设置的计量检定机构进行检定。

(3)检测人员应熟悉检测业务,了解被检测对象性质和所用仪器设备性能,经考核合格后,持证上岗。参与中间产品及混凝土(砂浆)试件质量资料复核的人员应具有工程师以上工程系列技术职称,并从事过相关试验工作。

(4)工程质量检验项目和数量应符合《单元工程评定标准》规定。工程质量检验方法,应符合《单元工程评定标准》和国家及行业现行技术标准的有关规定。

(5)工程项目中如遇《单元工程评定标准》中尚未涉及的项目质量评定标准,其质量标准及评定表格,由项目法人组织监理、设计及施工单位按水利部有关规定进行编制和报批。

(6)工程中永久性房屋、专用公路、专用铁路等项目的施工质量检验与评定可按相应行业标准执行。

(7)项目法人、监理、设计、施工和工程质量监督等单位根据工程建设需要,可委托具有相应资质等级的水利工程质量检测机构进行工程质量检测。施工单位自检性质的委托检测项目及数量,按《单元工程评定标准》及施工合同约定执行。对已建工程质量有重大分歧时,由项目法人委托第三方具有相应资质等级的质量检测机构进行检测,检测数量视需要确定,检测费用由责任方承担。

(8)对涉及工程结构安全的试块、试件及有关材料,应实行见证取样。见证取样资料由施工单位制备,记录应真实、齐全,参与见证取样人员应在相关文件上签字。

(9)工程中出现检验不合格的项目时,按以下规定进行处理:

①原材料、中间产品一次抽样检验不合格时,应及时对同一取样批次另取2倍数量进行检验。如仍不合格,则该批次原材料或中间产品应当定为不合格,不得使用。

②单元(工序)工程质量不合格时,应按合同要求进行处理或返工重做,并经重新检验且合格后方可进行后续工程施工。

③混凝土(砂浆)试件抽样检验不合格时,应委托具有相应资质等级的质量检测机构对相应工程部位进行检验。如仍不合格,由项目法人组织有关单位进行研究,并提出处理意见。

④工程完工后的质量抽检不合格,或其他检验不合格的工程,应按有关规定进行处理,合格后才能进行验收或后续工程施工。

2.2 新规程对施工过程中参建单位的质量检验职责的主要规定

(1)施工单位应当依据工程设计要求、施工技术标准和合同约定,结合《单元工程评定标准》的规定,确定检验项目及数量并进行自检,自检过程应当有书面记录,同时结合自检情况如实填写《水利水电工程施工质量评定表》。

(2)监理单位应根据《单元工程评定标准》和抽样检测结果复核工程质量。其平行检测和跟踪检测的数量按《监理规范》或合同约定执行。

(3)项目法人应对施工单位自检和监理单位抽检过程进行督促检查,对报工程质量监督机构核备、核定的工程质量等级进行认定。

(4)工程质量监督机构应对项目法人、监理、勘测、设计、施工单位及工程其他参建单位的质量行为和工程实物质量进行监督检查。检查结果应当按有关规定及时公布,并书面通知有关单位。

(5)临时工程质量检验及评定标准,由项目法人组织监理、设计及施工等单位根据工程特点,参照《单元工程评定标准》和其他相关标准确定,并报相应的工程质量监督机构核备。

(6)质量检验包括施工准备检查,原材料与中间产品质量检验,水工金属结构、启闭机及机电产品质量检查,单元(工序)工程质量检验,质量事故检查和质量缺陷备案,工程外观质量检验等。

(7)质量缺陷备案表由监理单位组织填写,内容应真实、全面、完整。各工程参建单位代表应在质量缺陷备案表上签字,若有不同意见应明确记载。质量缺陷备案表应及时报工程质量监督机构备案。质量缺陷备案资料按竣工验收的标准制备。工程竣工验收时,项目法人应向竣工验收委员会汇报并提交历次质量缺陷备案资料。

3 水利水电工程施工质量评定

质量评定时,应按从低层到高层的顺序依次进行,这样可以从微观上按照施工工序和有关规定,在施工过程中把好质量关,由低层到高层逐级进行工程质量控制和质量检验。其评定的顺序是:单元工程、分部工程、单位工程、工程项目见图6-4质量评定监理工作程序图。新规程规定水利水电工程施工质量等级分为“合格”、“优良”两级。合格标准是工程验收标准,优良等级是为工程项目质量创优而设置的。

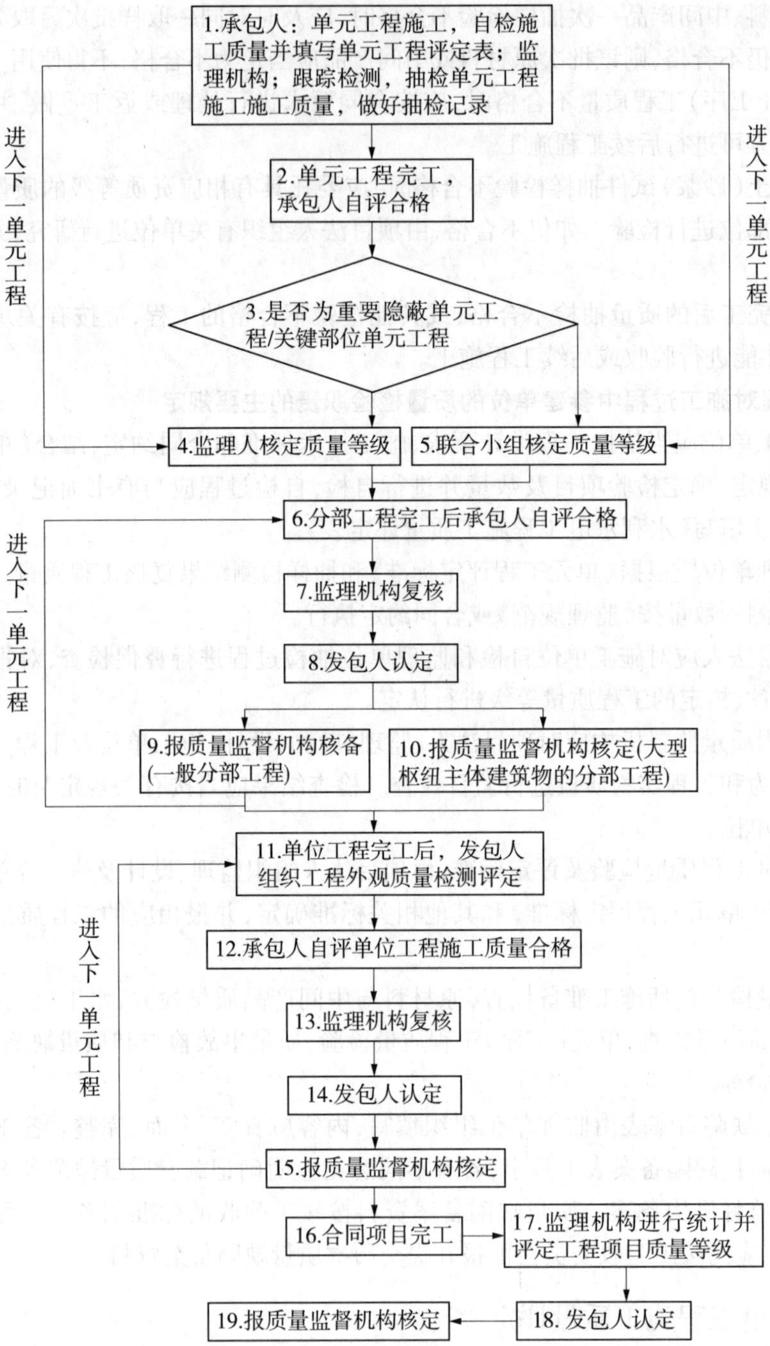

图 6-4　质量评定监理工作程序图

3.1　新规程水利水电工程施工质量等级评定的主要依据

(1)国家及相关行业技术标准。

(2)《单元工程评定标准》。

(3)经批准的设计文件、施工图纸、金属结构设计图样与技术条件、设计修改通知书、厂家提供的设备安装说明书及有关技术文件。

(4)工程承发包合同中约定的技术标准。

(5)工程施工期及试运行期的试验和观测分析成果。

3.2 新规程有关施工质量合格标准

3.2.1 单元(工序)工程施工质量合格标准

单元工程按工序划分情况,分为划分工序单元工程和不划分工序单元工程。

划分工序的单元工程进行施工质量评定,应先进行其各工序的施工质量评定,在工序验收评定合格和施工项目实体质量检验合格的基础上,再进行单元工程施工质量验收评定。不划分工序单元工程的施工质量验收评定,在单元工程中所包含的检验项目检验合格和施工项目实体质量检验合格的基础上进行。工序和单元工程施工质量等各类项目的检验,应采用随机布点和监理工程师现场指定区位相结合的方式进行。工序和单元工程施工质量验收评定表及其备查资料的制备由工程施工单位负责,其规格宜采用国际标准A4纸(210 mm×297 mm),验收评定表一式4份,备查资料一式2份,其中验收评定表及其备查资料1份应由监理单位保存,其余应由施工单位保存。

(1)单元(工序)工程施工质量评定标准按照《单元工程评定标准》或合同约定的合格标准执行。

工序施工质量评定合格的标准如下:①主控项目,检验结果应全部符合本标准的要求;②一般项目,逐项应有70%及以上的检验点合格,且不合格点不应集中;③各项报验资料应符合《单元工程评定标准》要求。

划分工序单元工程施工质量评定合格的标准如下:①各工序施工质量验收评定应全部合格;②各项报验资料应符合《单元工程评定标准》要求。

不划分工序单元工程施工质量评定合格的标准如下:①主控项目,检验结果应全部符合本标准的要求。②一般项目,逐项应有70%及以上的检验点合格,且不合格点不应集中;对于河道疏浚工程,逐项应有90%及以上的检验点合格,且不合格点不应集中。③各项报验资料应符合《单元工程评定标准》要求。

(2)单元(工序)工程质量达不到合格标准时,应及时处理。处理后的质量等级按下列规定重新确定:①全部返工重做的,可重新评定质量等级;②经加固补强并经设计和监理单位鉴定能达到设计要求时,其质量评为合格;③处理后的工程部分质量指标仍达不到设计要求时,经设计复核,项目法人及监理单位确认能满足安全和使用功能要求的,可不再进行处理;或经加固补强后,改变了外形尺寸或造成工程永久性缺陷的,经项目法人、监理及设计单位确认能基本满足设计要求的,其质量可定为合格,但应按规定进行质量缺陷备案。

3.2.2 分部工程施工质量合格标准

(1)所含单元工程的质量全部合格。质量事故及质量缺陷已按要求处理,并经检验合格。

(2)原材料、中间产品及混凝土(砂浆)试件质量全部合格,金属结构及启闭机制造质量合格,机电产品质量合格。

3.2.3 单位工程施工质量合格标准

(1)所含分部工程质量全部合格。

(2)质量事故已按要求进行处理。

(3)工程外观质量得分率达到70%以上。

(4)单位工程施工质量检验与评定资料基本齐全。

(5)工程施工期及试运行期,单位工程观测资料分析结果符合国家和行业技术标准及合同约定的标准要求。

3.2.4 工程项目施工质量合格标准

(1)单位工程质量全部合格。

(2)工程施工期及试运行期,各单位工程观测资料分析结果均符合国家和行业技术标准及合同约定的标准要求。

3.3 新规程有关施工质量优良标准

3.3.1 单元工程施工质量优良标准

单元工程施工质量优良标准按照《单元工程评定标准》以及合同约定的优良标准执行。全部返工重做的单元工程,经检验达到优良标准时,可评为优良等级。单元工程中的工序分为主要工序和一般工序。其中:

(1)工序施工质量评定优良的标准如下:①主控项目,检验结果应全部符合本标准的要求;②一般项目,逐项应有90%及以上的检验点合格,且不合格点不应集中;③各项报验资料应符合《单元工程评定标准》要求。

(2)划分工序单元工程施工质量评定优良的标准如下:①各工序施工质量验收评定应全部合格,其中优良工序应达到50%及以上,且主要工序应达到优良等级;②各项报验资料应符合《单元工程评定标准》要求。

(3)不划分工序单元工程施工质量评定优良的标准如下:①主控项目,检验结果应全部符合本标准的要求。②一般项目,逐项应有90%及以上的检验点合格,且不合格点不应集中;对于河道疏浚工程,逐项应有95%及以上的检验点合格,且不合格点不应集中。③各项报验资料应符合《单元工程评定标准》要求。

3.3.2 分部工程施工质量优良标准

(1)所含单元工程质量全部合格,其中70%以上达到优良等级,主要单元工程以及重要隐蔽单元工程(关键部位单元工程)质量优良率达90%以上,且未发生过质量事故。

(2)中间产品质量全部合格,混凝土(砂浆)试件质量达到优良等级(当试件组数小于30时,试件质量合格)。原材料质量、金属结构及启闭机制造质量合格,机电产品质量合格。

3.3.3 单位工程施工质量优良标准

(1)所含分部工程质量全部合格,其中70%以上达到优良等级,主要分部工程质量全部优良,且施工中未发生过较大质量事故。

(2)质量事故已按要求进行处理。

(3)外观质量得分率达到85%以上。

(4)单位工程施工质量检验与评定资料齐全。

(5)工程施工期及试运行期,单位工程观测资料分析结果符合国家和行业技术标准以及合同约定的标准要求。

3.3.4 工程项目施工质量优良标准

（1）单位工程质量全部合格，其中70%以上单位工程质量达到优良等级，且主要单位工程质量全部优良。

（2）工程施工期及试运行期，各单位工程观测资料分析结果均符合国家和行业技术标准及合同约定的标准要求。

4 水利水电工程单元工程质量等级评定标准

4.1 水利水电工程单元工程施工质量验收评定标准

《水利水电工程单元工程施工质量验收评定标准》（SL 631 ~ 637—2012）（以下简称《新标准》）包括土石方工程、混凝土工程、地基处理与基础工程、堤防工程、水工金属结构安装工程、水轮发电机组安装工程、水力机械辅助设备系统安装工程，自2012年12月开始实施。

《新标准》中改变了原标准中质量检验项目分类，统一规定为"主控项目"和"一般项目"两类。单元工程质量等级标准是进行工程质量等级评定的基本尺度。由于工程类别不一样，单元工程质量评定标准的内容、项目的名称和合格率标准等也不一样。单元工程具体评定标准可参见《新标准》中相关规定。

4.2 填写《水利水电工程单元工程施工质量验收评定表》注意事项

《水利水电工程单元工程施工质量验收评定表》（以下简称《评定表》）是检验与评定施工质量的基础资料，也是进行工程维修和事故处理的重要参考。《评定表》也是水利水电工程验收的备查资料。《水利工程建设项目档案管理规定》要求，工程竣工验收后，《评定表》归档长期保存。因此，对《评定表》的填写，作如下基本规定：

（1）单元（工序）工程完工后，在规定时间内及时评定其质量等级，并按现场检验结果，客观真实地填写《评定表》。

（2）现场检验应遵守随机布点与监理工程师现场指定区位相结合的原则，检验方法及数量应符合《新标准》和相关标准的规定。

（3）若手笔填写，应使用蓝色或黑色墨水钢笔填写，字迹应工整、清晰；若计算机打印，输入内容的字体应与表格固定内容不同，以示区别，字号可以相同或相近，匀称为宜。质量意见和质量结论及签字部分（包括日期）不可打印。

（4）验收评定表与备查资料的制备规格采用国际标准A4（210 mm × 297 mm）。

（5）数字要使用阿拉伯数字（1，2，3，…，9，0），单位使用国家法定计量单位，并以规定的符号表示（如MPa、m、m^3、t等）。数据与数据之间用逗号（，）隔开，小数点要用圆点（.）。合格率用百分数（%）表示，小数点后保留1位，如果恰为整数，则小数点后以0表示。例：95.0%。

（6）修改错误时，将错误部分用斜线划掉，再在其右上方填写正确的文字或数字，禁止使用改正液、贴纸重写、橡皮擦、刀片刮或用墨水涂黑等不标准方法。

（7）表头填写：①单位工程、分部工程名称，按项目划分确定的名称填写。②单元工程名称、部位：填写该单元工程名称（中文名称或编号），部位可用桩号、高程、到轴线（中心线）距离表示，原则是使该单元从空间（三维）上受控，必要时附示意图。③施工单位：

填写与项目法人(建设单位)签订承包合同的施工单位全称。④单元工程量:填写本单元主要工程量。⑤检验(评定)日期:年,填写4位数;月,填写实际月份(1~12月);日,填写实际日期(1~31日)。

(8)质量标准中,凡有"符合设计要求"者,应注明设计具体要求(如内容较多,可附页说明);凡有"符合规范要求"者,应标出所执行的规范名称及编号。凡在质量标准中只做定性描述的检验项目,则在检查(检测)结果中亦作定性描述,不参与质量结论中的合格率计算。

(9)检查(检验、检测)记录应真实、准确,设计值按施工图填写,实测值填写实际检测数据(可打印),而不是偏差值。当实测数据较多时,可填写实测组数、实测值范围(最大值至最小值)和合格数,但实测值应作表格附件备查。

(10)监理人员(须持监理工程师证的)复核质量等级时,如对施工单位填写的质量检验资料有不同意见,可写入"质量等级"栏内或另附页说明,并在"质量等级"栏内填写出正确的等级。

(11)《评定表》中列出的某些项目,如实际工程无该项内容,应在相应检验栏用斜线"/"表示。

(12)《评定表》表1~7从表头至"评定意见"栏均由施工单位经"三检"合格后填写,"质量等级"栏由复核质量的监理人员填写。

(13)单元(工序)工程表尾填写:

①施工单位由负责终验的人员签字。如果该工程由分包单位施工,则单元(31序)工程表尾由分包施工单位的终验人员填写分包单位全称,并签字。重要隐蔽工程、关键部位的单元工程,当分包单位自检合格后,总包单位应参加联合小组核定其质量等级。

②建设、监理单位,实行了监理制的工程,由负责该项目的监理人员复核质量等级并签字。未实行监理制的工程,由建设单位专职质检人员签字。

③表尾所有签字人员,必须由本人按照身份证上的姓名签字,不得使用化名,也不得由其他人代为签名。签名时应填写填表日期。

(14)表尾填写:××单位是指具有法人资格单位的现场派出机构,若须加盖公章,则加盖该单位的现场派出机构的公章。

4.3 质量评定工作的组织与管理

(1)单元(工序)工程质量在施工单位自评合格后,报监理单位复核,由监理工程师核定质量等级并签证认可。

(2)重要隐蔽单元工程及关键部位单元工程质量经施工单位自评合格、监理单位抽检后,由项目法人(或委托监理)、监理、设计、施工、工程运行管理(施工阶段已经有时)等单位组成联合小组,共同检查核定其质量等级并填写签证表,报工程质量监督机构核备。

(3)分部工程质量,在施工单位自评合格后,报监理单位复核,项目法人认定。分部工程验收的质量结论由项目法人报质量监督机构核备。大型枢纽工程主要建筑物的分部工程验收的质量结论由项目法人报工程质量监督机构核定。

(4)工程外观质量评定。单位工程完工后,项目法人组织监理、设计、施工及工程运行管理等单位组成工程外观质量评定组,进行工程外观质量检验评定并将评定结论报工程质量监督机构核定。参加工程外观质量评定的人员应具有工程师以上技术职称或相应执业资格。评定组人数应不少于5人,大型工程不宜少于7人。

(5)单位工程质量,在施工单位自评合格后,由监理单位复核,项目法人认定。单位工程验收的质量结论由项目法人报质量监督机构核定。

(6)工程项目质量,在单位工程质量评定合格后,由监理单位进行统计并评定工程项目质量等级,经项目法人认定后,报质量监督机构核定。

(7)阶段验收前,质量监督机构应提交工程质量评价意见。

(8)工程质量监督机构应按有关规定在工程竣工验收前提交工程质量监督报告,工程质量监督报告应当有工程质量是否合格的明确结论。

5　水利水电工程质量验收评定表填表说明及示例

5.1　水利水电工程单元工程施工质量验收评定表填表说明及示例

5.1.1　评定条件

单元工程施工质量验收评定应具备以下条件:

(1)单元工程所含工序(或所有施工项目)已完成,施工现场具备验收的条件。

(2)已完工序施工质量经验收评定全部合格,有关质量缺陷已处理完毕或有监理单位批准的处理意见。

5.1.2　评定程序

单元工程施工质量验收评定应按以下程序进行:

(1)施工单位应首先对已经完成的单元工程施工质量进行自检,并填写检验记录。

(2)施工单位自检合格后,应填写单元工程施工质量验收评定表,向监理单位申请复核。

(3)监理单位收到申报后,应在8 h内进行复核。复核内容包括:

①核查施工单位报验资料是否真实、齐全;

②对照施工图纸及施工技术要求,结合平行检测和跟踪检测结果等,复核单元工程质量是否达到本标准要求;

③检查已完单元遗留问题的处理情况,在施工单位提交的单元工程施工质量验收评定表中填写复核记录,并签署单元工程施工质量评定意见,评定单元工程施工质量等级,相关责任人履行相应签认手续;

④对验收中发现的问题提出处理意见。

5.1.3　评定资料

单元工程施工质量验收评定应包括下列资料:

(1)施工单位申请验收评定时应提交下列资料:

①单元工程中所含工序(或检验项目)验收评定的检验资料;

②各项实体检验项目的检验记录资料;

③施工单位自检完成后,填写的单元工程施工质量验收评定表。

(2)监理单位应提交下列资料:

①监理单位对单元工程施工质量的平行检测资料;

②监理工程师签署质量复核意见的单元工程施工质量验收评定表。

填表示例见表6-1～表6-3。

表6-1　水利水电工程基础面、施工缝处理工序施工质量验收评定表

<table>
<tr><td colspan="4">单位工程名称</td><td colspan="2">×××闸除险加固工程</td><td>工序名称</td><td colspan="3">基础面、施工缝处理</td></tr>
<tr><td colspan="4">分部工程名称</td><td colspan="2">闸室段</td><td>施工单位</td><td colspan="3">河南省水利第××工程局</td></tr>
<tr><td colspan="4">单元工程名称、部位</td><td colspan="2">闸墩(左5墩)</td><td>施工日期</td><td colspan="3">2014年3月15日～2014年3月21日</td></tr>
<tr><td colspan="2">项次</td><td colspan="3">检验项目</td><td colspan="2">质量标准</td><td>检查(测)记录</td><td>合格数</td><td>合格率</td></tr>
<tr><td rowspan="4">基础面</td><td rowspan="3">主控项目</td><td rowspan="2">1</td><td rowspan="2">基础面</td><td>岩基</td><td colspan="2">符合设计要求</td><td>岩面符合设计要求</td><td>/</td><td>100%</td></tr>
<tr><td>软基</td><td colspan="2">预留保护层已挖除;基础面符合设计要求</td><td>软基预留保护层已挖除,基础面符合设计要求</td><td>/</td><td>100%</td></tr>
<tr><td>2</td><td colspan="2">地表水和地下水</td><td colspan="2">妥善引排或封堵</td><td>地下水妥善引排</td><td>/</td><td>100%</td></tr>
<tr><td>一般项目</td><td>1</td><td colspan="2">岩面清理</td><td colspan="2">符合设计要求;清洗洁净、无积水、无积渣杂物</td><td>岩面清洗洁净、无积水、无积渣杂物</td><td>/</td><td>100%</td></tr>
<tr><td rowspan="3">施工缝处理</td><td rowspan="2">主控项目</td><td>1</td><td colspan="2">施工缝的留置位置</td><td colspan="2">符合设计或有关施工规范规定</td><td>施工缝预留位置符合设计有关规定</td><td>/</td><td>100%</td></tr>
<tr><td>2</td><td colspan="2">施工缝面凿毛</td><td colspan="2">基面无乳皮,成毛面,微露粗砂</td><td>施工缝无乳皮,成毛面,微露粗砂</td><td>/</td><td>100%</td></tr>
<tr><td>一般项目</td><td>1</td><td colspan="2">缝面清理</td><td colspan="2">符合设计要求;清洗洁净、无积水、无积渣杂物</td><td>缝面清理洁净、无积水、无积渣杂物</td><td>/</td><td>100%</td></tr>
<tr><td colspan="2">施工单位自评意见</td><td colspan="8">主控项目检验点100%合格,一般项目逐项检验点的合格率100%,且不合格点不集中分布。
工序质量等级评定为:优良
张军
(签字,加盖公章)2013年10月26日</td></tr>
<tr><td colspan="2">监理单位复核意见</td><td colspan="8">经复核,主控项目检验点100%合格,一般项目逐项检验点的合格率100%,且不合格点不集中分布。
工序质量等级评定为:优良
田爱国
(签字,加盖公章)2013年10月26日</td></tr>
</table>

表6-2 水利水电工程混凝土单元工程施工质量验收评定表(划分工序)

单位工程名称	混凝土大坝	单元工程量	混凝土788 m^3
分部工程名称	溢流坝段	施工单位	×××水利水电第二工程局
单元工程名称、部位	$5^{\#}$坝段,▽2.5～▽4.0 m	施工日期	××××年××月××日

项次	工序名称	工序质量验收评定等级
1	基础面或混凝土施工缝处理	优良
2	模板	合格
3	△钢筋	优良
4	止水、伸缩缝和排水管安装	合格
5	△混凝土浇筑	优良
施工单位自评意见	各工序施工质量全部合格,其中优良工序占60%,且主要工序——钢筋、混凝土浇筑达到优良等级。 单元工程质量等级评定为:优良 张军 (签字,加盖公章)2013年10月26日	
监理单位复核意见	经抽查并查验相关检验报告和检验资料,各工序施工质量全部合格,其中优良工序占60%,且主要工序达到优良等级。 单元工程质量等级评定为:优良 田爱国 (签字,加盖公章)2013年10月26日	

注:1. 对重要隐蔽单元工程和关键部位单元工程的施工质量验收评定应有设计、建设等单位的代表签字,具体要求应满足SL 176的规定。

2. 本表所填"单元工程量"不作为施工单位工程量结算计量的依据。

表6-3 干砌块石护坡单元工程施工质量验收评定表(不划分工序)

<table>
<tr><td colspan="3">单位工程名称</td><td>×××标 HQ04</td><td>单元工程量</td><td colspan="2">166.4 m³</td></tr>
<tr><td colspan="3">分部工程名称</td><td>堤身防护 HQ04 - DS01</td><td>施工单位</td><td colspan="2">××公司</td></tr>
<tr><td colspan="3">单元工程名称、编号</td><td>干砌块石护坡 HQ04 - DS01 - 004
桩号:48 +400 ~48 +500</td><td>施工日期</td><td colspan="2">2013 年 12 月 7 日 ~
2013 年 12 月 11 日</td></tr>
<tr><td colspan="2">项次</td><td>检验项目</td><td>质量标准</td><td>检查(测)记录或
备查资料名称</td><td>合格数</td><td>合格率</td></tr>
<tr><td rowspan="3">主控
项目</td><td>1</td><td>护坡厚度</td><td>厚度小于 50 cm,允许偏差为 ±5 cm,厚度大于 50 cm,允许偏差为 ±10%</td><td>干砌石护坡施工质量检验记录表 001</td><td>6</td><td>100%</td></tr>
<tr><td>2</td><td>坡面平整度</td><td>允许偏差为 ±8 cm</td><td>干砌石护坡施工质量检验记录表 001</td><td>6</td><td>100%</td></tr>
<tr><td>3</td><td>石料块重</td><td>除腹石和嵌缝石外,面石用料符合设计要求</td><td>面石用料符合设计要求</td><td></td><td>100%</td></tr>
<tr><td rowspan="2">一般
项目</td><td>1</td><td>砌石坡度</td><td>不陡于设计坡度</td><td></td><td></td><td></td></tr>
<tr><td>2</td><td>砌筑质量</td><td>石块稳固、无松动,无宽度在 1.5 cm 以上、长度在 50 cm 以上的连续缝</td><td>干砌石护坡施工质量检验记录表 001</td><td></td><td>100%</td></tr>
<tr><td colspan="3">施工单位
自评意见</td><td colspan="4">主控项目检验结果全部符合验收评定标准,一般项目逐项检验点的合格率为 100%。
单元工程质量等级评定为:优良

张军
(签字,加盖公章)2013 年 10 月 26 日</td></tr>
<tr><td colspan="3">监理机构复
核评定意见</td><td colspan="4">经抽检并查验相关检验报告和检验资料,主控项目检验结果全部符合验收评定标准,一般项目逐项检验点的合格率为 100%。
单元工程质量等级评定为:优良

田爱国
(签字,加盖公章)2013 年 10 月 26 日</td></tr>
</table>

注:1. 关键部位单元工程和重要隐蔽单元工程的施工质量验收评定应有设计、建设等单位的代表签字,具体要求应满足 SL 176 的规定。

2. 本表所填“单元工程量”不作为施工单位工程量结算计量的依据。

5.2　水工建筑物外观质量评定表"填表基本规则"及要求

(1)本表用于水工建筑物单位工程外观质量评定。表中各项质量标准,是在主体工程开工初期由项目法人组织监理、设计、施工等单位根据本工程特点(等级及使用情况等)共同研究提出,报质量监督机构确认后执行。

(2)外观质量等级评定工作是在单位工程完工后,由项目法人(建设单位)组织、质量监督机构主持。项目法人(建设单位)、监理、设计、施工及管理运行等单位组成外观质量评定组,进行现场检验评定。参加外观质量评定组的人员,必须具有工程师及以上技术职称。评定组人数不应少于5人,大型工程不宜少于7人。

(3)检测数量。全面检查后,抽测25%,且各项不少于10点。

(4)评定等级标准。测点中符合质量标准的点数占总测点数的百分率为100%时,评为一级。合格率为90%～99.9%时,评为二级。合格率为70%～89.9%时,评为三级。合格率小于70%时,评为四级。其下方的百分数为相应于所得标准分的百分数。每项评定得分按下式计算:

$$\text{各项评定得分} = \text{该项标准分} \times \text{该项得分百分率} \tag{6-1}$$

评定得分小数点后保留一位,并填写在相应级别栏内。本例项次1建筑物外观尺寸,共检测12次,合格11次,合格率91.7%,评为二级。本项标准分为12分,二级得分百分率为90%,因此项次1得分为12×90%＝10.8(分),将其填写在项次1对应的二级处。项次2轮廓线顺直,共检测10次,全部合格,合格率100%,评为一级。该项标准分为10分,一级得分百分率为100%,因此项次2得分为10×100%＝10.0(分),将其填写在项次2相应的一级处。以此类推。

(1)表中第13项混凝土表面缺陷指混凝土表面的蜂窝、麻面、挂帘、裙边、小于3 cm的错台、局部凹凸及表面裂缝等。如无上述缺陷,该项得分率为100%,缺陷面积超过总面积5%者,该项得分为0。

(2)表中带括号的标准分为工作量大时的标准分。填表时,须将不执行的分数用"/"划掉,如本例项次9、10、14、18、22中均划掉了不执行的分数。

(3)合计应得分是实际评定各项标准分之和,本例为104.3分。得分率＝(实得分/应得分)×100%小数点后保留一位。本例外观质量得分率＝(104.3/118)×100%＝88.4%。

(4)表尾由各单位参加外观质量评定的人员签名(施工单位1人,如本工程由分包单位施工,则分包单位、总包单位各派1人参加。项目法人(建设)、监理、设计各1～2人,管理运行单位1人,质量监督2～3人)。

见示例表6-4。

5.3　水利水电工程分部工程施工质量评定表"填表基本规则"及要求

(1)本表是水利水电工程分部工程质量评定表的统一格式。

(2)分部工程量:只填写本分部工程的主要工程量。

(3)单元工程类别按《评定标准》的单元工程类型填写。

(4)单元工程个数:指一般单元工程、主要单元工程、重要隐蔽工程及关键部位的单元工程之和。

表6-4　水利水电工程水工建筑物外观质量评定表

单位工程名称	×××泄水闸工程		施工单位	中国水利水电第××工程局			
主要工程量	混凝土 25 600 m^3		评定日期	××××年××月××日			
项次	项目		标准分（分）	评定得分（分）			备注
				一级 100%	二级 90%	三级 70%	四级 0
1	建筑物外部尺寸		12		10.8		
2	轮廓线顺直		10	10.0			
3	表面平整度		10		9.0		
4	立面垂直度		10		9.0		
5	大角方正		5			3.5	
6	曲面与平面联结平顺		9		8.1		
7	扭面与平面联结平顺		9	9.0			
8	马道及排水沟		3(4)	／			
9	梯步		2(3)	2.0			
10	栏杆		2(3)			1.4	
11	扶梯		2		1.8		
12	闸坝灯饰		2		1.8		
13	混凝土表面无缺陷		10			7.0	
14	表面钢筋割除		2(4)		1.8		
15	砌体勾缝	宽度均匀、平整	4		3.6		
16		竖、横缝平直	4		3.6		
17	浆砌卵石露头均匀、整齐		8	／			
18	变形缝		3(4)			2.1	
19	启闭平台梁、柱、排架		5		4.5		
20	建筑物表面清洁、无附着物		10		9.0		
21	升压变电工程围墙（栏栅）、杆、架、塔、柱		5	／			
22	水工金属结构外表面		7(8)		6.3		
23	电站盘柜		7	／			
24	电缆线路敷设		4(5)	／			
25	电站油、气、水管路		3(4)	／			
26	厂区道路及排水沟		4	／			
27	厂区绿化		8	／			
合计			应得118分，实得104.3分，得分率88.4%				

施工单位	设计单位	监理单位	项目法人（建设单位）	质量监督机构
××× 年　月　日	××× 年　月　日	××× 年　月　日	××× 年　月　日	××× 年　月　日

(5)合格个数:指单元工程质量达到合格及以上质量等级的个数。

(6)主要单元工程、重要隐蔽工程、工程关键部位。

①主要单元工程:限指《评定标准》(三)、(五)、(六)的单元工程划分表中加“△”符号的单元工程。

②重要隐蔽工程:隐蔽工程一般是指基础工程、地基开挖、地基处理、地下防渗、地基排水、地下建筑物工程等,所有完工后被覆盖而无法或很难再进行检查的工程。重要隐蔽工程是指主要建筑物中严重影响工程安全的使用功能的隐蔽工程。

③工程关键部位:指对工程安全或效益有显著影响的部位。

重要隐蔽工程和工程关键部位,应在项目划分时确定。

(7)本表自表头到施工单位自评意见均由施工单位质检部门填写,并自评质量等级。评定人签字后,由项目经理或经理代表签字并加盖公章。如本分部工程由分包单位施工,总包单位项目经理亦应签字,并盖公章。

(8)“监理单位复核意见”栏,由负责该分部工程质量控制的监理工程师填写,签字后交总监或总监代表审核签字并加盖公章。

(9)“项目法人认定意见”栏,由负责该分部工程质量检查的现场代表填写,签字后交技术负责人审核、签字并加盖公章。

(10)“质量监督机构核定”栏,大型水利水电枢纽工程主体建筑物的分部工程质量,在施工单位自评、监理单位复核后,由质量监督机构核定人填写意见,签字,交质量监督项目站负责人审查签字后,加盖公章。其余分部工程施工质量,在施工单位自评、监理单位复核后,报质量监督机构核备。质量监督机构核备的主要内容是:检查分部工程质量评定资料的真实性及其等级评定是否准确。如发现问题,应及时通知监理单位重新复核。

(11)对于工程量大的工程,常将原材料、中间产品质量、金属结构安装等放在分部工程中评定。本例因工程量不太大,项目划分时,已明确将原材料、中间产品质量、金属结构安装及机电安装等均纳入单位工程施工质量评定。故在评定分部工程施工质量时,未对其进行评定(在相应空格中加“/”线)。

(12)评定水轮发电机组安装分部工程质量等级时,应将水轮机、发电机及调速器的型号填写在“备注”栏内。

(13)分部工程施工质量标准。

合格:①所含单元工程的质量全部合格,质量事故及质量缺陷已按要求处理,并经检验合格;②原材料、中间产品及混凝土(砂浆)试件质量全部合格,金属结构及启闭机制造质量合格,机电产品质量合格。

优良:①所含单元工程质量全部合格,其中70%以上达到优良等级,主要单元工程以及重要隐蔽单元工程(关键部位单元工程)质量优良率达90%以上,且未发生过质量事故;②中间产品质量全部合格,混凝土(砂浆)试件质量达到优良等级(当试件组数小于30时,试件质量合格),原材料质量、金属结构及启闭机制造质量合格,机电产品质量合格。

示例表如表6-5所示。

表 6-5　水利水电工程分部工程施工质量评定表

单位工程名称	×××泄水闸工程	施工单位	中国水利水电第××工程局
分部工程名称	闸室分部(土建)	施工日期	自××××年××月××日至 ××××年××月××日
分部工程量	混凝土 1 529 m^3	评定日期	××××年××月××日

项次	单元工程类别	工程量	单元工程个数	合格个数	其中优良个数	备注
1	岩基开挖	856 m^3	5	5	3	
2	混凝土	1 529 m^3	10	10	7	
3	房建	140 m^3	6	6	4	闸房
4	混凝土构件安装	80 t	2	2	1	
合计			23	23	15	优良率 65.2%
主要单元工程、重要隐蔽工程及关键部位的单元工程		150 m^3	1	1	1	关键部位单元工程

施工单位自评意见	监理单位复核意见	项目法人认定意见
本分部工程的单元工程质量全部合格,优良率为 65.2%,主要单元工程、重要隐蔽工程及关键部位单元工程 1 项,质量优良。施工中未发生质量事故。原材料质量合格,金属结构、启闭机质量合格,机电产品质量合格,中间产品质量合格。 分部工程质量等级:合格 评定人:××× 项目技术负责人:×××(盖公章) 年　月　日	复核意见:同意施工单位自评意见 分部工程质量等级:合格 监理工程师:××× 年　月　日 总监或副总监:××× (盖公章) 年　月　日	认定意见:同意施工单位自评意见 分部工程质量等级:合格 现场代表:××× 年　月　日 技术负责人:××× (盖公章) 年　月　日
质量监督机构核定	核定(备)意见: 核定等级:　　核定(备)人:(签名) 年　月　日	负责人:(签名) 年　月　日

注:分部工程验收的质量结论,由项目法人报工程质量监督机构核备。大型枢纽工程主要建设物的分部工程验收的质量结论,由项目法人报工程质量监督机构核定。

5.4 水利水电工程单位工程施工质量评定表“填表基本规则”及要求

(1)本表是水利水电工程单位工程质量评定表的统一格式。

(2)单位工程量,只填写本单位工程的主要工程量。

(3)分部工程名称按项目划分时确定的名称填写,并在相应的质量等级栏内用“√”标明。主要分部工程是指对安全、功能或效益起控制作用的分部工程,应在项目划分时确定。主要分部工程名称前面应加“△”符号,本例中有两个主要分部工程。

(4)表身各项由施工单位按照经建设、监理复核的质量结论填写。

(5)表尾填写:①施工单位评定人指施工单位质检处负责人,项目经理指该项目质量责任人。若本单位工程是分包单位施工,本表应由分包单位上述人员填写和自评,总包施工单位质检处负责人和项目经理审查、签字、加盖公章。②监理单位复核人,指负责本单位工程质量控制的监理工程师。总监理工程师:实行了监理的工程,由总监理工程师签字,未实行监理的工程由建设单位技术负责人签字。③项目法人复核人,指负责本单位工程质量管理的现场负责工程师。单位负责人:由建设单位技术总工或技术负责人签字。④质量监督机构的核定人指负责本单位工程的质量监督员。项目监督负责人指项目站长或该项目监督责任人。

(6)关于原材料、中间产品、金属结构与启闭机、机电产品质量:对工程量大的工程,应计入分部工程进行质量评定,评定单位工程质量时,不再重复评定原材料、中间产品等质量。对工程量不大的工程则计入单位工程评定。本例属工程量不太大的情况,在单位工程评定时,计入原材料、中间产品、金属结构及启闭机制造质量。本单位工程无机电产品,故在该栏划“/”号。

(7)质量标准。

合格:①所含分部工程质量全部合格;②质量事故已按要求进行处理;③外观工程外观质量得分率达到70%以上;④单位工程施工质量检验与评定资料基本齐全;⑤工程施工期及试运行期,单位工程观测资料分析结果符合国家和行业技术标准及合同约定的标准要求。

优良:①所含分部工程质量全部合格,其中70%以上达到优良等级,主要分部工程质量全部优良,且施工中未发生过较大质量事故;②质量事故已按要求进行处理;③外观质量得分率达到85%以上;④单位工程施工质量检验与评定资料齐全;⑤工程施工期及试运行期,单位工程观测资料分析结果符合国家和行业技术标准及合同约定的标准要求。

示例表如表6-6所示。

5.5 水利水电工程工程项目施工质量评定表“填表基本规则”及要求

(1)工程项目名称:按批准的初步设计报告的项目名称填写。

(2)工程等级:填写本程项目等别、规模及主要建筑物级别。

(3)建设地点:填写枢纽工程建设的具体地名,如省、县、乡。

(4)主要工程量:填写2~3项数量最大及次大的工程量。混凝土工程必须填写混凝土(包括钢筋混凝土)方量,土石方工程必须填写土石方填筑方量,砌石工程必须填写砌石方量。

表6-6 水利水电工程单位工程施工质量评定表

工程项目名称	×××水利枢纽工程			施工单位	中国水利水电第××工程局		
单位工程名称	溢流坝水坝			施工日期	自××××年××月××日 至××××年××月××日		
单位工程量	混凝土225 600 m^3			评定日期	××××年××月××日		
序号	分部工程名称	质量等级		序号	分部工程名称	质量等级	
		合格	优良			合格	优良
1	5坝段▽412 m以下	√		8	7坝段(中孔坝段)		√
2	5坝段▽412 m至坝顶		√	9	△坝基灌浆		√
3	△溢流面及闸墩		√	10	坝基及坝体排水		√
4	6坝段▽412 m以下	√		11	坝基开挖与处理		√
5	6坝段▽412 m至坝顶		√	12	中孔弧门及启闭机安装		√
6	坝顶工程		√	13	1[#]、2[#]弧门及启闭机安装		√
7	上游护岸加固	√		14	检修门及门机安装		√
分部工程共14个,其中优良11个,优良率78.6%,主要分部工程优良率100%							
外观质量	应得118分,实得104.3分,得分率88.4%						
施工质量检验资料	齐全						
质量事故处理情况	施工中未发生过质量事故						
观测资料分析结论	各单位工程观测资料分析结果均符合国家和行业技术标准以及合同约定的标准要求						
施工单位自评等级:优良 评定人:××× 项目经理:××× (公章) 年 月 日	监理单位复核等级:优良 复核人:××× 总监或副总监:××× (公章) 年 月 日		项目法人认定等级:优良 认定人:××× 单位负责人:××× (公章) 年 月 日		工程质量监督机构核定等级:优良 核定人:(责任监督员) 机构负责人:××× (公章) 年 月 日		

(5)项目法人(建设单位):填写全称。

(6)设计、施工监理等单位:填写与项目法人签订合同是所用的名称(全称)。若一个工程项目是由多个施工(或多个设计、监理)单位承担任务,表中只需填出承担主要任务的单位全称,并附页列出全部承担任务单位全称及各单位所完成的单位工程名称。若工程项目由一个施工单位总包、几个单位分包完成,表中只填总包单位全称,并附页列出分包单位全称及所完成的单位工程名称。

(7)开工日期:填写主体工程开工的年份(4 位数)及月份。

(8)竣工日期:填写批准设计规定的内容全部完工的年份(4 位数)及月份。

(9)评定日期:填写工程项目质量等级评定的实际日期。

(10)主要建筑物单位工程:主要建筑物指失事后将造成下游灾害或严重影响工程效益的建筑物,如堤坝、泄水建筑物、输水建筑物、电站厂房及泵站等。

(11)本表在工程项目批准设计规定的内容已全部完成,各单位工程已进行施工质量等级评定后,由项目总监填写,并进行工程项目质量评定,监理单位负责人签字加盖公章,若工程项目由多个监理单位监理时,各监理单位项目总监负责统计本单位监理的单位工程质量评定结果(含单元工程、分部工程质量统计)及主要工程量统计交项目法人。再由项目法人委托一个主要监理单位的项目总监汇总各单位统计资料,填写工程项目质量评定表,并签字、盖本监理单位公章,再交项目法人评定,项目法人的法定代表人签字,并盖公章,报质量监督机构核定质量等级,质量监督项目站长或质量监督机构委派的该项目负责人签字,并加盖公章。

(12)工程项目施工质量标准。

合格:①单位工程施工质量全部合格;②工程施工期及试运行期,各单位工程观测资料分析结果均符合国家和行业技术标准及合同约定的标准要求。

优良:①单位工程质量全部合格,其中 70% 以上单位工程质量达到优良等级,且主要单位工程质量全部优良;②工程施工期及试运行期,各单位工程观测资料分析结果均符合国家和行业技术标准及合同约定的标准要求。

示例表如表 6-7 所示。

表 6-7 水利水电工程工程项目施工质量评定表

工程项目名称	×××水利枢纽工程	项目法人(建设单位)	×××水资源开发公司
工程等级	Ⅱ等,主要建筑物 2 级	设计单位	×××水利水电勘测设计院
建设地点	名山县竹青镇	监理单位	××水利水电工程监理公司
主要工程量	土石方开挖 78.3 万 m^3,混凝土 68.4 万 m^3,金属安装 2 168 t	施工单位	中国水利水电第×工程局
开工、竣工日期	××××年××月××日至××××年××月××日	评定日期	××××年××月××日

续表 6-7

序号	单位工程名称	单元工程质量统计			分部工程质量统计			单位工程质量等级	备注
		个数（个）	其中优良（个）	优良率（%）	个数（个）	其中优良（个）	优良率（%）		
1	△左岸挡水坝	221	132	59.7	8	5	62.5	合格	加△者为主要建筑物单位工程
2	△溢流泄水坝	454	307	67.6	14	11	78.6	优良	
3	△右岸挡水坝	153	104	68.0	6	5	83.3	优良	
4	堤防工程	232	160	69.0	5	4	80.0	优良	
5	大坝管理及监测设施	172	105	61.0	5	3	60.0	合格	
6	△引水工程进水口	140	76	54.0	9	5	55.6	合格	
7	进水口值班房	34	6	17.6	8	0	0	合格	
8	引水隧洞	517	337	65.2	24	18	75.0	优良	
9	调压井	154	41	26.6	9	5	55.6	合格	
10	调压井值班房	37	25	67.6	8	5	62.5	合格	
11	压力管道工程	487	415	85.2	6	5	83.3	优良	
12	永久支洞	161	70	43.5	3	1	33.3	合格	
13	发电厂房工程	544	393	72.2	15	12	80.0	优良	
14	升压变电工程	158	104	65.8	5	3	60.0	合格	
15	综合楼	268	140	52.2	8	4	50.0	合格	
16	厂区防护工程	197	96	48.7	5	3	60.0	合格	
17	永久交通工程	217	109	50.2	4	2	50.0	合格	
18	/								
单元工程、分部工程合计		4 146	2 618	63.1	142	91	64.1		

评定结果	本项目有单位工程 17 个，质量全部合格。其中优良单位工程 6 个，优良率 35.3%，主要建筑物单位工程质量优良率 50%
观测资料分析结论	各单位工程观测资料分析结果均符合国家和行业技术标准以及合同约定的标准要求

监理意见	项目法人（建设单位）意见	质量监督机构核定意见
工程项目质量等级：合格 总监理工程师：××× 监理单位：（公章） 年　月　日	工程项目质量等级：合格 法定代表人：××× 项目法人：（公章） 年　月　日	工程项目质量等级：合格 负责人：××× 质量监督机构：（公章） 年　月　日

6 水利水电工程施工质量验收

项目建成后必须按国家有关规定进行严格的竣工验收,由验收人员签字负责。项目竣工验收合格后,方可投入使用。通过对工程验收工作可以检查工程是否按照批准的设计进行建设;检查已完工程在设计、施工、设备安装等方面的质量,并对验收遗留问题提出处理要求;检查工程是否具备运行或进行下一阶段建设的条件;总结工程建设中的经验教训,并对工程作出评价;及时移交工程,尽早发挥投资效益。

对未经验收或验收不合格就交付使用的,要追究项目法定代表人的责任,造成重大损失的,要追究其法律责任。验收制既包括法人验收,也包括政府验收。法人验收应包括分部工程验收、单位工程验收、水电站(泵站)中间机组启动验收、合同工程完工验收等;政府验收应包括阶段验收、专项验收、竣工验收等。验收主持单位可根据工程建设需要增设验收的类别和具体要求。根据《水利水电建设工程验收规程》,验收的基本要求如下:

(1)工程验收应以下列文件为主要依据:

①国家现行有关法律、法规、规章和技术标准;

②有关主管部门的规定;

③经批准的工程立项文件、初步设计文件、调整概算文件;

④经批准的设计文件及相应的工程变更文件;

⑤施工图纸及主要设备技术说明书等;

⑥法人验收还应以施工合同为依据。

(2)工程验收工作的主要内容:

①检查工程是否按照批准的设计进行建设;

②检查已完工程在设计、施工、设备制造安装等方面的质量及相关资料的收集、整理和归档情况;

③检查工程是否具备运行或进行下一阶段建设的条件;

④检查工程投资控制和资金使用情况;

⑤对验收遗留问题提出处理意见;

⑥对工程建设做出评价和结论。

(3)政府验收应由验收主持单位组织成立的验收委员会负责;法人验收应由项目法人组织成立的验收工作组负责。验收委员会(工作组)由有关单位代表和有关专家组成。

验收的成果性文件是验收鉴定书,验收委员会(工作组)成员应在验收鉴定书上签字。对验收结论持有异议的,应将保留意见在验收鉴定书上明确记载并签字。

(4)工程验收结论应经 2/3 以上验收委员会(工作组)成员同意。

验收过程中发现的问题,其处理原则应由验收委员会(工作组)协商确定。主任委员(组长)对争议问题有裁决权。若 1/2 以上的委员(组员)不同意裁决意见,法人验收应报请验收监督管理机关决定;政府验收应报请竣工验收主持单位决定。

(5)工程项目中需要移交非水利行业管理的工程,验收工作宜同时参照相关行业主管部门的有关规定。

(6)当工程具备验收条件时,应及时组织验收。未经验收或验收不合格的工程不应交付使用或进行后续工程施工。验收工作应相互衔接,不应重复进行。

(7)工程验收应在施工质量检验与评定的基础上,对工程质量提出明确结论意见。

(8)验收资料制备由项目法人统一组织,有关单位应按要求及时完成并提交。项目法人应对提交的验收资料进行完整性、规范性检查。验收资料分为应提供的资料和需备查的资料。有关单位应保证其提交资料的真实性并承担相应责任。验收资料应具有真实性、完整性和历史性。所谓真实性,是指如实记录和反映工程建设过程的实际情况。所谓完整性,是指建设过程应有及时、完整、有效的记录。所谓历史性,是指对未来有可靠和重要的参考价值。验收时所需提供资料与备查资料的区别主要是,备查资料是原始的且数量有限,不可再制,提供资料是对原始资料的归纳和建立在实践基础上的经验总结。

7 水利工程质量保修

7.1 保修期

《建设工程质量管理条例》规定,建设工程实行质量保修制度。建设工程承包单位在向建设单位提交工程竣工验收报告时,应当向建设单位出具质量保修书。质量保修书中应当明确建设工程的保修范围、保修期限和保修责任等。

关于建设工程质量保修期限,在《建设工程质量管理条例》中有原则性的规定,即在正常使用条件下,建设工程的最低保修期限为:基础设施工程、房屋建筑的地基基础工程和主体结构工程,为设计文件规定的该工程的合理使用年限;屋面防水工程、有防水要求的卫生间、房间和外墙面的防渗漏为5年;供热与供冷系统为2个采暖期、供冷期;电气管线、给排水管道、设备安装和装修工程为2年;其他项目的保修期限由发包方与承包方约定。建设工程的保修期,自竣工验收合格之日起计算。

根据《水利工程质量管理规定》,水利工程质量保修的主要内容是:

(1)水利工程保修期从工程移交证书写明的工程完工日起一般不少于一年。有特殊要求的工程,其保修期限在合同中规定。

(2)工程质量出现永久性缺陷的,承担责任的期限不受以上保修期限制。

(3)水利工程在规定的保修期内,出现工程质量问题,一般由原施工单位负责保修,所需费用由责任方承担。

(4)工程保修期内维修的经济责任由责任方负责承担,其中,施工单位未按国家有关标准和设计要求施工,造成的质量缺陷由施工单位承担;由于设计方面的原因造成的质量缺陷,由设计单位负责承担经济责任;因材料设备不合格等原因,属于施工单位采购的或由其验收同意的,由施工单位承担经济责任,属于项目法人采购的,由项目法人承担经济责任;因使用不当造成的,由使用单位自行负责。

7.2 保修期监理人质量控制任务

(1)监理机构应督促承包人按计划完成尾工项目,协助发包人验收尾工项目,并为此办理付款签证。

(2)督促承包人对已完工程项目中所存在的施工质量缺陷进行修复。在承包人未能执行监理机构的指示或未能在合理时间内完成修复工作时,监理机构可建议发包人雇用他人完成质量缺陷修复工作,并协助发包人处理由此所发生的费用。

若质量缺陷是由发包人或运行管理单位的使用或管理不周造成的,监理机构应受理承包人因修复该质量缺陷而提出的追加费用付款申请。

(3)签发工程项目保修责任终止证书。

(4)保修期间现场监理机构应适时予以调整,除保留必要的人员和设施外,其他人员和设施可撤离,或将设施移交发包人。

任务4 水利工程质量问题与质量事故的处理

1 水利工程质量事故分类与事故报告内容

根据《水利工程质量事故处理暂行规定》(水利部令第9号),水利工程工程质量事故是指在水利工程建设过程中,由于建设管理、监理、勘测、设计、咨询、施工、材料、设备等原因造成工程质量不符合规程规范和合同规定的质量标准,影响工程使用寿命和对工程安全运行造成隐患及危害的事件。需要注意的问题是,水利工程质量事故可以造成经济损失,也可以同时造成人身伤亡。这里主要是指没有造成人身伤亡的质量事故。

根据《水利工程质量事故处理暂行规定》(水利部令第9号),工程质量事故按直接经济损失的大小,检查、处理事故对工期的影响时间长短和对工程正常使用的影响,分为一般质量事故、较大质量事故、重大质量事故、特大质量事故。

(1)一般质量事故指对工程造成一定经济损失,经处理后不影响正常使用并不影响使用寿命的事故。

(2)较大质量事故指对工程造成较大经济损失或延误较短工期,经处理后不影响正常使用但对工程使用寿命有一定影响的事故。

(3)重大质量事故指对工程造成重大经济损失或较长时间延误工期,经处理后不影响正常使用但对工程使用寿命有较大影响的事故。

(4)特大质量事故指对工程造成特大经济损失或长时间延误工期,经处理仍对正常使用和工程使用寿命有较大影响的事故。

(5)小于一般质量事故的质量问题称为质量缺陷。

水利工程质量事故具体分类标准见表6-8。

根据《水利工程质量事故处理暂行规定》(水利部令第9号),事故发生后,事故单位要严格保护现场,采取有效措施抢救人员和财产,防止事故扩大。因抢救人员、疏导交通等原因需移动现场物件时,应作出标志、绘制现场简图并作出书面记录,妥善保管现场重要痕迹、物证,并进行拍照或录像。

发生质量事故后,项目法人必须将事故的简要情况向项目主管部门报告。项目主管部门接到事故报告后,按照管理权限向上级水行政主管部门报告。发生(发现)较大质量事故、重大质量事故、特大质量事故,事故单位要在48 h内向有关单位提出书面报告。有关事故报告应包括以下主要内容:

(1)工程名称、建设地点、工期,项目法人、主管部门及负责人电话;

(2)事故发生的时间、地点、工程部位及相应的参建单位名称;

表6-8　水利工程质量事故分类标准

项目		特大质量事故	重大质量事故	较大质量事故	一般质量事故
事故处理所需的物资、器材和设备、人工等直接损失费(人民币)	大体积混凝土,金属制作和机电安装工程	>3 000	>500 ≤3 000	>100 ≤500	>20 ≤100
	土石方工程、混凝土薄壁工程	>1 000	>100 ≤1 000	>30 ≤100	>10 ≤30
事故处理所需合理工期(月)		>6	>3 ≤6	>1 ≤3	≤1
事故处理后对工程功能和寿命影响		影响工程正常使用,需限制条件使用	不影响工程正常使用,但对工程寿命有较大影响	不影响工程正常使用,但对工程寿命有一定影响	不影响工程正常使用和工程寿命

注:①直接经济损失费用为必要条件,事故处理所需时间以及事故处理后对工程功能和寿命影响主要适用于大中型工程;②在《水利工程建设重大质量与安全事故应急预案》(水建管〔2006〕202 号)中,关于水利工程质量与安全事故的分级是针对事故应急响应行动进行的分级。

(3)事故发生的简要经过、伤亡人数和直接经济损失的初步估计;

(4)事故发生原因初步分析;

(5)事故发生后采取的措施及事故控制情况;

(6)事故报告单位、负责人以及联络方式。

2　水利工程质量事故调查的程序与处理的要求

根据《水利工程质量事故处理暂行规定》(水利部令第 9 号),有关单位接到事故报告后,必须采取有效措施,防止事故扩大,并立即按照管理权限向上级部门报告或组织事故调查和处理。

2.1　水利工程质量事故调查

根据《水利工程质量事故处理暂行规定》(水利部令第 9 号),事故调查的基本程序如下:

(1)发生质量事故,要按照规定的管理权限组织调查组进行调查,查明事故原因,提出处理意见,提交事故调查报告。事故调查组成员实行回避制度。

(2)事故调查管理权限按以下原则确定:

①一般事故由项目法人组织设计、施工、监理等单位进行调查,调查结果报项目主管部门核备。

②较大质量事故由项目主管部门组织调查组进行调查,调查结果报上级主管部门批准并报省级水行政主管部门核备。

③重大质量事故由省级以上水行政主管部门组织调查组进行调查,调查结果报水利

部核备。

④特别重大质量事故由水利部组织调查。需要注意的是，根据《生产安全事故报告和调查处理条例》（国务院令第493号）的规定，特别重大质量事故是指造成30人以上死亡，或者100人以上重伤（包括急性工业中毒），或者1亿元以上直接经济损失的事故。特别重大质量事故由国务院或者国务院授权有关部门组织事故调查组进行调查。

（3）事故调查的主要任务是：

①查明事故发生的原因、过程、经济损失情况和对后续工程的影响；

②组织专家进行技术鉴定；

③查明事故的责任单位和主要责任人应负的责任；

④提出工程处理和采取措施的建议；

⑤提出对责任单位和责任人的处理建议；

⑥提出事故调查报告。

（4）根据《水利工程建设重大质量与安全事故应急预案》（水建管〔2006〕202号），事故调查报告应当包括以下内容：

①发生事故的工程基本情况；

②调查中查明的事实；

③事故原因分析及主要依据；

④事故发展过程及造成的后果（包括人员伤亡、经济损失）分析、评估；

⑤采取的主要应急响应措施及其有效性；

⑥事故结论；

⑦事故责任单位、事故责任人及其处理建议；

⑧调查中尚未解决的问题；

⑨经验教训和有关水利工程建设的质量与安全建议；

⑩各种必要的附件等。

（5）事故调查组有权向事故单位、各有关单位和个人了解事故的有关情况。有关单位和个人必须实事求是地提供有关文件或材料，不得以任何方式阻碍或干扰调查组正常工作。

（6）事故调查组提出的事故调查报告经主持单位同意后，调查工作即告结束。

2.2 水利工程质量事故处理的要求

根据《水利工程质量事故处理暂行规定》（水利部令第9号），因质量事故造成人员伤亡的，还应遵从国家和水利部伤亡事故处理的有关规定。其中质量事故处理的基本要求如下。

2.2.1 质量事故处理原则

发生质量事故，必须坚持"事故原因不查清楚不放过、主要事故责任者和职工未受教育不放过、补救和防范措施不落实不放过、责任人未受处理不放过"的原则，认真调查事故原因，研究处理措施，查明事故责任，做好事故处理工作。

2.2.2 质量事故处理职责划分

发生质量事故后，必须针对事故原因提出工程处理方案，经有关单位审定后实施。

(1)一般质量事故,由项目法人负责组织有关单位制订处理方案并实施,报上级主管部门备案。

(2)较大质量事故,由项目法人负责组织有关单位制订处理方案,经上级主管部门审定后实施,报省级水行政主管部门或流域备案。

(3)重大质量事故,由项目法人负责组织有关单位提出处理方案,征得事故调查组意见后,报省级水行政主管部门或流域机构审定后实施。

(4)特大质量事故,由项目法人负责组织有关单位提出处理方案,征得事故调查组意见后,报省级水行政主管部门或流域机构审定后实施,并报水利部备案。

2.2.3 事故处理中设计变更的管理

事故处理需要进行设计变更的,需原设计单位或有资质的单位提出设计变更方案。需要进行重大设计变更的,必须经原设计审批部门审定后实施。

事故部位处理完毕后,必须按照管理权限经过质量评定与验收后,方可投入使用或进入下一阶段施工。

2.2.4 质量缺陷的处理

《水利工程质量事故处理暂行规定》(水利部令第9号)规定,小于一般质量事故的质量问题称为质量缺陷。所谓"质量缺陷",是指小于一般质量事故的质量问题,即因特殊原因,使得工程个别部位或局部达不到规范和设计要求(不影响使用),且未能及时进行处理的工程质量问题(质量评定仍为合格)。根据水利部《关于贯彻落实〈国务院批转国家计委、财政部、水利部、建设部关于加强公益性水利工程建设管理若干意见的通知〉的实施意见》,水利工程实行水利工程施工质量缺陷备案及检查处理制度。

(1)对因特殊原因,使得工程个别部位或局部达不到规范和设计要求(不影响使用),且未能及时进行处理的工程质量缺陷问题(质量评定仍为合格),必须以工程质量缺陷备案形式进行记录备案。

(2)质量缺陷备案的内容包括:质量缺陷产生的部位、原因,对质量缺陷是否处理和如何处理,对建筑物使用的影响等。内容必须真实、全面、完整,参建单位(人员)必须在质量缺陷备案表上签字,有不同意见应明确记载。

(3)质量缺陷备案资料必须按竣工验收的标准制备,作为工程竣工验收备查资料存档。质量缺陷备案表由监理单位组织填写。

(4)工程项目竣工验收时,项目法人必须向验收委员会汇报并提交历次质量缺陷的备案资料。

项目 7 水利工程进度控制

控制建设工程进度,不仅能够确保工程建设项目按预定的时间交付使用,及时发挥投资效益,而且有益于维持国家良好的经济秩序。因此,监理工程师应采用科学的控制方法和手段来控制工程项目的建设进度。

施工阶段是工程项目得以实施并形成建设产品的重要阶段。该阶段,需要消耗大量的人力、财力和物力,加之水利工程建设本身的特点,如周期长、投资大、技术综合性强,受地形、地质、水文、气象和交通运输、社会经济等因素影响大等,加强计划管理十分重要。在施工阶段,施工进度一旦拖延,要保证计划工期,后继工作就得赶工作业,这就意味着建设费用可能增加。如果进度拖延导致工程工期拖延,不仅工程建设的费用增加,而且更为严重的是,工程不能按期投产,将会给国民经济造成巨大损失。因此,施工阶段的进度控制是监理工程师的重点工作之一。

任务 1 建设项目进度控制概述

1 工期与进度控制

1.1 建设工期与合同工期

建设工期是指建设项目从正式开工到全部建成投产或交付使用所经历的时间。建设工期应按日历天数计算,并在总进度计划中明确建设的起止时限。建设工期是建设单位根据工期定额和每个项目的具体情况,在系统、合理地编制进度计划的基础上,经综合平衡确定的。建设项目正式列入计划后,建设工期应严格执行,不准随意变动。

合同工期是按照业主与承包商签订的施工合同中确定的承包商完成所承包项目的时间。施工合同工期应按日历天数计算。合同工期一般指从开工日期到合同规定的竣工日期所用的时间,再加上以下情况的工期延长:额外或附加的工作;合同条件中提到的任何误期原因;异常恶劣的气候条件;由发包人造成的任何延误、干扰或阻碍;除去承包人不履行合同或违约或由他负责的以外,其他可能发生的特殊情况。

1.2 进度控制的概念

要掌握进度控制的概念,首先需搞清楚进度计划,以及进度计划与进度控制的关系。进度计划就是按照项目的工期目标,对项目实施中的各项工作在时间上作出周密安排,它系统地规定了项目的任务、进度和完成任务所需的资源。

在进度计划实施过程中,按照进度计划对整个建设过程实施监督、检查,对出现的实际进度与计划进度之间的偏差,分析原因并采取相应措施,以确保进度目标的实现,这一行为过程,称为进度控制。建设工程进度控制的最终目的是确保建设项目按预定的时间动用或提前交付使用,建设工程进度控制的总目标是建设工期。

为了保证建设项目顺利进行,首先需要根据预定目标编制进度计划。进度控制与进度计划是紧密联系而不可分割的。一方面,任何项目的实施都是从计划开始的。项目计划作为项目执行的法典,是项目实施中开展各项工作的基础。系统、周密、合理的进度计划,是项目建设顺利实施的重要基础。如果计划不周、组织不当,就会发生工作脱节、窝工、停工待料、浪费人力、闲置设备以致拖延工期等现象。另一方面,有效的进度控制能够保证进度计划的顺利实现,并纠正进度计划的偏差。如果进度控制不力,会导致实际进度与计划之间出现大的偏差,甚至使计划对实际活动失去指导意义。

建设项目的进度控制是一项系统工程,它涉及勘测设计、施工、土地征用、材料设备供应、设备安装调试、资金筹措等众多内容,各方面的工作都必须围绕着一个主进度有条不紊地进行,因此必须以系统的进度计划来作指导。

由于在工程建设过程中存在着许多影响进度的因素,这些因素往往来自不同的部门和不同的时期,它们对建设工程进度产生着复杂的影响。因此,监理必须事先对影响建设工程进度的各种因素进行调查分析,预测它们对建设工程进度的影响程度,确定合理的进度控制目标,编制可行的进度计划,使工程建设工作始终按计划进行。

2　影响进度的因素

由于建设工程具有规模庞大、工程结构与工艺技术复杂、建设周期长及相关单位多等特点,决定了建设工程进度将受到许多因素的影响。要想有效地控制建设工程进度,就必须对影响进度的有利因素和不利因素进行全面、细致的分析与预测。这样,一方面可以促进对有利因素的充分利用和对不利因素的妥善预防;另一方面也便于事先制定预防措施,事中采取有效对策,事后进行妥善补救,以缩小实际进度与计划进度的偏差,实现对建设工程进度的主动控制和动态控制。在工程建设过程中,常见的影响因素如下:

(1)发包人因素。如发包人使用要求改变而进行设计变更,应提供的施工场地条件不能及时提供或所提供的场地不能满足工程正常需要,不能及时向施工承包单位或材料供应商付款等。

(2)勘察设计因素。如勘察资料不准确,特别是地质资料错误或遗漏;设计内容不完善,规范应用不恰当,设计有缺陷或错误;设计对施工可能性未考虑或考虑不周;施工图纸供应不及时、不配套,或出现重大差错等。

(3)施工技术因素。如施工工艺错误,不合理的施工方案,施工安全措施不当,不可靠技术的应用等。

(4)自然环境因素。如复杂的工程地质条件,不明的水文气象条件,地下埋藏文物的保护、处理,洪水、地震、台风等不可抗力等。

(5)社会环境因素。如节假日交通、市容整顿的限制,临时停水、停电、断路,以及法律制度变化,经济制裁,战争、骚乱、罢工、企业倒闭等。

(6)组织管理因素。如向有关部门提出各种申请审批手续的延误;合同签订时遗漏条款、表达失当;计划安排不周密,组织协调不力,导致停工待料、相关作业脱节;领导不力,指挥失当,使参加工程建设的各个单位、各个专业、各个施工过程之间交接、配合上发生矛盾等。

(7)材料、设备因素。如材料、构配件、机具、设备供应环节的差错,品种、规格、质量、数量、时间不能满足工程的需要;特殊材料及新材料的不合理使用;施工设备不配套,选型失当,安装失误,有故障等。

(8)资金因素。如有关方拖欠资金,资金不到位,资金短缺;汇率浮动和通货膨胀等。

3 进度控制的目标

监理实施进度控制应本着以近期保远期、以短期保长期、以局部保全局的总体控制原则,按进度控制的横向和纵向,将进度目标分解为不同的分目标和阶段性目标,由此构成建设项目进度控制的目标系统。

3.1 按施工阶段分解,突出控制性环节

根据工程项目建设的特点,可把整个施工过程分成若干个施工阶段,逐阶段加以控制,从而保证总工期按期或提前实现。如水利工程中的导截流、基础处理、施工度汛、下闸蓄水、机组发电等施工阶段。在网络计划中,将重要工作的开工或完成所对应的节点称为里程碑节点,计划管理者应随时清楚哪些工作影响里程碑的实现,它们各自的机动时间多大,哪些是关键工作,它们的施工进展如何。

3.2 按标段分解,明确各分标进度目标

一个建设项目,一般都要分为几个标进行发包,中标的各承包人协调作业,才能保证项目总体进度目标的实现。为了尽量避免或减少各标承包人之间的相互影响和作业干扰,应确定各分标的阶段性进度目标,严格审核各承包人的进度计划,并在计划实施过程中监督各阶段目标的实现。

3.3 按专业工种分解,确定交接日期

在同专业或同工种的任务之间,要进行综合平衡;在不同专业或不同工种的任务之间,要强调相互之间的衔接配合,要确定相互之间交接日期。需要强调的是,为了下一道工序按时作业、保证工程进度,应不在本工序造成延误。工序的管理是项目各项管理的基础,监理人通过掌握各道工序的完成质量及时间,能够控制各分部工程的进度计划。

3.4 按工程工期及进度目标,将施工总进度分解成逐年、逐季、逐月进度计划

从关系上说,长期进度计划对短期进度计划有控制作用,短期进度计划是长期进度计划的具体落实与保证。将施工总进度计划分解为逐年、逐季、逐月进度计划,便于监理人对进度的控制。监理人应逐月、逐季、逐年监督承包人的进度计划实施情况。若发现进度偏差,应要求承包人采取措施,尽量将进度拖延偏差在月内解决,月内进度纠偏有困难,再依次考虑季度、年度计划的调整。应尽量保证总进度目标不受影响。

4 进度控制的主要任务

进度控制是监理机构的主要任务之一。进度控制监理工作程序见图7-1。

4.1 制订施工总进度计划的编制要求

监理机构应在合同工程开工前依据施工合同约定的工期总目标、阶段性目标和发包人的控制性总进度计划,制订施工总进度计划的编制要求,并书面通知承包人。

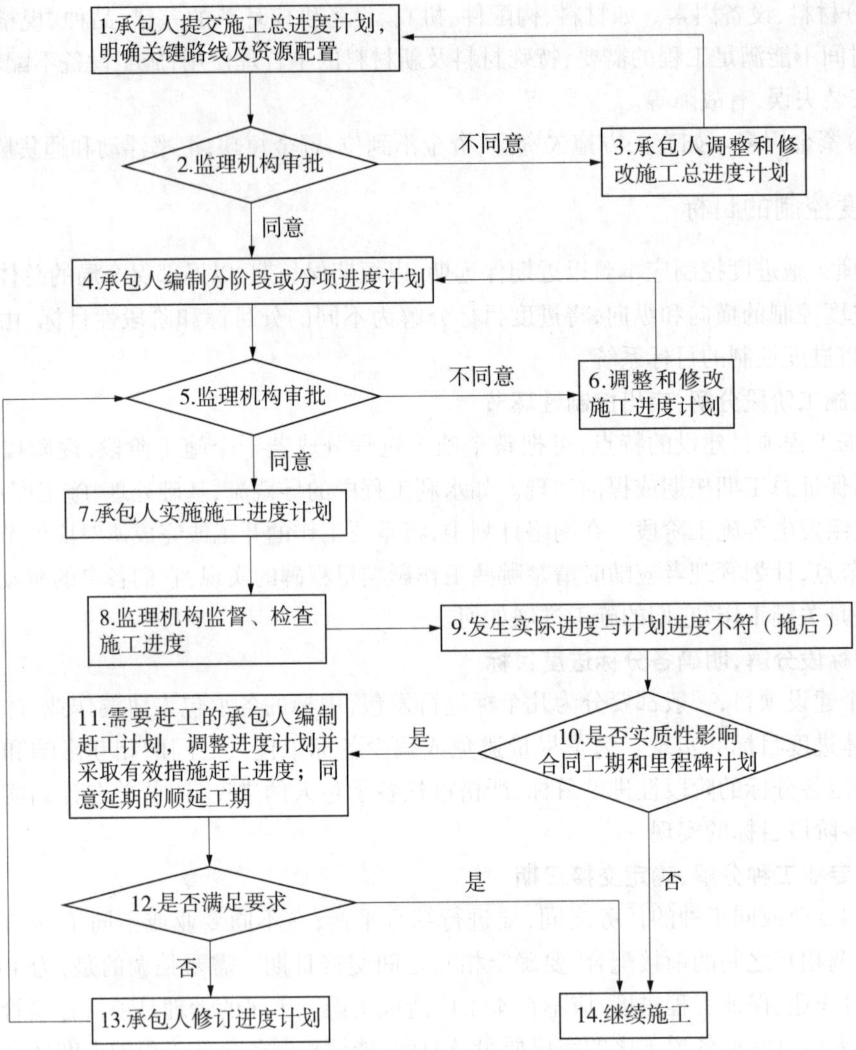

图7-1 进度控制监理工作程序

4.2 发布开工通知

开工通知是具有法律效力的文件。承包人接到的开工通知(开工日期在开工通知中规定),是推算工程完工日期的依据。

4.3 施工进度计划的审批

施工进度计划是监理机构批准工程开工的重要依据。监理机构应在工程承建合同文件规定的批准期限内,完成对施工单位报送的施工进度计划的审批。

4.4 实际施工进度的检查与协调

监理机构应随时跟踪检查承包商的现场施工进度,监督承包商按合同进度计划施工,并做好监理日志。对实际进度与计划进度之间的差别应作出具体的分析,从而根据当前施工进度的动态预测后续施工进度的态势,必要时采取相应的控制措施。

(1)监理机构应编制描述实际施工进度状况和用于进度控制的各类图表。

(2)监理机构应督促承包人做好施工组织管理,确保施工资源的投入,并按批准的施工进度计划实施。

(3)监理机构应做好实际工程进度记录以及承包人每日的施工设备、人员、原材料的进场记录,并审核承包人的同期记录。

(4)监理机构应对施工进度计划实施的全过程(包括施工准备、施工条件和进度计划的实施情况)进行定期检查,对实际施工进度进行分析和评价,对关键路线的进度实施重点跟踪检查。

(5)监理机构应根据施工进度计划,协调有关参建各方之间的关系,定期召开生产协调会议,及时发现、解决影响工程进度的干扰因素,促进施工项目的顺利进展。

4.5 施工进度计划的调整

由于各种原因,致使施工进度计划在执行中必须进行实质性修改时,承包人应提出修改的详细说明,并按工程承包合同规定期限事先提出修改的施工进度计划报送监理机构批准。必要时,监理机构也可以按合同文件规定,直接向承包人提出修改指示,要求承包人修改、调整施工进度计划并报监理机构批准。承包人调整施工进度计划,通常需编制赶工措施报告,监理机构审批后发布赶工指示,并督促承包人执行。

当施工进度计划的调整涉及总工期目标、阶段目标、资金使用等较大的变化时,监理机构应提出处理意见报发包人批准。

监理机构应按照施工合同约定处理对因赶工引起的费用事宜。

4.6 停工与复工

由于各种原因,工程施工暂停后,监理机构应督促承包人妥善保护、照管工程和提供安全保障。同时,采取有效措施,积极消除停工因素的影响,创造早日复工条件。当工程具备复工条件时,监理机构应立即向承包人发出复工通知,并督促承包人在复工通知送达后及时复工。

4.7 提交施工进度报告

监理机构应督促承包人按施工合同约定按时提交月、季、年施工进度报告。

5 进度控制的措施

为了实施进度控制,监理工程师必须根据建设工程的具体情况,认真制定进度控制措施,以确保建设工程进度控制目标的实现。进度控制的措施应包括组织措施、技术措施、经济措施及合同措施。

5.1 组织措施

进度控制的组织措施主要包括:

(1)建立进度控制目标体系,明确建设工程现场监理组织机构中进度控制人员及其职责分工。

(2)建立工程进度报告制度及进度信息沟通网络。

(3)建立进度计划审核制度和进度计划实施中的检查分析制度。

(4)建立进度协调会议制度,包括协调会议举行的时间、地点,协调会议的参加人员等。

(5)建立图纸审查、工程变更和设计变更管理制度。

5.2 技术措施

进度控制的技术措施主要包括:

(1)审查承包商提交的进度计划,使承包商能在合理的状态下施工。

(2)编制进度控制工作细则,指导监理人员实施进度控制。

(3)采用网络计划技术及其他科学适用的计划方法,对建设工程进度实施动态控制。

5.3 经济措施

进度控制的经济措施主要包括:

(1)及时办理工程预付款及工程进度款支付手续。

(2)对应急赶工给予优厚的赶工费用。

(3)对工期提前给予奖励。

(4)对工程延误收取误期损失赔偿金。

5.4 合同措施

进度控制的合同措施主要包括:

(1)加强合同管理,协调合同工期与进度计划之间的关系,保证合同中进度目标的实现。

(2)严格控制合同变更,对各方提出的工程变更和设计变更,监理机构应严格审查后再补入合同文件之中。

(3)加强风险管理,在合同中应充分考虑风险因素及其对进度的影响,以及相应的处理方法。

(4)加强索赔管理,公正地处理索赔。

6 施工阶段进度控制工作细则

施工进度控制工作细则的主要内容包括:

(1)施工进度控制目标分解图。

(2)施工进度控制的主要工作内容和深度。

(3)进度控制人员的责任分工。

(4)与进度控制有关的各项工作时间安排及其工作流程。

(5)进度控制的手段和方法(包括进度检查周期、实际数据的收集、进度报告(表)格式、统计分析方法等)。

(6)进度控制的具体措施(包括组织措施、技术措施、经济措施及合同措施等)。

(7)施工进度控制目标实现的风险分析。

(8)尚待解决的有关问题。

任务2 施工进度计划的审批

1 发布开工令

监理机构应严格审查工程开工应具备的各项条件,并审批开工申请。

1.1 合同工程开工

(1)监理机构应在施工合同约定的期限内,经发包人同意后向承包人发出开工通知(见表7-1),要求承包人按约定及时调遣人员和施工设备、材料进场进行施工准备。开工通知中应明确开工日期。

表7-1 合同工程开工通知

(监理[ ]开工 号)

合同名称: 合同编号:

致(承包人): 根据施工合同约定,现签发________________合同开工通知。你方在接到该通知后,及时调遣人员和施工设备、材料进场,完成各项施工准备工作,尽快提交《合同项目开工申请表》。 该合同项目的开工日期为_____年____月____日。 监理机构:(名称及盖章) 总监理工程师:(签名) 日期: 年 月 日
今已收到合同项目开工通知。 承包人:(名称及盖章) 签收人:(签名) 日期: 年 月 日

注:根据《水利工程施工监理规范》(SL 288—2014)规定:

1. 监理机构用表:以JL××表示。
2. "监理"指该表以监理人为填表人;"[ ]"中填写年份,如[2014]表示2014年的表格;"××号"一般为3位数的流水号。

(2)监理机构应协助发包人向承包人移交施工合同约定应由发包人提供的施工用地、道路、测量基准点,以及供水、供电、通信设施等开工的必要条件。

(3)承包人完成开工准备后,应向监理机构提交开工申请表。监理机构在检查发包人和承包人的施工准备满足开工条件后,批复承包人的合同项目开工申请(见表7-2)。

应由发包人提供的施工条件包括:①首批开工项目施工图纸和文件的供应;②测量基准点的移交;③施工用地的提供;④施工合同中约定应由发包人提供的道路、供电、供水、通信及其他条件和资源的提供情况。

应由承包人提供的施工条件包括:①承包人派驻现场的主要管理人员、技术人员及特种作业人员是否与施工合同文件一致。如有变化,应重新审查并报发包人认可;②承包人进场施工设备的数量、规格和性能是否符合合同要求,进场情况和计划是否满足开工及施工进度的需要;③进场原材料、中间产品和工程设备的质量、规格是否符合施工合同约定,原材料的储存量及供应计划是否满足工程开工及施工进度的需要;④承包人的检测条件或委托的检测机构是否符合施工合同约定及有关规定;⑤承包人对发包人提供的测量基准点的复核,以及承包人在此基础上完成施工测量控制网的布设及施工区原始地形图的测绘情况;⑥砂石料系统、混凝土拌和系统或商品混凝土供应方案以及场内道路、供水、供电、供风及其他施工辅助加工厂、设施的准备情况;⑦承包人的质量保证体系;⑧承包人的安全生产管理机构和安全措施文件;⑨承包人提交的施工组织设计、专项施工方案、施工措施计划、施工总进度计划、资金流计划、安全技术措施、度汛方案和灾害应急预案等;⑩应由承包人负责提供的施工图纸和技术文件;⑪按照施工合同约定和施工图纸要求需进行的施工工艺试验和料场规划情况;⑫承包人在施工准备完成后递交的合同工程开工申请报告。

表 7-2 合同项目开工批复

(监理[ ]合开工 号)

合同名称: 合同编号:

致(承包人现场机构): 你方____年___月___日报送的____________________工程合同项目开工申请(承包[ ]合开工 号)已经通过审核。你方可从即日起,按施工进度计划组织施工。 附件:批复意见 监理机构:(名称及盖章) 总监理工程师:(签名) 日期: 年 月 日
今已收到合同项目的开工批复。 承包人:(现场机构名称及盖章) 项目经理:(签名) 日期: 年 月 日

说明:本表一式__份,由监理机构填写。承包人签收后,承包人__份、监理机构__份、发包人__份、设代机构__份。

(4)由于承包人原因使工程未能按施工合同约定时间开工,监理机构应通知承包人在约定时间内提交赶工措施报告并说明延误开工原因。由此增加的费用和工期延误造成的损失由承包人承担。

(5)由于发包人原因使工程未能按施工合同约定时间开工,监理机构在收到承包人提出的顺延工期的要求后，应立即与发包人和承包人共同协商补救办法。由此增加的费用和工期延误造成的损失由发包人承担。

1.2 分部工程开工

监理机构应审批承包人报送的每一分部工程开工申请表，审核承包人递交的施工措施计划，检查该分部工程的开工条件，确认后签发分部工程开工批复。

1.3 单元工程开工

第一个单元工程在分部工程开工申请获批准后开工，后续单元工程凭监理工程师签认的上一单元工程施工质量合格文件方可开工。

1.4 混凝土浇筑开仓

监理机构应对承包人报送的混凝土浇筑开仓报审表进行审批。符合开仓条件后，方可签发。

2 施工进度计划的审批

监理机构应在工程项目开工前依据发包人的控制性总进度计划审批承包人提交的施工总进度计划。在施工过程中，依据施工合同约定审批各单位工程进度计划，逐阶段审批年、季、月施工进度计划。承包人编报的工程进度计划经监理机构正式批准后，就作为“合同性施工进度计划”，成为合同的补充性文件，具有合同效力；对发包人和承包人都具约束作用，同时它也是以后处理可能出现的工程延期和索赔的依据之一。

施工总进度计划一般以横道图或网络图的形式编制，同时应说明施工方法、施工场地、道路利用的时间和范围、发包人所提供的临时工程和辅助设施的利用计划，并附机械设备需要计划、主要材料需求计划、劳动力计划、财务资金计划及附属设施计划等。

2.1 施工总进度计划的内容

施工总进度计划的主要内容包括：

(1)物资供应计划。为了实现月、周施工计划，对需要的物资必须落实，主要包括：机械需要计划，如机械名称、数量、工作地点、入场时间等；主要材料需要计划，如钢筋、水泥、木材、沥青、砂石料等建筑材料的规格、品种及数量；主要预制件的规格、品种及数量等供应计划。

(2)劳动力平衡计划。根据施工进度及工程量，安排落实劳动力的调配计划，包括各个时段和工程部位所需劳动力的技术工种、人数、工日数等。

(3)资金流量计划。在中标函签发日之后，承包商应按合同规定的格式按月提交资金流估算表，估算表应包括承包人计划可从发包人处得到的全部款额，以供发包人参考。

(4)技术组织措施计划。根据施工总进度计划及施工组织设计等要求，编制在技术组织措施方面的具体工作计划，如保证完成关键作业项目，实现安全施工，等等。

(5)附属企业生产计划。大、中型土建工程一般有不少附属企业，如金属结构加工厂、预制件厂、混凝土骨料加工场、钢木加工厂等。这些附属企业的生产是否按计划进行，对保证整个工程的施工进度有重大影响。因此，附属企业的生产计划是工程施工总进度计划的重要组成部分。

2.2 施工总进度计划的审查

施工总进度计划应符合发包人提供的资金、施工图纸、施工场地、物资等施工条件。项目监理机构收到施工单位报审的施工总进度计划和阶段性施工进度计划时，应对照本条文所述的内容进行审查，提出审查意见。发现问题时，应以监理通知单的方式及时向发包人提出书面修改意见，并对施工单位调整后的进度计划重新进行审查，发现重大问题时应及时向发包人报告。施工总进度计划经总监理工程师审核签认，并报发包人批准后方可实施。

总进度计划一经总监理工程师批准，就作为“合同性进度计划”，对发包人和承包人都具有约束作用，所以监理机构应细致、严格地审核承包商呈报的总进度计划。一般审查内容包括以下几个方面：

(1)是否符合监理机构提出的施工总进度计划编制要求。

(2)在施工总进度计划中有无项目内容漏项或重复的情况。

(3)施工总进度计划与合同工期和阶段性目标的响应性和符合性。

(4)施工总进度计划中各项目之间逻辑关系的正确性与施工方案的可行性。

(5)施工总进度计划中关键线路安排的合理性。

(6)人员、施工设备等资源配置计划和施工强度的合理性。

(7)原材料、中间产品、工程设备供应计划与施工总进度计划的协调性。

(8)本合同工程施工与其他合同工程施工之间的协调性。

(9)本合同工程施工与其他合同工程施工之间的协调性。

(10)其他应审查的内容。

2.3 施工总进度计划审批的程序

(1)承包人应在施工合同约定的时间内向监理机构报送施工总进度计划。

(2)监理机构应在收到施工进度计划后及时进行审查，提出明确批复意见。必要时召集由发包人、设计单位参加的施工进度计划审查专题会议，听取承包人的汇报，并对有关问题进行分析研究。

(3)如施工进度计划中存在问题，监理机构应提出审查意见，交承包人进行修改或调整。

(4)审批承包人提交的施工总进度计划或修改、调整后的施工进度计划。

2.4 分阶段、分项目施工进度计划的审批及其资源审核

监理机构应要求承包人依据施工合同约定和批准的施工总进度计划，分年度编制年度施工进度计划，报监理机构审批。另外，根据进度控制需要，监理机构可要求承包人编制季、月或日施工进度计划，以及单位工程或分部工程施工进度计划，报监理机构审批。

监理审批年、季、月施工进度计划的目的，是看其是否满足合同工期和总进度计划的要求。如果承包人计划完成的工程量或工程面貌满足不了合同工期和总进度计划的要求(包括防洪度汛、向后续承包人移交工作面、河床截流、下闸蓄水、工程竣工、机组试运行等)，则应要求承包人采取措施，如增加计划完成工程量，加大施工强度，加强管理，改变施工工艺、增加设备等。

一般来说，监理机构在审批月、季进度计划时应注意以下几点：

(1)首先应了解承包人上个计划期完成的工程量和形象面貌情况。

(2)分析承包人所提供的施工进度计划(包括季、月)是否能满足合同工期和施工总进度计划的要求。

(3)为完成计划所采取的措施是否得当,施工设备、人员能否满足要求,施工管理上有无问题。

(4)核实承包商的材料供应计划与库存材料数量,分析是否满足施工进度计划的要求。

(5)施工进度计划中所需的施工场地、通道是否能够保证。

(6)施工图供应计划是否与进度计划协调。

(7)工程设备供应计划是否与进度计划协调。

(8)该承包人的施工进度计划与其他承包人的施工进度计划有无相互干扰。

(9)为完成施工进度计划所采取的方案对施工质量、施工安全和环保有无影响。

(10)计划内容、计划中采用的数据有无错漏之处。

3 案例

进度计划及其审批实例。

3.1 承包人呈报的施工进度计划

根据总进度计划上年实际施工进度,编制本年度施工计划如下。

3.1.1 本年度的工程施工进度网络计划

(略)

3.1.2 施工产值及工程量分季计划

施工产值及工程量分季计划格式如表 7-3 所示。

表 7-3 施工产值及工程量分季计划表

时期	施工产值					主要实物工程量							备注
	小计(万元)	主体工程(万元)	临建工程(万元)	月平均(万元)	劳动生产率(元/(人·月))	土石开挖(m^3)	岩石洞挖(m^3)	混凝土浇筑(m^3)	喷混凝土(m^3)	锚杆制造安装(m^3)	钢筋制造安装(根)	金属结构制造安装(t)	
一季度													
二季度													
三季度													
四季度													
合计													

3.1.3 主要控制工期和各阶段的形象进度说明

(1)压力管道工程:年底岔管段混凝土全部结束;3 月底前完成 1# 主管扩大开挖和 2# 主管基坑开挖,6 月底完成 2# 主管扩大开挖,7 月交付安装工作面,开始压力管道钢管安装,10 月安装完毕,四季度进行下弯和平管段的混凝土浇筑。

(2)主副厂房工程:1 月开始副厂房和安装间的混凝土浇筑,上半年完成副厂房 955.66 ~ 973.16 m 高程的全部浇筑,年底交付机电安装;5 月完成安装间 932.6 ~ 958.56 m 高程的全部混凝土,6 月底交付安装使用;二季度前完成主机间下部和机窝的石方开挖,5 月开始 1#机混凝土浇筑,7 月安装肘管和锥管,8 月开始进行座环组合,蜗壳及埋件安装,年底前浇筑 1#机蜗壳二期混凝土;2#、3#、4#机也相继跟上;年底前完成副厂房混凝土浇筑 4 780 m^3。1 月安装行车轨道,浇二期混凝土,2 月安装行车。

(3)主变室及尾闸室工程(略)。

(4)尾水洞工程(略)。

(5)变电站工程(略)。

3.1.4　作业项目计划表

按工程量报价表编号列出年度计划完成工程量及分季度计划完成的工程量和金额(略)。

3.1.5　主要措施

(1)统一思想,加强领导。项目领导班子要统一思想,措施得力,做好层层动员工作,在新的一年里更好地实施项目管理,加强施工现场指挥和调度工作,齐心协力地全面完成年度施工进度计划。

(2)继续推广各种不同形式的承包责任制,加强计划管理,以经济效益为中心,降低生产成本,进一步理顺经营机制,控制好工程成本和资金流向,以缓解资金紧张状况。

(3)加强现场施工管理工作,合理安排每个工序环节的施工时段,消除工序间的相互干扰,优化施工方案,采取最佳施工措施,组织好土建和机电安装间的协调调度工作,大胆使用新技术,积极推广新技术、新工艺,充分调动专业技术人员的积极性。

(4)强化施工机械设备管理,进一步完善设备的配套,特别是挖装机械、混凝土浇筑机械和钻爆机械,提高现有机械的完好率;继续抓紧现有设备的维护、保养和运行,坚持做到专人、专机负责设备的管理,合理调配施工现场的机械设备。

(5)注重工程质量和安全生产管理,在职工队伍中不断增强质量、安全意识。施工前要坚持向班组长进行技术交底工作,把质量和施工安全放在首位;坚持考核工程面貌时以质量、安全一票否决的考核方案,定期和不定期地检查质量安全工作,布置安排各阶段的质量安全工作重点,以确保年施工计划的顺利进行。

(6)继续坚持每周召开各项目负责人参加的生产调度会,切实为项目解决问题,坚持实行各项目的领导三班到现场值班,及时发现和解决施工中出现的问题,确保生产调度会议决定的顺利执行。

(7)加强与发包人、监理人、设计代表的配合和联系工作,共同解决施工过程中存在的问题。

3.1.6　存在的主要问题

(1)本年度是保证 1994 年发电的关键年,土建工程和机电安装将出现平行和交叉作业,图纸务必按计划要求日期供应。

(2)本年度是混凝土施工的高峰年,当前水泥、钢材等大宗材料供应极度紧张,各方应组织好相应的供应,以保障施工进度的要求。

3.2 监理人对该年度施工计划的批复意见

监理人对该年度施工计划的批复意见见表7-4。

表7-4 批复表

（监理[　　]批复　　号）

合同名称：　　　　　　　　　　　　　　　　　　　　　　　　合同编号：

致:(承包人现场机构) 你方于______年____月____日报送的__________________(文号:________),经监理机构审核,批复意见如下: (1)关于压力管道工程。计划要排在1993年年底以前完成钢衬段的全部钢管安装与混凝土浇筑是可行的。为使上平段衬砌施工不受到过大的干扰,要求在1993年年底以前完成斜管段钢筋混凝土衬砌工程量的40%,并保证在1994年4月底以前完成斜管段钢筋混凝土衬砌。为满足施工总进度要求,应于1993年6月提供钢衬段钢管安装工作面,7月开始钢管安装,年内完成全部钢管安装和钢衬段混凝土浇筑。 (2)根据1月6日会议商定的关于安装间的供图计划。1月15日提供底板埋件图,2月20日提供隔墙与柱子的钢筋图及埋件图,3月20日提供楼板钢筋图及埋件图。因此,安装间混凝土浇筑应于4月中旬全部完成,并于5月中旬开始安装行车,6月下旬行车可投入使用。 附件: 监理机构:(名称及盖章) 总监理工程师:(签名) 日期:　　年　　月　　日
今已收到监理[　　]批复　　号。 承包人:(现场机构名称及盖章) 签收人:(签名) 日期:　　年　　月　　日

说明:1. 本表一式__份,由监理机构填写。承包人签收后,发包人__份、监理机构__份、承包人__份。
2. 一般批复由监理工程师签发,重要批复由总监理工程师签发。

任务3 实际施工进度的检查

1 施工进度的检查

通常,监理可采取如下措施了解现场施工进度情况。

1.1 定期检查承包人的进度报表资料

在合同实施过程中,监理工程师应随时监督、检查和分析承包商的施工日志,其中包括了日进度报表和作业状况表。报表的形式可由监理工程师提供或由承包人提供经监理工程师同意后实施。施工对象的不同，报表的内容有所区别，通常包括下列内容。

1.1.1　日进度报表

日进度报表一般应包括如下内容：

(1)工程名称；

(2)施工工作项目名称；

(3)发包人名称；

(4)承包人名称；

(5)监理单位名称；

(6)当日水文、气象记录；

(7)工作进展描述；

(8)人员使用情况；

(9)材料消耗情况；

(10)施工设备使用情况；

(11)发生的重要事件及其处理；

(12)报表编号及日期；

(13)签名。

表7-5给出一种日进度报表的参考形式。根据监理工程师的要求，承包人可提供周或月进度报告(与日进度报告类似)。

表7-5　日进度报表

工程名称(或合同号)__________　　日　　期__________

监理单位______________　　承 包 人__________

气象描述______________　　水文记录__________

编号	工作内容	班组长	工人数	机械	主要材料及其用量	工作内容	备注
⋮							

填表人____________　　填表时间____________

审核人____________　　审核时间____________

1.1.2　作业状况表

作业状况表的形式如表7-6所示。

显然，如果承包人能真实而准确地填写这些进度报表，监理机构就能从中了解到工程进展的实际状况。

为了保证承包人施工记录的真实性，监理机构一般提出要求，施工日志应始终保留在现场，供监理工程师监督、检查。

表 7-6 作业状况表

工程名称(或合同号)______

监理单位______ 承包人______

编号	工作内容	计划/(实际)	本期完成情况			到本期为止总的完成情况											
			数量	单位	%	数量	单位	10	20	30	40	50	60	70	80	90	100(%)
								(用横道表示)									

填表人______ 填表时间______

审核人______ 审核时间______

1.2 跟踪检查进度执行情况

监理人员进驻施工现场,具体检查进度的实际执行情况,并做好监理日志。为了避免承包人超报完工数量,监理人员有必要进行现场实地检查和监督。在施工现场,监理人员除检查具体的施工活动外,还要注意工程变更对进度计划实施的影响,其中包括:

(1)合同工期的变化。任何合同工期的改变,如竣工日期的延长,都必须反映到实施计划中,并作为强制性的约束条件。

(2)后续工作的变动。有时承包人从自己的利益考虑,未经允许改变一些后续施工活动。一般地,只要这些变动对整个施工进度的关键控制点无影响,监理人员可不加干涉,但是,如果变动大的话,则可能影响到施工活动间正常的逻辑关系,因而对总进度产生影响。因此,现场监理人员要严格监督承包人按计划实施,避免类似情况的发生。

(3)材料供应日期的变更。现场监理人员必须随时了解材料物资的供应情况,了解现场是否出现由于材料供应不上而造成施工进度拖延的现象。

施工日志是监理机构进行施工合同管理的重要记录,应正式整理存档。其作用是:①掌握现场情况,作为进度分析的依据;②处理合同问题中重要的同期记录;③监理机构内部逐级通报进度情况的基础依据,也是监理人向发包人编报进度报告、协助发包人向贷款银行编报进度报告的依据;④是审查承包人进度报告的依据。

1.3 定期召开生产会议

监理人员组织现场施工负责人召开现场生产会议,是获得现场施工信息的另一种重要途径。同时,通过这种面对面的交谈,监理人员还可以从中了解到施工活动潜在的问题,以便及时采取相应的措施。

2 实际施工进度与计划进度的比较和分析

实际进度与计划进度的比较是工程进度监测的主要环节,通过比较可以实时掌握工程施工进展情况，若出现偏差，可及时作出调整。常用的进度比较方法有横道图、S 曲线、香蕉曲线、前锋线、列表比较和形象进度比较法等。

2.1　横道图法

横道图是一种简单、直观的进度控制表图，如图 7-2 所示。施工进度图编制完成后，可进而编制相应的人员、材料、设备、图纸和财务收支等各种计划表。图 7-2 所示工程施工进度中，截至第 9 周末的实际进度挖土方和做垫层两项工作已经完成，支模板按计划也应该完成，但实际只完成 75%，任务量拖欠 25%；绑扎钢筋按计划应该完成 60%，而实际只完成 20%，任务量拖欠 40%。根据图中各项工作的进度偏差，找出实际进度落后的原因，并及时采取必要的补救措施，确保工程如期完成。

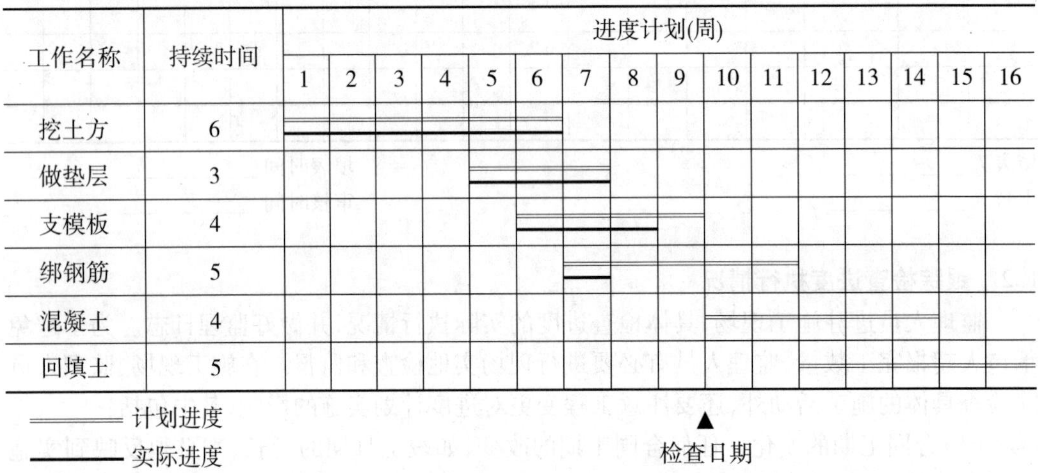

图 7-2　横道式施工进度比较图

横道图法虽有简单、形象直观、易于掌握、使用方便等优点，但由于其以横道图计划为基础，因而带有不可克服的局限性。在横道计划中，各项工作之间的逻辑关系表达不明确，关键工作和关键线路无法确定。一旦某些工作实际进度出现偏差，难以预测其对后续工作和工程总工期的影响，也就难以确定相应的进度计划调整方法。因此，横道图法主要用于工程项目中某些工作实际进度与计划进度的局部比较。

2.2　工程进度曲线法

横道式进度表在计划与实际的对比上，很难准确地表示出实际进度较计划进度超前或延迟的程度，特别对非匀速施工情况更难表达。为了准确掌握工程进度状况，有效地进行进度控制，可利用工程施工进度曲线。

2.1.1　S 曲线法

S 曲线比较法是以横坐标表示时间、纵坐标表示累计完成工程量（也可用累计完成量的百分率表示），绘制的一条按计划时间累计完成工程量的曲线。然后将工程项目实施过程中各检查时间实际累计完成工程量也绘制在同一坐标系中，进行实际进度与计划进度比较的一种方法。

从整个工程项目实际进展全过程看，单位时间投入的资源量一般是开始和结束时较少，中间阶段较多。所以，随工程进展累计完成的任务量则应呈 S 形变化，如图 7-3 所示。

由于其形似英文字母“S”,S 曲线因此而得名。在 S 形施工进度曲线上,除去施工初期及末期的不可避免的影响所产生的凹形部分及凸形部分外,中间的施工强度应尽量呈直线才是合理的计划。

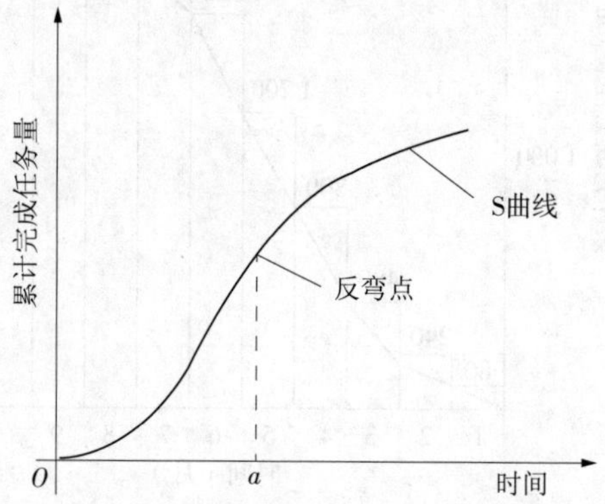

图 7-3　工程量完成情况进度曲线

2. 1. 1. 1　曲线的绘制方法

【案例 7-1】　某混凝土工程的浇筑总量为 2 000 m^3,按照施工方案,计划 9 个月完成,每月计划完成的混凝土浇筑量如图 7-4 所示,试绘制该混凝土工程的计划 S 曲线。

解析:(1) 确定单位时间计划完成任务量。将每月计划完成混凝土浇筑量列于表 7-7 中。

(2)计算不同时间累计完成任务量。依次计算每月计划累计完成的混凝土浇筑量,结果列于表 7-7 中。

(3)绘制 S 曲线。根据每月计划累计完成混凝土浇筑量,绘制 S 曲线,如图 7-5 所示。

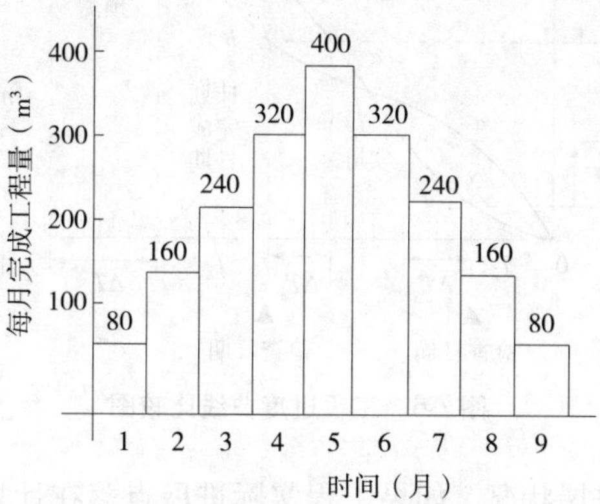

图 7-4　每月完成工程量图

表 7-7　完成工程量汇总表

时间(月)	1	2	3	4	5	6	7	8	9
每月完成工程量(m^3)	80	160	240	320	400	320	240	160	80
累计完成工程量(m^3)	80	240	480	800	1 200	1 520	1 760	1 920	2 000

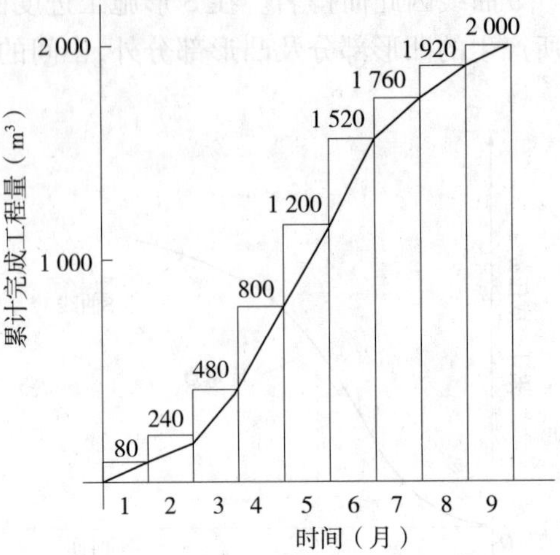

图 7-5　S 曲线图

2.1.1.2　实际进度与计划进度的比较

S 曲线比较法是在工程项目实施过程中,按照规定时间将检查收集到的实际累计完成任务量绘制在原计划 S 曲线坐标图中,得到实际进度 S 曲线,如图 7-6 所示。通过实际进度 S 曲线与计划进度 S 曲线的比较,可获得如下信息:

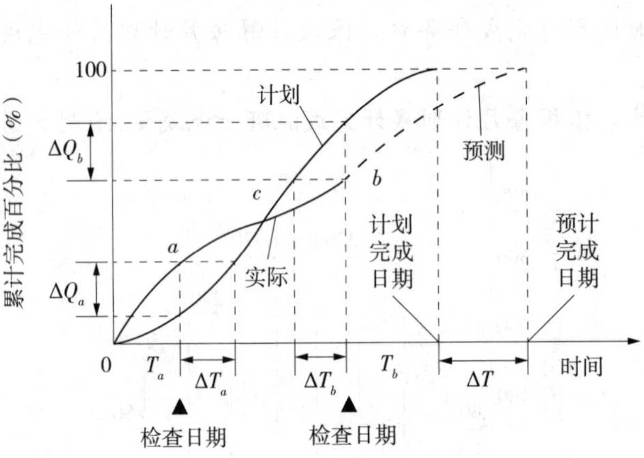

图 7-6　工程进度曲线比较图

(1)工程项目实际进展状况。如果工程实际进展点落在计划 S 曲线的上方,表明此时实际进度比计划进度超前,如图 7-6 中的 a 点;如果工程实际进展点落在计划 S 曲线的下方,表明此时实际进度拖后,如图 7-6 中的 b 点;如果工程实际进展点正好落在计划 S 曲线上,则表示此时实际进度与计划进度一致,如图 7-6 中的 c 点。

(2)进度超前或拖延的时间。如图 7-6 所示,ΔT_a表示 T_a时刻实际进度超前的时间;ΔT_b表示 T_b时刻实际进度拖后的时间。

(3)工程量的完成情况。如图 7-6 所示,ΔQ_a表示 T_a时刻超额完成的工程量,ΔQ_b表示 T_b时刻拖欠的工程量。

(4)后续工程进度预测。如果后期工程按原计划速度进行,则可做出后期工程计划 S 曲线,如图 7-6 中虚线所示,从而可以确定工期拖延预测值 ΔT。

2.2.2　香蕉曲线法

香蕉曲线是由两条 S 曲线组合而成的闭合曲线。由 S 曲线比较法可知,工程累计完成的任务量与计划时间的关系,可以用一条 S 曲线表示。对于一个工程项目的网络计划来说,如果以其中各项工作的最早开始时间安排进度而绘制 S 曲线,称为 ES 曲线;如果以其中各项工作的最迟开始时间安排进度而绘制 S 曲线,称为 LS 曲线。两条 S 曲线具有相同的起点和终点,因此两条曲线是闭合的。在一般情况下,ES 曲线上的其余各点均落在 LS 曲线的相应点的上方。由于该闭合曲线形似"香蕉",故称为香蕉曲线,如图 7-7 所示。

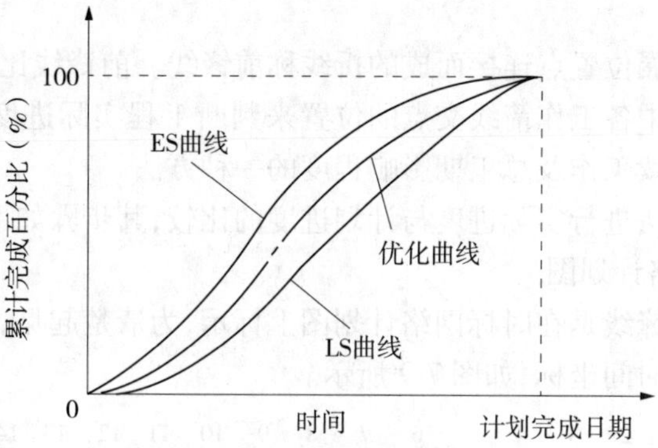

图 7-7　香蕉曲线图

香蕉曲线比较法能直观地反映工程项目的实际进展情况,并可以获得比 S 曲线更多的信息。其主要作用有:

(1)合理安排工程项目进度计划。如果工程项目中的各项工作均按其最早开始时间安排进度,将导致项目的投资加大;而如果各项工作都按其最迟开始时间安排进度,则一旦受到进度影响因素的干扰,又将导致工期拖延,使工程进度风险加大。因此,一个科学合理的进度计划优化曲线应处于香蕉曲线所包络的区域之内。

(2)定期比较工程项目的实际进度与计划进度。在工程项目的实施过程中,根据每次检查收集到的实际完成任务量,绘制出实际进度 S 曲线,便可以与计划进度进行比较。工程项目实施进度的理想状态是任一时刻工程实际进展点应落在香蕉曲线图的范围之内。如果工程实际进展点落在 ES 曲线的上方,表明此刻实际进度比各项工作按其最早开始时间安排的计划进度超前;如果工程实际进展点落在 LS 曲线的下方,则表明此刻实际进度比各项工作按其最迟开始时间安排的计划进度拖后。

(3)预测后期工程进展趋势。利用香蕉曲线可以对后期工程的进展情况进行预测。例如在图 7-8 中,该工程项目在检查日实际进度超前。检查日期之后的后期工程进度安排如图中虚线所示,预计该工程项目将提前完成。

2.3　前锋线比较法

在时标网络计划图中,在原时标网络计划上,从检查时刻的时标点出发,用点画线依

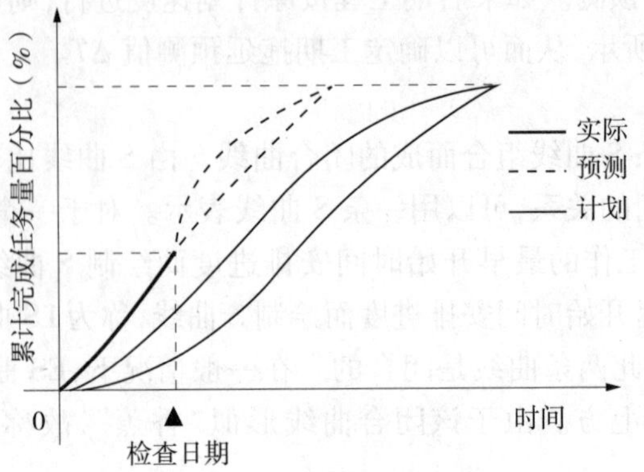

图 7-8　工程进展趋势预测图

次将各项工作实际进展位置点连接而成的折线称前锋线。前锋线比较法是通过实际进度前锋线与原进度计划中各工作箭线交点的位置来判断工程实际进度与计划进度的偏差，进而判定该偏差对后续工作及总工期影响程度的一种方法。

采用前锋线比较法进行实际进度与计划进度的比较，其步骤如下。

(1)绘制时标网络计划图

工程实际进度前锋线是在时标网络计划图上标示，为清楚起见，可在时标网络计划图的上方和下方各设一时间坐标，如图 7-9 所示。

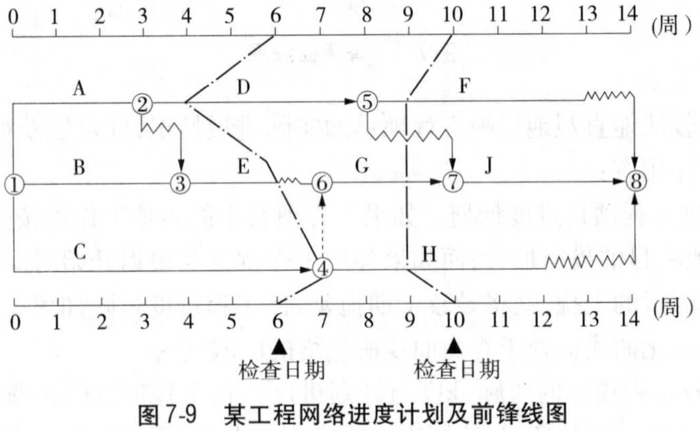

图 7-9　某工程网络进度计划及前锋线图

(2)绘制实际进度前锋线

一般从时标网络计划图上方时间坐标的检查日期开始绘制，依次连接相邻工作的实际进展位置点，最后与时标网络计划图下方坐标的检查日期相连接，如图 7-9 所示。工作实际进展位置点的标定方法有两种：

①按该工作已完任务量比例进行标定。假设工程项目中各项工作均为匀速进展，根据实际进度检查时刻该工作已完任务量占其计划完成总任务量的比例，在工作箭线上从左至右按相同的比例标定其实际进展位置点。如图 7-9 所示，6 周末检查时，D 工作完成计划工程量的 20%，则 D 工作的实际进展点在 4 周末。

②按尚需作业时间进行标定。当某些工作的持续时间难以按实物工程量来计算而只

能凭经验估算时,可以先估算出检查时刻到该工作全部完成尚需作业的时间,然后在该工作箭线上(实线部分)从右向左逆向标定其实际进展位置点。如图7-9所示,10周末检查时,F工作尚需4周才能完成,则F工作的实际进展点在9周末。

(3)实际进度与计划进度的比较

前锋线可以直观地反映出检查日期有关工作实际进度与计划进度之间的关系。对某项工作来说,其实际进度与计划进度之间的关系可能存在以下三种情况:

①工作实际进展位置点落在检查日期的左侧,表明该工作实际进度拖后,拖后的时间为二者之差。如图7-9所示,D工作拖延,拖延时间为:4周-6周=-2周。

②工作实际进展位置点与检查日期重合,表明该工作实际进度与计划进度一致。如图7-9所示的E工作。

③工作实际进展位置点落在检查日期的右侧,表明该工作实际进度超前,超前的时间为二者之差。如图7-9所示,C工作提前完成,提前时间为:7周-6周=1周。

(4)预测进度偏差对后续工作及总工期的影响

通过实际进度与计划进度的比较确定进度偏差后,还可根据工作的自由时差和总时差预测该进度偏差对后续工作及项目总工期的影响。如图7-9所示,D工作的自由时差为0,总时差为1周,所以D工作影响F工作的开始时间2周,影响总工期1周。由此可见,前锋线比较法既适用于工作实际进度与计划进度之间的局部比较,又可用来分析和预测工程项目整体进度状况。

2.4 列表比较法

当工程进度计划用非时标网络图表示时,可以采用列表比较法进行实际进度与计划进度的比较。这种方法是记录检查日期应该进行的工作名称及其已经作业的时间,然后列表计算有关时间参数,并根据工作总时差进行实际进度与计划进度比较的方法。

采用列表比较法进行实际进度与计划进度的比较,其步骤如下:

(1)对于实际进度检查日期应该进行的工作,根据已经作业的时间,确定其尚需作业时间。

(2)根据原进度计划计算检查日期应该进行的工作从检查日期到原计划最迟完成时尚余时间。

(3)计算工作尚有总时差,其值等于工作从检查日期到原计划最迟完成时间尚余时间与该工作尚需作业时间之差。

(4)比较实际进度与计划进度,可能有以下几种情况:

①如果工作尚有总时差与原有总时差相等,说明该工作实际进度与计划进度一致;

②如果工作尚有总时差大于原有总时差,说明该工作实际进度超前,超前的时间为二者之差;

③如果工作尚有总时差小于原有总时差,且仍为非负值,说明该工作实际进度拖后,拖后的时间为二者之差,但不影响总工期;

④如果工作尚有总时差小于原有总时差,且为负值,说明该工作实际进度拖后,拖后的时间为二者之差,此时工作实际进度偏差将影响总工期。

【案例7-2】 某工程项目进度计划及前锋线如图7-9所示。该计划执行到第10周末检查实际进度时，发现工作A、B、C、D、E已经全部完成，工作F已进行1周，工作G和工作H均已进行2周，试用列表比较法进行实际进度与计划进度的比较。

解析：根据工程项目进度计划及实际进度检查结果，可以计算出检查日期应进行工作的尚需作业时间、原有总时差及尚有总时差等，计算结果见表7-8。通过比较尚有总时差和原有总时差，即可判断目前工程实际进展状况。

表7-8 工程进度检查比较

工作代号	工作名称	检查计划时尚需作业周数	到计划最迟完成时尚余周数	原有总时差	尚有总时差	情况判断
5－8	F	4	4	1	0	拖后1周，但不影响工期
6－7	G	1	0	0	－1	拖后1周，影响工期1周
4－8	H	3	4	2	1	拖后1周，但不影响工期

2.5 形象进度图法

形象进度图是把工程计划以建筑物形象进度来表达的一种控制方法。这种方法系直接将工程项目进度目标和控制工期标注在工程形象图的相应部位，故其非常直观，进度计划一目了然，它特别适用于施工阶段的进度控制。此法修改调整进度计划亦极为简便，只需修改日期、进程，而形象图像依然保持不变。

图7-10是国内某水库碾压混凝土坝工程1993年形象进度计划，该坝沿坝长范围共划分为65个坝段，在1993年4～10月年度施工期内，各坝段施工进度计划均形象而直观地表示在图中。

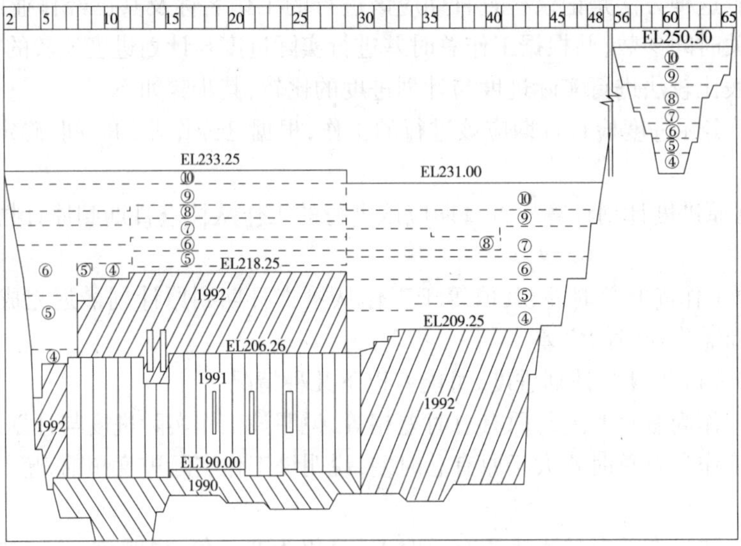

图7-10 某水库大坝混凝土浇筑1993年形象进度图

3 分析进度偏差对后续工作及总工期的影响

在工程项目实施过程中，当通过实际进度与计划进度的比较，发现有进度偏差时，需要分析该偏差对后续工作及总工期的影响,从而采取相应的调整措施对原进度计划进行调整,以确保工期目标的顺利实现。进度偏差的大小及其所处的位置不同,对后续工作和总工期的影响程度是不同的,分析时需要利用网络计划中工作总时差和自由时差的概念进行判断。

分析步骤如下:

(1)分析出现进度偏差的工作是否为关键工作。

如果出现进度偏差的工作位于关键线路上,即该工作为关键工作,则无论其偏差有多大,都将对后续工作和总工期产生影响,必须采取相应的调整措施;如果出现偏差的工作是非关键工作,则需要根据进度偏差值与总时差和自由时差的关系作进一步分析。

(2)分析进度偏差是否超过总时差。

如果工作的进度偏差大于该工作的总时差,则此进度偏差必将影响其后续工作和总工期,必须采取相应的调整措施;如果工作的进度偏差未超过该工作的总时差,则此进度偏差不影响总工期。至于对后续工作的影响程度,还需要根据偏差值与其自由时差的关系作进一步分析。

(3)分析进度偏差是否超过自由时差。

如果工作的进度偏差大于该工作的自由时差,则此进度偏差将对其后续工作产生影响,此时应根据后续工作的限制条件确定调整方法;如果工作的进度偏差未超过该工作的自由时差,则此进度偏差不影响后续工作,因此原进度计划可以不作调整。

进度偏差的分析判断过程如图 7-11 所示。通过分析,进度控制人员可以根据进度偏差的影响程度,制定相应的纠偏措施进行调整,以获得符合实际进度情况和计划目标的新进度计划。

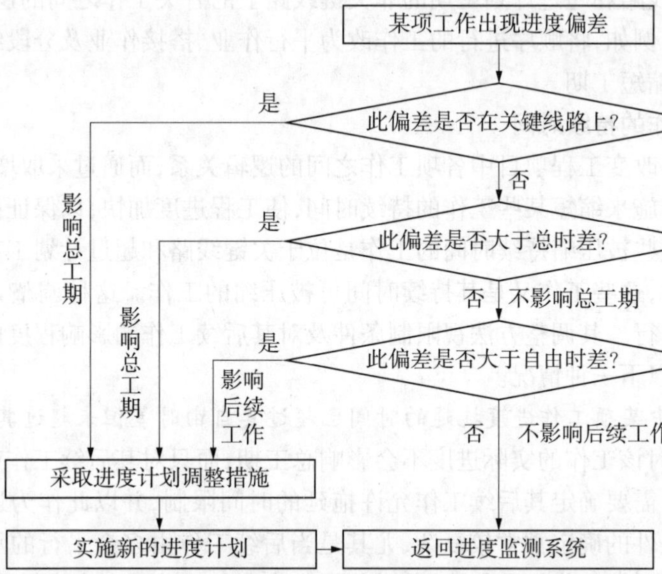

图 7-11　进度偏差对后续工作和总工期影响分析过程图

在施工进度检查、监督中,监理机构如果发现实际进度较计划进度拖延,一方面应分析这种偏差对工期的影响,另一方面分析造成进度拖延的原因。若工程拖延属业主责任或风险范围,则在保留承包人工期索赔权力的情况下,经发包人同意,批准工程延期或发出加速施工指令,同时商定由此给承包人造成的费用补偿;若属承包人自己的责任或风险造成的进度拖延,则监理可视拖延程度及其影响,发出相应级别的赶工指令,要求承包人加快施工进度,必要时应调整其施工进度计划,直到监理满意为止。需要强调的是,当进度拖延时,监理切记不能不区分责任,一味指责承包人施工进度太慢,要求加快进度。这样处理问题极易中伤承包人的积极性和合作精神,对工程进展是无益处的。事实上,若进度拖延是属于发包人责任或发包人风险造成的,即使监理工程师没有主动明确这一点,事后承包人一般也会通过索赔得到利益补偿。

任务 4　进度计划实施中的调整和协调

无论何时,如果监理认为工程的实际进度不符合经监理同意的进度计划时,承包人应根据监理的要求提出一份经过调整的进度计划,表明为保证工程按期竣工而对原计划所作的修改。

1　进度计划的调整方式

当实际进度偏差影响到后续工作或总工期而需要调整进度计划时,其调整方式主要有两种。

1.1　改变某些工作间的逻辑关系

当工程项目实施中产生的进度偏差影响到总工期,且有关工作的逻辑关系允许改变时,可以改变关键线路和超过计划工期的非关键线路上的有关工作之间的逻辑关系,达到缩短工期的目的。例如,将顺序进行的工作改为平行作业、搭接作业及分段组织流水作业等,都可以有效地缩短工期。

1.2　缩短某些工作的持续时间

这种方法是不改变工程项目中各项工作之间的逻辑关系,而通过采取增加资源投入、提高劳动效率等措施来缩短某些工作的持续时间,使工程进度加快,以保证按计划工期完成该工程项目。这些被压缩持续时间的工作是位于关键线路和超过计划工期的非关键线路上的工作。同时,这些工作又是其持续时间可被压缩的工作。这种调整方法通常可以在网络图上直接进行。其调整方法视限制条件及对其后续工作的影响程度的不同而有所区别,一般可分为以下三种情况。

1.2.1　网络计划中某项工作进度拖延的时间已超过其自由时差但未超过其总时差

如前所述,此时该工作的实际进度不会影响总工期,而只对其后续工作产生影响。因此,在进行调整前,需要确定其后续工作允许拖延的时间限制,并以此作为进度调整的限制条件。该限制条件的确定常常较复杂,尤其是当后续工作由多个平行的承包单位负责实施时更是如此。后续工作如不能按原计划进行,在时间上产生的任何变化都可能使合同不能正常履行,而导致蒙受损失的一方提出索赔。因此,寻求合理的调整方案,把进度拖延对后续工作的影响减少到最低程度,是监理工程师的一项重要工作。

1.2.2 网络计划中某项工作进度拖延的时间超过其总时差

如果网络计划中某项工作进度拖延的时间超过其总时差,则无论该工作是否为关键工作,其实际进度都将对后续工作和总工期产生影响。此时,进度计划的调整方法又可分为以下三种情况:

(1)如果工程总工期不允许拖延,工程项目必须按照原计划工期完成,则只能采取缩短关键线路上后续工作持续时间的方法来达到调整计划的目的。

(2)如果工程总工期允许拖延,则此时只需以实际数据取代原计划数据,并重新绘制实际进度检查日期之后的简化网络计划即可。

(3)如果工程总工期允许拖延,但允许拖延的时间有限,则当实际进度拖延的时间超过此限制时,也需要对网络计划进行调整,以便满足要求。具体的调整方法是以总工期的限制时间作为规定工期,对检查日期之后尚未实施的网络计划进行工期优化,即通过缩短关键线路上后续工作持续时间的方法来使总工期满足规定工期的要求。

以上三种情况均是以总工期为限制条件来调整进度计划的。值得注意的是,当某项工作实际进度拖延的时间超过其总时差而需要对进度计划进行调整时,除需考虑总工期的限制条件外,还应考虑网络计划中后续工作的限制条件,特别是对总进度计划的控制更应注意这一点。因为在这类网络计划中,后续工作也许就是一些独立的合同段。时间上的任何变化,都会带来协调上的麻烦或者引起索赔。因此,当网络计划中某些后续工作对时间的拖延有限制时,同样需要以此为条件,按前述方法进行调整。

1.2.3 网络计划中某项工作进度超前

监理机构对建设工程实施进度控制的任务就是在工程进度计划的执行过程中,采取必要的组织协调和控制措施,以保证建设工程按期完成。在建设工程计划阶段所确定的工期目标,往往是综合考虑了各方面因素而确定的合理工期。因此,时间上的任何变化,无论是进度拖延还是超前,都可能造成其他目标的失控。例如,在一个建设工程施工总进度计划中,由于某项工作的进度超前,致使资源的需求发生变化,而打乱了原计划对人、材、物等资源的合理安排,亦将影响资金计划的使用和安排,特别是当多个平行的承包单位进行施工时,由此引起后续工作时间安排的变化,势必给监理的协调工作带来许多麻烦。因此,如果建设工程实施过程中出现进度超前的情况,进度控制人员必须综合分析进度超前对后续工作产生的影响,并同承包单位协商,提出合理的进度调整方案,以确保工期总目标的顺利实现。

2 施工进度的控制

经过施工实际进度与计划进度的对比和分析,若进度的拖延对后续工作或工程工期影响较大,监理人不容忽视,应及时采取相应措施。如果进度拖延不是由于承包人的原因或风险造成的,应在剩余网络计划分析的基础上,着手研究相应措施(如发布加速施工指令、批准工程工期延期或加速施工与部分工程工期延期的组合方案等),并征得发包人同意后实施,同时应主动与发包人、承包人协调,决定由此应给予承包人相应的费用补偿;如果工程施工进度拖延是由于承包人的原因或风险造成的,监理机构可发出赶工指令,要求承包人采取措施,修正进度计划,以使监理人满意。监理机构在审批承包人的修正进度计划时,可根据剩余网络的分析结果作以下考虑。

2.1 在原计划范围内采取赶工措施

2.1.1 在年度计划内调整

此种调整是最常见的。当月计划未完成,一般要求在下个月的施工计划中补上。如果由于某种原因(例如发生大的自然灾害,或材料、设备、资金未能按计划要求供应等),计划拖欠较多时,则要求在季度或年度的其他月份内调整。根据以往的经验,承包人报送的月(或季)施工进度计划,往往会出现两种情况,在审查时应注意:

(1)不管过去月份完成情况如何,在每月的施工进度计划中照抄年度计划安排的相应月的数量。这种事例不少,是一种图省事的偷懒做法,不符合进度控制要求。监理人在审批时应指出其存在的问题,并结合实际可能(采取各种有效措施后能够达到的进度),下达下月(或下一季度)的施工进度计划。

(2)不按年度施工进度计划的要求,而按当月(或季)达到的或预计比较易于达到的进度来安排下一月(或季)的施工进度计划。例如有的承包人认为,按年度计划调整月(季)计划时需要有较多的投入,施工难度较大,完成无把握,不如把目标定低一点实现起来比较容易。

2.1.2 在合同工期内的跨年度调整

工程的年度施工进度计划是报上级主管部门审查批准的,大工程还须经国家批准,因此是属于国家计划的一部分,应有其严肃性,当年计划应力争在当年内完成。只有在出现意外情况(例如发生超标准洪水,造成很大损失,出现严重的不良地质情况,材料、设备、资金供应等无法保证时),承包人通过各种努力仍难完成年度计划时,允许将部分工程施工进度后延。在这种情况下,调整当年剩余月份的施工进度计划时应注意:

(1)合同书上规定的工程控制日期不能变,因为它是关键线路上的工期。例如河床截流、向下一工序的承包人移交工作面、某项工程完工等,若拖后很可能引起发电工期顺延,还可能引起下一工序承包人的索赔。

(2)影响上述工程控制工期的关键线路上的施工进度应保证,尽可能只调整非关键线路上的施工进度。

当年的月(季)施工进度计划调整需跨年度时,应结合总进度计划调整考虑。

2.2 超过合同工期的进度调整

当进度拖延造成的影响在合同规定的控制工期内调整计划已无法补救时,只有调整控制工期。这种情况只有在万不得已时才允许。调整时应注意:

(1)先调整投产日期外的其他控制日期。例如:截流日期拖延可考虑以加快基坑施工进度来弥补,厂房土建工期拖延可考虑以加快机电安装进度来弥补,开挖时间拖延可考虑以加快浇筑进度来弥补,以不影响第一台机组发电时间为原则。

(2)经过各方认真研究讨论,采取各种有效措施仍无法保证合同规定的总工期时,可考虑将工期后延,但应在充分论证的基础上报上级主管部门审批。进度调整应使竣工日期推迟最短。

2.3 工期提前的调整

当控制投产日期的项目完成计划较好,且根据施工总进度安排,其后续施工项目和施工进度有可能缩短时,应考虑工程提前投产的可能性。例如某电站工程,厂房枢纽标计划完成较好,机组安装力量较强,工期有可能提前;首部枢纽标修改了基础防渗方案后,进度明显加快,有条件提前下闸蓄水;引水隧洞由于主客观原因,进度拖后较多,成了控制工程发电工期的拦路虎,这时就应想办法把引水隧洞进度赶上去。

一般情况下,只要能达到预期目标,调整应越少越好。在进行项目进度调整时,应充分考虑如下各方面因素的制约:

(1)后续施工项目合同工期的限制。

(2)进度调整后,给后续施工项目会不会造成赶工或窝工而导致其工期和经济上遭受损失。

(3)材料物资供应需求上的制约。

(4)劳动力供应需求的制约。

(5)工程投资分配计划的制约。

(6)外界自然条件的制约。

(7)施工项目之间逻辑关系的制约。

(8)进度调整引起的支付费率调整。

3 监理的协调

3.1 承包人之间的进度协调

当一个建设工程分为几个标进行招标施工时,各标同在一个工地上施工,相互之间难免会发生相互干扰,出现这样或那样的分歧和矛盾,需要有人从中进行协调。为了便于协调工作的进行,通常合同文件都有规定:承包人应为发包人及其聘用的第三方实施工程项目的施工、安装或其他工作,提供必要的工作条件和生活条件。如施工工序的衔接,施工场地的使用,风、水、电的提供。由于承包人与承包人之间无合同关系,他们之间的协调工作应由监理机构进行。因此,合同文件中一般也规定,承包人应按照监理工程师的指示改变作业顺序和作业时间。协调工作是非常复杂的,往往涉及经济问题。因此,在工程分标时就应尽量避免分标过小,导致标与标之间的干扰加大。如何组织各标之间的衔接,使工程施工能顺利交接并协调有序地进行,是监理机构的一项重要任务。协调工作可大致分为以下几方面。

3.1.1 工程总进度协调

工程总进度协调的主要任务是把每个承包人的施工组织设计、单项工程施工措施和年、季、月施工进度计划纳入总进度计划协调中,以保证总目标的实现。

3.1.2 施工干扰的协调

承包人之间发生施工干扰,往往表现在下列几个方面:

(1)几家承包人共用一条交通道路的协调。

(2)几家承包人共同交叉使用一个场地的协调。

(3)承包人之间交叉使用对方的施工设备和临时设施的协调。

(4)某一承包人损坏了另一承包人的临时设施的协调。

(5)两标紧邻部位的施工干扰的协调。

(6)两标施工场地和工作面移交的协调。

3.2 承包人与发包人之间的协调

合同文件在规定承包人应完成的任务的同时,也规定了发包人应该提供的施工条件。如承包人进场时的水、电、路、通信、场地、施工过程中涉及的进一步应给出的场地、工程设备、图纸(由发包人委托设计单位完成)、资金等。有时发包人与承包人之间在上述方面由于某种原因发生冲突,监理机构应做好协调工作。

【案例7-3】 由于制造厂家发生事故,水轮机的到货时间拖后2个月。已知水轮机安装的总机动时间为1.5个月。监理机构在分析拖期原因的基础上,通知承包人。通知书如下:

进度计划存在的问题及补救措施报告

(工程名称:×××,合同编号:×××)

致:项目经理　　　　报告编号:

日　期

报告人:

存在问题的工区:5号机组段。

问题:原进度计划中5号机组水轮机到货日期迟2个月。

紧急程度:-0.5个月

问题影响:①将拖延水轮机安装时间2个月;

②将使发电时间拖延0.5个月。

承包商将拟采取挽回工期措施提供监理工程师并征得同意。措施为:

补救措施	挽回时间
①派代表驻在制造厂催货	+10天
②用汽车运输代替火车运输	+8天
总计挽回:	18天

3.3 图纸供应的协调

大多数情况下,合同规定工程的施工图纸由发包人提供(发包人通过设计承包合同委托设计单位提供),由监理机构签发,提交承包人实施。为了避免施工进度与图纸供应的不协调,合同一般规定,在承包人提交施工进度计划的同时,提交图纸供应计划,以得到监理的同意。在施工计划实施过程中,监理应协调好施工进度和设计单位的设计进度。当实际供图时间与承包商的施工进度计划发生矛盾时,原则上应尽量满足施工进度计划的要求;若设计工作确有困难,应对施工进度计划作适当调整。

任务5　施工暂停管理

1　暂停施工的原因

1.1 需发包人同意的暂停施工

在发生下列情况之一时,监理机构应向发包人提出暂停施工的建议,经发包人同意后签发暂停施工指示。同时应根据停工的影响范围和程度，明确停工范围。

(1)工程继续施工将会对第三者或社会公共利益造成损害。

(2)为了保证工程质量、安全所必要。

(3)承包人发生合同约定的违约行为，且在合同约定时间内未按监理机构指示纠正其违约行为，或拒不执行监理机构的指示，从而将对工程质量、安全、进度和资金控制产生严重影响，需要停工整改。

1.2 不需发包人同意的暂停施工

发生了须暂时停止施工的紧急事件，如恶性现场施工条件、事故等(隧洞塌方、地基沉陷等)，监理机构应立即签发暂停施工指示，并及时向发包人报告。同时，监理机构应要求承包人采取积极措施并对现场施工组织作出合理安排，以尽量减少损失和停工影响。

在发生下列情况之一时，监理机构可签发暂停施工指示，并抄送发包人。

(1)发包人要求暂停施工。这时监理机构应事前通知承包人，要求承包人对现场施工组织作出合理安排，以尽量减少停工影响与损失。

(2)承包人未经许可即进行主体工程施工时，改正这一行为引起的局部停工。

(3)承包人未按照批准的施工图纸进行施工时，改正这一行为所需要的局部停工。

(4)承包人拒绝执行监理机构的指示，可能会出现工程质量问题或造成安全事故隐患，改正这一行为所需要的局部停工。

(5)承包人未按照批准的施工组织设计或施工措施计划施工，或承包人的人员不能胜任作业要求，可能会出现工程质量问题或存在安全事故隐患，改正这些行为所需要的局部停工。

(6)发现了承包人所使用的施工设备、原材料或中间产品不合格，或发现工程设备不合格，或发现影响后续施工的不合格的单元工程(工序)，处理这些问题所需要的局部停工。

1.3 发包人原因的暂停施工

若由于发包人的责任需要暂停施工，监理机构未及时下达暂停施工指示时，在承包人提出暂停施工的申请后，监理机构应及时报告发包人并在施工合同约定的时间内回复承包人。

2 暂停施工的责任

2.1 承包人的责任

发生下列暂停施工事件，属于承包人的责任：

(1)由于承包人违约引起的暂停施工。

(2)由于现场非异常恶劣气候条件引起的正常停工。

(3)为工程的合理施工和保证安全所必须的暂停施工。

(4)未得到监理人许可的承包人擅自停工。

(5)其他由于承包人原因引起的暂停施工。

上述事件引起的暂停施工，承包人不能提出增加费用和延长工期的要求。

2.2 发包人的责任

发生下列暂停施工事件，属于发包人的责任：

(1)由于发包人违约引起的暂停施工。

(2)由于不可抗力的自然或社会因素引起的暂停施工。

(3)其他由于发包人原因引起的暂停施工。

上述事件引起的暂停施工造成的工期延误，承包人有权提出工期索赔要求。

3 暂停施工的处理

下达暂停施工指示后，监理机构应：

(1)指示承包人妥善照管工程，做好停工期间的记录。

(2)督促有关方及时采取有效措施，排除影响因素，为尽早复工创造条件。

(3)具备复工条件后，监理机构应及时签发复工通知，并明确复工范围，指示承包人执行。

(4)在工程复工后，监理机构应及时按施工合同约定处理因工程暂停施工引起的有关事宜。

3.1 暂停施工指示

(1)监理机构认为有必要并征得发包人同意后(紧急事件可在签发指示后及时通知发包人)，可向承包人发布暂停工程或部分工程施工的指示，承包人应按指示的要求立即暂停施工。不论由于何种原因引起的暂停施工，承包人应在暂停施工期间负责妥善保护工程和提供安全保障。暂停施工指示如表7-9所示。

(2)若发生由承包人责任引起的暂停施工时，承包人在收到监理机构暂停施工指示后56 d内不积极采取措施复工造成工期延误，则应视为承包人违约，可按施工合同有关承包人违约的规定办理。

(3)由于发包人的责任发生暂停施工的情况时，若监理机构未及时下达暂停施工指示，承包人可向其提出暂停施工的书面请求，监理机构应在接到请求后的48 h内予以答复，若不按期答复，可视为承包人请求已获同意。暂停施工报审如表7-10所示。

3.2 复工通知

工程暂停施工后，监理人应与发包人和承包人协商采取有效措施积极消除停工因素的影响。当工程具备复工条件时，监理机构应立即向承包人发出复工通知，承包人收到复工通知后，应在监理机构指定的期限内复工。若承包人无故拖延和拒绝复工，由此增加的费用和工期延误责任由承包人承担。复工申请如表7-11所示，复工通知如表7-12所示。

3.3 暂停施工持续56 d以上

(1)若监理机构在下达暂停施工指示后56 d内仍未给予承包人复工通知，除该项停工属于承包人责任的情况外，承包人可向监理机构提交书面通知，要求监理机构在收到书面通知后28 d内准许已暂停施工的工程或其中一部分工程继续施工。若监理机构逾期不予批准，则承包人有权作出以下选择：当暂时停工仅影响合同中部分工程时，按合同有关变更条款规定将此项停工工程视作可取消的工程，并通知监理机构；当暂时停工影响整个工程时，可视为发包人违约，应按合同有关发包人违约的规定办理。

表 7-9 暂停施工指示

（监理[ ]停工 号）

合同名称： 合同编号：

致（承包人现场机构）： 由于下述原因，现通知你方于___年___月___日___时对___________________工程项目暂停施工。 暂停施工范围说明： 暂停施工原因： 引用合同条款或法规依据： 暂停施工期间要求： 监理机构：（名称及盖章） 总监理工程师：（签名） 日期： 年 月 日
承包人：（现场机构名称及盖章） 签收人：（签名） 日期： 年 月 日

说明：本表一式__份，由监理机构填写，承包人签收后，发包人__份、设代机构__份、监理机构__份、承包人__份。

表 7-10 暂停施工报审表

（承包[ ]暂停 号）

合同名称： 合同编号：

致（监理机构）： 由于发生本申请所列原因，造成工程无法正常施工，依据施工合同约定，我方申请对所列工程项目暂停施工。 附件： 承包人：（现场机构名称及盖章） 项目经理：（签名） 日期： 年 月 日	
暂停施工工程项目范围/部位	
暂停施工原因	
引用合同条款	
审批意见： 监理机构：（名称及盖章） 总监理工程师：（签名） 日期： 年 月 日	

说明：本表一式__份，由承包人填写，监理机构审批后，随同审批意见，发包人__份、监理机构__份、承包人__份。

表 7-11　复工申请报审表

（承包[　　]复工　　号）

合同名称：　　　　　　　　　　　　　　　　　　　　　　合同编号：

<table>
<tr><td>致（监理机构）：
____________工程项目，依据□暂停施工指示（监理[　　]停工　　号）/□批准的暂停施工报审表（承包[　　]暂停　号），已于____年____月____日____时暂停施工。鉴于致使该工程的停工因素已经消除，复工准备工作已就绪，特申请复工，请贵方审批。

附件：1. 停工因素消除情况说明。
　　　2. 复工条件情况说明。

承包人：（现场机构名称及盖章）
项目经理：（签名）
日期：　　年　　月　　日</td></tr>
<tr><td>审批意见：

监理机构：（名称及盖章）
总监理工程师：（签名）
日期：　　年　　月　　日</td></tr>
</table>

说明：本表一式__份，由承包人填写。监理机构审批后，发包人__份、监理机构__份、承包人__份。

表 7-12　复工通知

（监理[　　]复工　　号）

合同名称：　　　　　　　　　　　　　　　　　　　　　　合同编号：

<table>
<tr><td>致（承包人现场机构）：
鉴于暂停施工指示（监理[　　]停工　　号）所述原因已经□全部/□部分消除，你方可于____年____月____日____时起对____________________工程下列范围恢复施工。

复工范围：□监理[　　]停工　　号指示的全部暂停施工项目。
　　　　　□监理[　　]停工　　号指示的下列暂停施工项目：

监理机构：（名称及盖章）
总监理工程师：（签名）
日期：　　年　　月　　日</td></tr>
<tr><td>承包人：（现场机构名称及盖章）
签收人：（签名）
日期：　　年　　月　　日</td></tr>
</table>

说明：本表一式__份，由监理机构填写。承包人签收后，发包人__份、设代机构__份、监理机构__份、承包人__份。

任务6 施工进度报告

在合同实施过程中,为了掌握和上报工程进度进展情况,需要对前阶段的工程施工进展进行统计、总结,编制各种进度报告。

1 承包人向监理机构提交的月进度报告

合同文件一般规定,承包人在次月(结算月通常为上月26日至当月25日)将当月施工进度报告递交监理机构。施工进度报告一般包括以下内容:

(1)工程施工进度概述。

(2)本月现场施工人员报表。

(3)现场施工机械清单和机械使用情况清单。

(4)现场工程设备清单。

(5)本月完成的工程量和累计完成的工程量。

(6)本月材料入库清单、消耗量、库存量、累计消耗量。

(7)工程形象进度描述。

(8)水文、气象记录资料。

(9)施工中的不利影响。

(10)要求解释或解决的问题。

监理机构对承包人进度报告的审查,一方面可以掌握现场情况,了解承包人要求解释的疑问和解决的问题,更好地做好进度控制;另一方面,监理机构对报告中工程量统计表和材料统计表的审核,也是向承包人开具支付凭证的依据。

2 监理机构编写的进度报告

2.1 给发包人编报的进度报告

在施工监理中,现场记录、资料整理、文档管理是监理工程师的重要任务之一。监理机构应组织有关人员做好现场监理日志,并每周做出小结,在每月开具支付款凭证报发包人签字的同时,应向业主编报月进度报告,使发包人系统地了解、掌握工程的进展情况及监理机构的合同管理情况。按工程施工的更长时段(如年、季),也要向发包人编报进度报告。进度报告一般包括如下内容:

(1)工程施工进度概述。

(2)工程的形象进度和进度描述。

(3)月内完成工程量及累计完成工程量统计。

(4)月内支付额及累计支付额。

(5)发生的设计变更、索赔事件及其处理。

(6)发生的质量事故及其处理。

(7)要求业主下阶段解决的问题。

2.2 协助发包人编写给贷款银行的进度报告

根据贷款银行的要求,发包人应定期给贷款银行编报进度报告,其主要内容为:

(1)信函。

(2)概述。

(3)按分标编报:①合同实施介绍;②施工进度;③进度支付。

3 工程施工形象进度和进度描述

进度报告的内容非常冗长,这里不便全部介绍,下面主要说明施工形象进度描述的方式。形象进度可以采用文字说明附以现场照片、形象图、计划图表等各种形式表示,下面介绍几种主要形式。

3.1 表格形式

表格格式很多,可简可繁。如表7-13所示。

表7-13 工程量表

起讫里程	单位	长度	项目	开挖(折合全断面)				衬砌			
				合计	1#支洞	2#支洞	3#支洞	合计	1#支洞	2#支洞	3#支洞
			月累								
			年累								
			月累								
			年累								

3.2 横道图与工程量累计曲线结合的形式

横道图与工程量累计曲线结合起来描述施工进度的形式,如图7-2所示。其中"双线"表示计划进度,"单线"表示到检查日的实际进度。

3.3 形象进度图

形象进度图的形式,如图7-10所示。

项目 8　施工阶段资金控制

施工阶段工程资金控制是监理的重要工作。因为施工阶段是资本转化的实质性阶段,大量的资金需要实际筹措并投入使用。在施工过程中,监理除根据合同规定支付工程进度款、支付预付款,扣回预付款、扣除质量保证金等,以及办理竣工结算和最终结算外,还要处理可能由于施工现场条件变化、市场条件变化、法规修订、恶劣气候影响、意外风险、合同变更、施工索赔等引起的额外费用支出。为此,监理必须依照合同和国家的法律、法规与政策,做好资金的计划、组织、监督、检查等控制工作。

任务 1　建设工程资金控制概述

建设工程资金控制是随着我国社会主义市场经济体制的建立,在建设领域推行以项目法人责任制、建设监理制和招标投标制等体制过程中产生和发展起来的一门新兴的经济管理学科。建设工程资金控制系统地论述了建设工程资金控制的理论,论述了建设工程实施的各个阶段资金控制的内容和关系,以期使工程建设获得最佳的投资效益。监理企业进行施工阶段工程款支付的流程如图 8-1 所示。

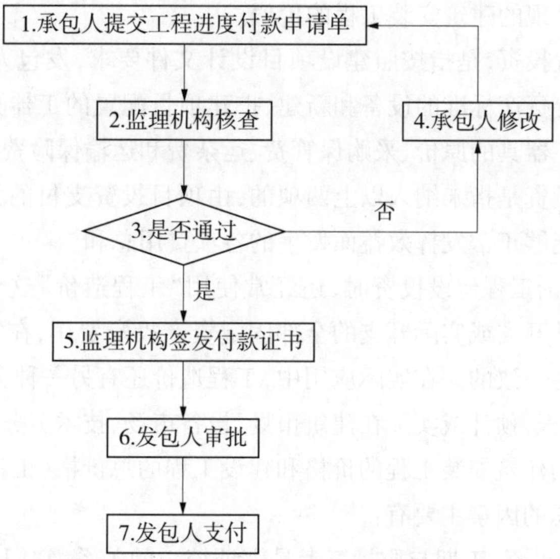

图 8-1　工程款支付监理工作流程图

1　建设工程投资

建设工程总投资,是指某项工程建设花费的全部费用,包括建设投资和铺底流动资金。非生产性建设工程项目总投资则只包括建设投资。建设工程投资包括建筑安装工程投资、设备工器具购置投资、工程建设其他投资、建设期融资利息等。现行水利建设工程投资构成见图8-2。

- 水利建设工程总投资
  - 工程部分费用
    - 建筑工程费
    - 机电设备及安装工程费
    - 金属结构设备及安装工程费
    - 施工临时工程费
    - 独立费用
  - 预备费
    - 基本预备费
    - 价差预备费
  - 移民和环境费用
  - 建设期融资利息
  - 流动资金

图8-2 我国现行水利建设工程投资构成

建筑安装工程投资是指发包人用于建筑（如土石方、混凝土等工程）和安装（如金属结构设备、机电设备等）工程方面的投资，建筑安装工程投资包括直接工程费、间接费、利润、税金，是以货币表现的建筑安装工程的价值。

设备工器具购置投资，是指按照建设项目设计文件要求，发包人（或其委托单位）购置或自制的达到固定资产标准的设备和新建、扩建项目配置的工器具及生产家具所需要的投资。它由设备工器具的原价、采购保管费、运杂费和运输保险费组成。

工程建设其他投资是指未纳入以上两项的，由项目投资支付的为保证工程建设顺利完成且交付使用后能够正常发挥效益而发生的各项费用总和。

另外，我们在讨论工程建设投资时，还经常使用"工程造价"这个概念。工程造价一般是指一项工程预计开支或实际开支的全部固定资产投资费用，在这个意义上工程造价与建设投资的概念是一致的。在实际应用中，工程造价还有另一种含义，那就是指工程价格，即为建成一项工程，预计或实际在建筑市场、设备市场、技术劳务市场以及承包市场等交易活动中所形成的建筑安装工程的价格和建设工程的总价格（工程的承发包价格）。

工程投资应考虑的因素主要有：

（1）工程项目的投资、工期与质量三者是辩证统一的关系，它们相互依存和影响。投资的节约应是在满足工程项目建设的质量（功能）和工期的前提下的节约。同样地，适当地降低工期和确定合适的质量标准也会为投资管理工作提供有利的条件。

（2）工程项目投资应考虑项目整个寿命周期的费用，既包括工程建设投资，也包括营运费用。工程项目投资应正确地处理好它们之间的关系，工程造价的降低不能以导致营运费用的大量增加为前提。

2 建设工程资金控制

建设工程资金控制就是在投资决策阶段、设计阶段、发包阶段、施工阶段以及竣工阶段,把建设工程投资控制在批准的投资限额以内,随时纠正发生的偏差,以保证项目投资管理目标的实现,以求在建设工程中能合理使用人力、物力、财力,取得较好的投资效益和社会效益。

进行建设工程资金控制,就是要实现资金的最佳经济效益。要实现这一目标,就必须对工程项目的所有资金进行系统而又科学的管理。

2.1 资金控制的目标

工程项目建设过程是一个周期长、投入大的生产过程。资金控制目标的设置应是随着工程项目建设实践的不断深入而分阶段设置的。具体来讲,投资估算应是建设工程设计方案选择和进行初步设计的资金控制目标,设计概算应是进行技术设计和施工图设计的资金控制目标,施工图预算或建安工程承包合同价则应是施工阶段资金控制的目标。有机联系的各个阶段目标相互制约、相互补充,前者控制后者,后者补充前者,共同组成建设项目资金控制的目标系统。

目标要既有先进性又有实现的可能性,目标水平要能激发执行者的进取心和充分发挥他们的工作能力,挖掘他们的潜力。若目标水平太低,如对建设工程投资高估冒算,则对建造者缺乏激励性,建造者亦没有发挥潜力的余地,目标形同虚设;若水平太高,如在建设工程立项时投资就留有缺口,建造者一再努力也无法达到,则可能产生灰心情绪,使工程资金控制成为一纸空文。上述各种控制手段是相互联系、相互制约的。在工程项目资金控制活动中,只有各种手段协调一致发挥作用,才能有效地管理投资活动。

资金控制贯穿于项目建设的全过程,这一点是毫无疑义的,但是必须重点突出。在初步设计阶段,影响项目投资的可能性为75%~95%;在技术设计阶段,影响项目投资的可能性为35%~75%;在施工图设计阶段,影响项目投资的可能性则为5%~35%。很显然,项目资金控制的重点在施工以前的投资决策和设计阶段,而在项目作出投资决策后,控制项目资金的关键就在于设计。

2.2 施工阶段监理资金控制任务

工程资金控制的主要监理工作应包括以下各项:

(1)审批承包人提交的资金流计划。

(2)协助发包人编制合同项目的付款计划。

(3)根据工程实际进展情况,对合同付款情况进行分析,提出资金流调整意见。

(4)审核工程付款申请,签发付款证书。

(5)根据施工合同约定进行价格调整。

(6)根据授权处理工程变更所引起的工程费用变化事宜。

(7)根据授权处理合同索赔中的费用问题。

(8)审核完工付款申请,签发完工付款证书。

(9)审核最终付款申请,签发最终付款证书。

2.3 施工阶段资金控制措施

由于建设工程的资金使用主要发生在施工阶段，在这一阶段需要投入大量的人力、物力、财力等，是工程项目建设费用消耗最多的时期，浪费资金的可能性比较大。因此，监理单位应督促承包单位精心地组织施工，挖掘各方面潜力，节约资源消耗，可以收到节约资金的明显效果。参建各方对施工阶段的资金控制应给予足够的重视，仅仅靠控制工程款的支付是不够的，应从组织、经济、技术、合同等多方面采取措施，控制资金使用。

项目监理机构在施工阶段资金控制的具体措施如下。

2.3.1 组织措施

(1)在项目监理机构中落实从资金控制角度进行施工跟踪的人员、任务分工和职能分工。

(2)编制本阶段资金控制工作计划和详细的工作流程图。

2.3.2 经济措施

(1)编制资金使用计划，确定、分解资金控制目标。对工程项目造价目标进行风险分析，并制定防范性对策。

(2)进行工程计量。

(3)复核工程付款账单，签发付款证书。

(4)在施工过程中进行资金跟踪控制，定期进行资金实际支出值与计划目标值的比较；发现偏差，分析产生偏差的原因，采取纠偏措施。

(5)协商确定工程变更的价款，审核竣工结算。

(6)对工程施工过程中的资金支出做好分析与预测，经常或定期向发包人提交项目资金控制及其存在问题的报告。

2.3.3 技术措施

(1)对设计变更进行技术经济比较，严格控制设计变更。

(2)继续寻找通过设计挖潜节约资金的可能性。

(3)审核承包人编制的施工组织设计，对主要施工方案进行技术经济分析。

2.3.4 合同措施

(1)做好工程施工记录，保存各种文件图纸，特别是注有实际施工变更情况的图纸，注意积累素材，为正确处理可能发生的索赔提供依据。参与处理索赔事宜。

(2)参与合同修改、补充工作，着重考虑它对资金控制的影响。

应该看到，技术与经济措施相结合是控制工程资金最有效的手段。在工程建设过程中把技术与经济措施有机结合，要通过技术比较、经济分析和效果评价正确处理技术先进与经济合理两者之间的对立统一关系，力求在技术先进条件下的经济合理，在经济合理基础上的技术先进，把控制工程项目投资观念渗透到项目建设各阶段之中。

2.4 资金控制的主要工作内容

项目实施过程中，在各个阶段资金控制的主要工作内容概述如下。

2.4.1 建设工程决策阶段的资金控制

在建设工程决策阶段，资金控制的主要内容是：通过对建设工程在技术、经济和施工上是否可行，进行全面分析、论证和方案比较，确定项目的投资估算数，将投资估算的误差率控制在允许的范围内。可行性研究报告投资估算一经上级主管部门批准,就是工程项目决策和开展工程设计的依据。同时可行性研究报告投资估算即作为控制该建设项目初步设计概算静态总投资的最高限额,不得任意突破。

2.4.2 设计阶段的资金控制

在项目设计阶段,资金控制的主要内容是:应用价值工程理论实行限额设计管理,以可行性研究报告中批准的投资估算控制初步设计概算,不应突破。

2.4.3 项目施工准备阶段的资金控制

项目施工准备阶段资金控制的主要工作内容是:以工程设计文件(包括概算)为依据,结合工程施工的具体情况,编制招标标底,确定工程承包合同价格。

2.4.4 项目施工阶段的资金控制

在项目施工阶段,资金控制的主要工作内容有:根据施工合同有关条款、施工图纸,对工程项目投资目标进行风险分析,并制定防范性对策。控制工程的计量与支付,防止和减少索赔,控制工程变更,预防和减少风险干扰,按照合同和计划付款,使实际投资额不超过项目的计划投资额。

2.4.5 项目竣工后的资金分析

项目竣工后通过项目决算,控制工程实际投资不突破设计概算,并进行投资回收分析,确保项目获得最佳投资效果。

任务2 工程计量与计价

1 工程计量

在施工过程中,对承包人完成工程量的测量和计算,简称计量。工程计量控制是监理进行资金控制的重要内容。

《水利水电土建工程施工合同条件》规定:"合同《工程量清单》中开列的工程量是合同的估算工程量,不是承包人履行合同应当完成和用于结算的工程量。结算的工程量应是承包人实际完成的并按合同有关计量规定计量的工程量。"

在施工过程中,由于地质、地形条件变化、设计变更等多方面的影响,招标文件中的名义工程量和施工中的实际工程量很难一致,再加上工期长,影响因素多,因此在计量工作中,监理既要做到公正、诚信、科学,又必须使计量审核统计工作在工程一开始就达到系统化、程序化、标准化和制度化。

1.1 工程计量依据

计量依据一般有质量合格证书、工程量清单、技术规范中的"计量支付"条款和设计图纸。

1.1.1 质量合格证书

计量项目的质量应达到合同规定的技术标准。计量项目的质量合格是工程计量最重要的前提。对于质量不合格的项目,不管承包人以什么理由要求计量,监理均不予进行计量。例如,对于不合格的项目,承包人以种种理由提出对此暂不要求支付,但希望监理工程师先予计量。对这种情况,监理工程师应予以拒绝。

质量检验和计量支付是监理过程中的两个阶段。单元工程完工后,经过监理检验或复核,工程质量达到合同规定的技术标准后,由监理机构签认,监理工作即由质量检验阶段进入了计量支付阶段。在签发质量合格证书以前,不得对任何项目进行计量。

1.1.2 工程量清单和技术条款

除有变更外,工程计量必须是工程量清单中所罗列的项目。工程量清单仅是投标人投标报价的共同基础。除另有约定外,工程量清单中的工程量是根据招标设计图纸按《水利工程工程量清单计价规范》(GB 50501—2007)计算规则计算的用于投标报价的估算工程量,不作为最终结算工程量。最终结算工程量是承包人实际完成并符合技术标准及要求(合同技术条款)和《水利工程工程量清单计价规范》(GB 50501—2007)计算规则等规定,按施工图纸计算的有效工程量。

工程量清单和技术条款是确定计量方法的依据。工程量清单和技术条款的"计量支付"条款规定了清单中每一项工程的计量方法,同时还规定了按规定的计量方法确定的单价所包括的工作内容和范围。

计量的项目必须是合同中规定的项目,这些项目包括:

(1)工程量清单中的全部项目。

(2)已由监理发出变更指令的工程变更项目。

(3)合同文件中规定应由监理现场确认的,并已获得监理机构批准同意的项目。

对工程量清单规定以外的项目(如承包人自己规划设计的施工便道、临时栈桥、脚手架,以及为施工需要而修建的施工排水泵、河岸护堤、隧洞内避车洞、临时支护等)将不予计量。这些项目的费用被认为在承包人报价中已经考虑,分摊到合同规定的相应项目中了。除另有规定外,对有效工程量以外的超挖、超填工程量,施工附加量,加工、运输损耗量等,所消耗的人工、材料和机械费用,均应摊入相应有效工程量的工程单价内。

1.1.3 设计图纸

单价合同以实际完成的工程量进行结算,但被监理计量的工程数量,并不一定是承包人实际施工的数量。计量的几何尺寸要以设计图纸为依据,监理对承包人超出设计图纸要求增加的工程量和自身原因造成返工的工程量,不予计量。

在监理机构签发的施工图纸(包括设计变更通知)所确定的建筑物设计轮廓线和施工合同文件约定应扣除或增加计量的范围内,应按有关规定及施工合同文件约定的计量方法和计量单位进行计量。

1.2 工程计量的内容

在施工阶段所做的计量工作,应以合同中的工程量清单为基础。监理机构要进行以下计量。

1.2.1 永久工程的计量

永久工程的计量包括中间计量和竣工计量,中间计量用于对承包人进行阶段付款,竣工计量则用于竣工支付。永久工程的计量中,大量的工作是中间计量,其中包括工程变更的计量。在工程计量时应考虑如下几种情况:

(1)图纸中有固定几何尺寸的永久工程,计量较为简单,往往是把构造物从基础到上部划分为若干部分，每一部分完成后按约定进行计量。同时，也是对该部分工程几何尺寸、形状是否符合设计要求的验收。竣工计量的总工程量，一般不应超出工程量清单中预计的工程量。如混凝土建筑物或构筑物，所有中间计量结果的总和，应符合该建筑物或构筑物混凝土总体积。

(2)永久工程中虽有几何尺寸要求，但材料性质本身原因决定了其体积会有变化，如土工建筑物，则应考虑沉降因素，这类计量往往会发生中间计量的总和与规定的总量不符的情况。例如某土坝，设计总压实方量为48万 m^3，中间计量按压实层计算、计量总共12次，第11次累计工程量就已经达到总数48万 m^3，此时坝体尚未达到设计高程(由于施工期沉降造成)。这种情况仍应在最后以总量控制。

(3)对于虽有几何尺寸要求，但实际施工条件会发生变化，如施工地质条件发生了变化，导致基坑开挖及回填工程量的增加，则只有据实计量。

因此，在合同文件中，应按不同情况，规定相应的计量方法。

1.2.2 材料和设备的计量

对于承包人为永久工程使用而运进现场的材料，如果合同中规定在该项材料被用于永久工程之前，业主以材料预付款的形式先预支付一定百分比的材料预付款，则监理工程师除需要对该项材料是否符合用于永久工程标准要求进行确认外，还应对进入现场材料的数量随时计量。为了支付的需要，还需要对材料的使用量、进场数量的差值随时计算。

1.2.3 对承包人进行额外工作的计量

包括工程量计量和工程量形成因素的计量。对于承包人所做的额外工作，如用暂定金额支付的项目以及应付意外事件所完成的工作，出于不同的支付计算需要，有的按完成的工程量计算，有的则要计量工程量形成因素，如采用计日工(指完成某工作所用人工、材料、机械等)计量等。

1.3 计量程序

工程计量应符合以下程序：

(1)工程项目开工前，监理机构应监督承包人按有关规定或施工合同约定完成原始地面地形以及计量起始位置地形图的测绘，并审核测绘成果。

(2)工程计量前，监理机构应审查承包人计量人员的资格和计量仪器设备的精度及率定情况，审定计量的程序和方法。

(3)在接到承包人计量申请后，监理机构应审查计量项目、范围、方式，审核承包人提交的计量所需的资料、工程计量已具备的条件，若发现问题，或不具备计量条件时，应督促承包人进行修改和调整，直至符合计量条件要求，方可同意进行计量。

可支付的工程量应符合以下条件：

①必须是合同中规定的项目，即工程量清单中所开列的项目工程量；

②必须是通过检验、质量合格的项目的工程量；

③必须是按合同规定的计量原则和方法所确定的工程量；

④必须是监理机构批准变更项目的工程量。

(4)监理机构应会同承包人共同进行工程计量；或监督承包人的计量过程，确认计量结果；或依据施工合同约定进行抽样复核。

计量结果必须得到监理机构和承包人双方确认。承包人请求监理予以计量,监理机构应派人与承包人一起测量和计算工程量,双方确认。监理欲对工程任何部位进行计量,应该事先通知承包人,承包人则应准备好与该部位有关的一切资料,派合格人员与监理在现场计量,计量结果由双方确认。当承包人完成了每个计价项目的全部工程量后,监理机构应要求承包人与其共同对每个项目的历次计量报表进行汇总和总体量测,核实该项目的最终计量工程量。

(5)在付款申请签认前,监理机构应对支付工程量汇总成果进行审查。

(6)若监理机构发现计量有误,可重新进行审核、计量,进行必要的修正与调整。

1.4 计量方式和方法

1.4.1 工程计量方式

1.4.1.1 由承包人进行计量

计量工作完全由承包人自行进行,但监理机构应对承包人的计量提出具体的要求,包括计量的格式、计量记录及有关资料的规定,承包人用于计量设备的精确程度、计量人员的素质等。

承包人计量完成后,需将计量的结果及有关记录和资料,报送监理机构审核,以监理机构审核确认的结果作为支付的凭据。

采用这种计量方式,唯一的优点是占用的监理机构人员较少。但是,由于计量工作全部由承包人进行,监理只是通过抽测甚至免测加以确认,容易使计量失控。因此,采用这种方式的计量,监理应加强对中间计量的管理,克服由于中间计量不严格对工程费用的影响。

1.4.1.2 监理机构与承包人联合计量

由监理方与承包人分别派专人组成联合计量小组,共同负责计量工作。当需要对某项工程项目进行计量时,由这个小组商定计量的时间,并作好有关方面的准备,然后到现场共同进行计量,计量后双方签字认可,最后由监理机构审批。

采用这种计量方式,由于双方在现场共同确认计量结果,与第一种方式相比,减少了计量结果确认的时间,同时也保证了计量的质量,是目前提倡的计量方式。

1.4.2 计量的方法

工程计量是发包人向承包人支付工程价款的主要依据。监理机构应按合同技术规范中有关计量与支付的办法严格执行。常用的计量方法有:

(1)现场测量。现场测量就是根据现场实际完成的工程情况,按规定的方法进行丈量、测算,最终确定支付工程量。

(2)按设计图纸计量。按设计图纸计量是指根据施工图对完成的工程进行计算,以确定支付的工程计量方法。

(3)仪表测量。仪表测量是指通过使用仪表对所完成的工程进行计量,如混凝土灌浆计量等。

(4)按单据计算。按单据计算是指根据工程实际发生的发票、收据等,对所完成工程进行的计量。

(5)按监理机构批准计量。按监理机构批准计量是指在工程实施中,监理机构批准确认的工程量直接作为支付工程量，承包人据此进行支付申请工作。

2 工程计价

计价是对已完成工程量的价款进行计算。工程计价应以承包合同中已标价的工程量清单为依据，即承包人实际完成并经监理机构确认的工程量与对应清单项目中的单价相乘，然后将各分项工程款合计得工程价款。监理没有权力修改合同中不合理的计量和计价条款，但可以建议合同双方修改；对合同中不合法的计量和计价，监理要建议合同双方修改，合同双方不修改的不合法条款，监理机构有权拒绝签证。

工程量清单是施工承包合同的重要组成部分。工程量清单中列明的所有需要填写的单价和合价，投标人均应填写；未填写的单价和合价，视为已包括在工程量清单的其他单价和合价中。工程量清单中的工程单价是完成工程量清单中一个质量合格的规定计量单位项目所需的直接费（包括人工费、材料费、机械使用费和季节、夜间、高原、风沙等原因增加的直接费）、施工管理费、企业利润和税金，并考虑到风险因素。投标人应根据规定的工程单价组成内容，按招标文件和《水利工程工程量清单计价规范》（GB 50501—2007）的相关规定确定工程单价。

水利水电工程施工中，大多数项目采用单价计价方式进行工程价款的支付；对一些临时工程和措施性项目，一般采用总价支付。根据合同文件的规定，承包人在投标时，对工程量清单中的每一项都应提出报价，对工程量清单中没有标价的项目不予支付任何款项。

对于总价子目计量的工程价款结算应注意：

（1）总价子目的计量和支付应以总价为基础，不因价格调整因素而进行调整。承包人实际完成的工程量，是进行工程目标管理和控制阶段支付的依据。

（2）承包人应按工程量清单的要求对总价子目进行分解，并在签订协议书后的 28 天内将各子目的总价支付分解表提交监理机构审批，分解表应标明各子目分阶段需支付的金额。承包人应按批准的各总价子目支付周期，对已完成的总价子目进行计量，确定分项的应付金额，列入进度付款申请单中。

（3）监理机构对承包人提交的上述资料进行复核，以确定分阶段实际完成的工程量和工程形象目标。对其有异议的，可要求承包人进行共同复核和抽样复测。

（4）除变更外，总价子目的工程量是承包人用于结算的最终工程量。

【案例 8-1】 某工程进行地下洞室开挖，其相关资料见表 8-1，则最终发包人应向承包人支付的地下洞室开挖的价款应为多少万元？

表 8-1 某工程地下洞室开挖相关资料

项目名称	单价（元/m^3）	招标工程量（万 m^3）	按施工图纸计算并经监理确认的工程量（万 m^3）	为完成该地下洞室开挖所挖的临时排水沟费用（万元）
地下洞室开挖	100	0.62	0.58	0.2

解析：根据《水利工程工程量清单计价规范》（GB 50501—2007）有关计量的规定，表中监理机构应当确认的支付工程量应为 0.58 万 m^3。招标工程量 0.62 万 m^3 仅作为投标

报价的依据,不能作为结算依据。临时排水沟费用已包含在投标单价中,不得另外计量和计价。所以,地下洞室开挖的价款为:0.58 × 100 = 58(万元)。

3 价格调整

监理机构应按施工合同约定的程序和调整方法,审核单价、合价的调整。当发包人与承包人因价格调整协商不一致时,监理机构可暂定调整价格。价格调整金额随工程价款月支付一同支付。

3.1 工程量变化引起的合同单价调整

在土建工程承包施工中,工程量的变化引起合同单价的调整,是普遍的现象。因为工程量清单所列的工程量是一个估算工程量,在施工过程中,实际工程量可能会发生大的变化。为此,一般单价施工承包合同都规定,当某项工作实际完成的工程量超出或少于工程量清单中规定的百分比,且使该项工作的施工组织方案或进度计划发生实质性变化时,允许对该项合同单价进行调整。

【案例 8-2】 某土方工程的估算工程量为 1 400 m^3,单价为 18 元/m^3。合同中规定,当实际工程量超过估算工程量的 10% 时,单价调整为 17 元/m^3。实际完成的工程量为 1 700 m^3,结算的工程款应为多少元?

解析:按原合同单价结算的工程量:1 400 × (1 + 10%) = 1 540(m^3)

结算的工程款应为:1 540 × 18 + (1700 − 1 540) × 17 = 30 440(元)

3.2 物价变化引起的价格调整

因人工、材料和设备等价格波动而影响合同价时,常用调价公式法和价差调整法调整合同价格。

3.2.1 调价公式法

3.2.1.1 调价公式的基本形式

调价公式法的基础是采用物价指数来调整合同价格。其原理是使合同价的增加比例和施工成本指数增加的比例相同。

建设项目的合同价中,有些费用是相对稳定、不存在太大的风险的,这些费用不参加调价。在调价公式中,不参加调价的费用占合同价的比例叫定值权重(固定系数),参加调价的各项费用叫可调因子,参加调价的各项费用分别占合同价的比例叫变值权重(变值系数)。价格调整的差额计算公式如下

$$\Delta P = P_0\left[A + \left(B_1 \times \frac{F_{t1}}{F_{01}} + B_2 \times \frac{F_{t2}}{F_{02}} + B_3 \times \frac{F_{t3}}{F_{03}} + \cdots + B_n \times \frac{F_{tn}}{F_{0n}}\right) - 1\right] \quad (8\text{-}1)$$

式中 ΔP——需调整的价格差额;

P_0——付款证书中承包人应得到的已完成工程量的金额,此项金额应不包括价格调整,不计质量保证金的扣留和支付、预付款的支付和扣回,变更及其他金额已按现行价格计价的,也不计在内;

A——定值权重(不调部分的权重);

$B_1, B_2, B_3, \cdots, B_n$——各可调因子的变值权重(可调部分的权重),为各可调因子在投标总报价中所占的比例;

$F_{t1},F_{t2},F_{t3},\cdots,F_{tn}$——各可调因子的现行价格指数，指付款证书相关周期最后一天的前42天的各可调因子的价格指数；

$F_{01},F_{02},F_{03},\cdots,F_{0n}$——各可调因子的基本价格指数，指基准日期的各可调因子的价格指数。

3.2.1.2 基础数据来源

价格调整公式中的各可调因子、定值和变值权重，以及基本价格指数及其来源在投标函附录价格指数和权重表中约定。价格指数应首先采用有关部门提供的价格指数，缺乏上述价格指数时，可采用有关部门提供的价格代替。

需要进行价格调整的材料，其单价和采购数应由监理机构复核，监理机构确认需调整的材料单价及数量，作为调整工程合同价格差额的依据。另外，在计算调整差额时得不到现行价格指数的，可暂用上一次价格指数计算，并在以后的付款中再按实际价格指数进行调整。

3.2.1.3 承包人原因误期

由于承包人原因未在约定的工期内完工的，则对原约定完工日期后继续施工的工程，在使用价格调整公式时，应采用原约定完工日期与实际完工日期的两个价格指数中较低的一个作为现行价格指数。

【案例8-3】 某水电站工程项目承包合同约定：工程合同价100万元；若遇物价变动，工程价款采用调价公式动态结算。该工程的人工费占工程价款的35%，水泥占23%，钢材占12%，石料占8%，砂料占7%，不调价费用占15%；工程施工中水泥、钢材涨价，其中，水泥价格增长20%，钢材价格增长15%，试问承包人可得价格调整多少？

解析：$\Delta P = P_0 \times (0.15 + 0.35 + 0.23 \times 1.2 + 0.12 \times 1.15 + 0.08 + 0.07 - 1)$

$= 100 \times (1.064 - 1) = 6.4$（万元）

3.2.2 价差调整法

按价差调整合同价就是根据材料、设备等的发票收据来计算价差和补差数量。基本公式为

$$\Delta M = (P - P_0)Q \tag{8-2}$$

式中 ΔM——应补偿差价；

P——现行价格；

P_0——合同文件中规定的投标基本价格；

Q——合同文件中规定的允许补差的数量。

【案例8-4】 某水利工程，承包人按招标文件中提供的工程量清单作出报价见表8-2。施工过程中发生的设计变更，采用以直接工程费为计算基础的全费用综合单价计价，间接费费率10%，利润率5%，计税系数3.41%。经监理机构批准的施工进度计划如图8-3所示（时间单位：月）。

施工开始后遇到季节性的阵雨，承包人对已完工程采取了保护措施并发生了保护措施费；为了确保工程安全，承包人提高了安全防护等级，发生了防护措施费。承包人提出，上述两项费用应由发包人另行支付。

表 8-2 工程量清单报价表

工作	合同工程量(m^3)	综合单价(元/m^3)	合计(万元)
A	3 000	300	90
B	1 250	200	25
C	4 000	500	200
D	4 000	600	240
E	3 800	1 000	380
F	8 000	400	320
G	5 000	200	100
H	3 000	800	240
I	2 000	700	140

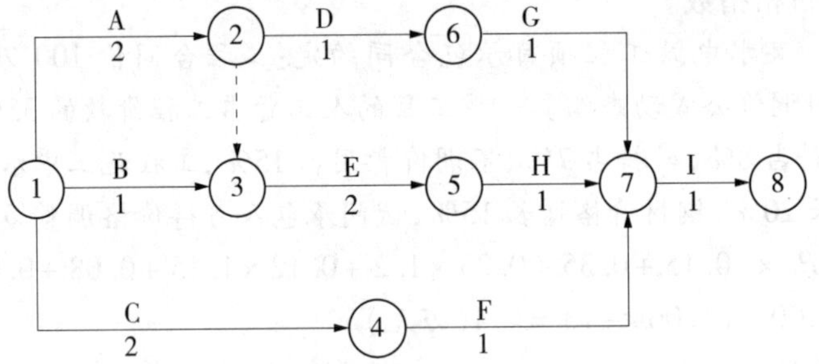

图 8-3 施工进度计划

施工至第 2 个月末,发包人要求进行设计变更,该变更增加了一新的工作 N,根据工艺要求,N 在 E 结束以后开始,在 H 开始前完成,持续时间 1 个月,N 工作的直接工程费为 400 元/m^3,工程量为 3 000 m^3。

问题:

(1)承包人提出发生的保护措施费和防护措施费由发包人另行支付是否合理?说明理由。

(2)新增工作 N 的全费用综合单价及工程变更后增加的款额是多少?(单位:万元,计算结果保留 2 位小数)。

(3)该工程签约合同价是多少?增加 N 工作后的合同价是多少?

(4)若该工程的各项工作均按最早开始时间安排,各工作均按匀速完成,且各工作实际工程量与合同工程量无差异,计算各项工作分月工程款及合计值。

解析:

(1)要求发包人另行支付工程保护措施费不合理,因为该部分费用已包括在合同价中(或属承包人支付的费用)。

(2)全费用综合单价计算如下：

①直接工程费 =400 元/m^3；

②间接费 =① ×10% =400 ×10% =40(元/m^3)；

③利润 =(① +②) ×5% =(400 +40) ×5% =22(元/m^3)；

④税金 =(① +② +③) ×3.41% =(400 +40 +22) ×3.41% =15.75(元/m^3)；

⑤全费用综合单价 =① +② +③ +④ =400 +40 +22 +15.75 =477.75(元/m^3)。

工程变更后增加的款额 =477.75 ×3 000 =1 433 250(元) =143.33 万元。

(3)该工程签约合同价 =90 +25 +200 +240 +380 +320 +100 +240 +140 =1 735(万元)。

增加 N 工作后的合同价 =1 735 +143.33 =1 878.33(万元)。

(4)各项工作分月工程款及合计值见表 8-3(根据题中所给的工程量清单报价表和施工进度计划图列表计算)。

表 8-3　分月工程进度款表　(单位:万元)

工作名称	第 1 月	第 2 月	第 3 月	第 4 月	第 5 月	第 6 月	第 7 月	合计
A	45	45						90
B	25							25
C	100	100						200
D			240					240
E			190	190				380
F			320					320
G				100				100
H						240		240
I							140	140
N					143.33			143.33
合计	170	145	750	290	143.33	240	140	1 878.33

任务 3　工程进度款支付控制

工程款的支付控制，是监理机构资金控制的主要任务。工程款的支付对发包人和承包人来说，都是一件十分重要的事情，涉及合同双方的核心权益。水利工程一般建设周期长、占用资金量大，一次性支付工程款是很不合理的，也很难做到。通常工程款的支付按进度每月进行一次。

1 工程款支付条件

工程计量完成后，承包人应在规定的时间内向监理机构提交付款申请，监理机构应及时审查，并在施工合同约定时间内完成审核。因承包人申请资料不全或不符合要求，造成付款证书签证延误，由承包人承担责任。未经监理机构签字确认，发包人不应支付任何工程款项。进度付款申请单应符合以下要求：

(1)付款申请表填写符合规定，支持性证明文件齐全；

(2)申请付款项目、范围、内容、方式符合施工合同约定；

(3)已完成工程量报表和有关计量资料真实、准确、齐全；

(4)付款单价及合价无误。

2 预付款支付

工程预付款是在项目施工合同签订后，由发包人按照合同约定，在正式开工前预先支付给承包人的一笔款项，主要用于承包人为合同工程施工购置材料、工程设备、施工设备，修建临时设施及组织施工队伍进场等，分为工程预付款和工程材料预付款。发包人将在以后的月支付中按合同规定分期扣回。

2.1 工程预付款

一般工程预付款为签约合同价的10%，招标项目包含大宗设备采购的，可适当提高但不宜超过20%。

2.1.1 工程预付款的支付

工程预付款一般分两次支付给承包人。第一次预付款的金额应不低于工程预付款总额的40%，第二次预付款为剩余部分。如果工程工期短(一般3年以内)，工程量不大，工程预付款也可一次支付。预付款支付分次数及分次付款的比例一般在专用合同条款中规定。工程预付款申请单见表8-4。

(1)第一次预付款付款时间应在合同协议书签订后，由承包人向发包人提交了发包人认可的工程预付款担保，并经监理机构出具付款证书报送发包人批准后14天内予以支付。工程预付款担保的金额可根据工程预付款扣回的金额相应递减。

(2)第二次预付款付款时间需待承包人主要设备进入工地后，其估算价值已达到本次预付款金额时，由承包人提出书面申请，经监理机构核实后出具付款证书报送发包人批准后14天内予以支付。工程预付款支付证书格式见表8-5。

2.1.2 工程预付款的扣回

预付款在进度付款中扣回，扣回与还清办法在专用合同条款中约定。在颁发合同工程完工证书前，由于不可抗力或其他原因解除合同时，预付款尚未扣清的，余额应作为承包人的到期应付款。工程预付款的扣回方法有：

(1)开工后一段时间才开始按规定的办法扣；

(2)完工前一段时间扣完；

(3)每月平均扣回；

表 8-4 工程预付款申请单

（承包[ ]工预付 号）

合同名称： 合同编号：

致（监理机构）： 我方承担的__________合同工程，依据施工合同约定，已具备工程预付款支付条件，现申请支付第____次工程预付款，计（大写）________元（小写______元）。请贵方核查。 附件：1. 已具备工程预付款支付条件的证明材料。 2. 计算依据及结果。 承包人：（现场机构名称及盖章） 项目经理：（签名） 日期： 年 月 日
监理机构将另行签发工程预付款支付证书。 监理机构：（名称及盖章） 签收人：（签名） 日期： 年 月 日

说明：本表一式__份，由承包人填写，监理机构审批后，随同审批意见承包人__份、监理机构__份、发包人__份。

表 8-5 工程预付款支付证书

（监理[ ]工预付 号）

合同名称： 合同编号：

致（发包人）： 鉴于□工程预付款担保已获得贵方确认/□合同约定的第___次工程预付款条件已具备，根据施工合同约定，贵方应向承包人支付第____次工程预付款，金额（大写）：________元（小写：_______元）。 监理机构：（名称及盖章） 总监理工程师：（签名） 日期： 年 月 日
发包人审批意见： 发包人：（名称及盖章） 负责人：（签名） 日期： 年 月 日

说明：本证书一式__份，由监理机构填写，承包人__份，监理机构__份，发包人__份。

(4)按所完成工程价值的比例扣回。

工程预付款一般在合同累计完成金额达到签约合同价的20% ~30%时开始扣款,直至合同累计完成金额达到签约合同价的70% ~90%时全部扣清。在工程中常用式(8-3)计算累计扣回工程预付款的金额。

$$R = \frac{A}{(F_2 - F_1)S}(C - F_1S) \tag{8-3}$$

式中 R——每次进度付款中累计扣回的金额;

A——工程预付款总金额;

S——签约合同价;

C——合同累计完成金额(指价格调整前未扣质量保证金的金额);

F_1——开始扣款时合同累计完成金额达到签约合同价的比例;

F_2——全部扣清时合同累计完成金额达到签约合同价的比例。

【案例8-5】 某工程项目,发包人与承包人依据《水利水电工程标准施工招标文件》(2009)签订了施工承包合同,合同价9 000万元。合同规定:

(1)工程预付款为合同价的10%,工程开工前由发包人一次付清;

(2)工程预付款扣回采用公式

$$R = \frac{A}{(F_2 - F_1)S}(C - F_1S)$$

其中,$F_1 = 20\%$,$F_2 = 90\%$。

工程进展到某月底的情况是:

到上月底为止,累计完成合同金额3 900万元,已扣回工程预付款累计300万元,该月完成工程价款500万元,本月应扣回工程预付款为多少?

解析:应累计扣回工程预付款

$$\begin{aligned} R &= \frac{A}{(F_2 - F_1)S}(C - F_1S) \\ &= \frac{9\,000 \times 10\%}{(0.9 - 0.2) \times 9\,000} \times [(3\,900 + 500) - 0.2 \times 9\,000] \\ &= 371.43(\text{万元}) \end{aligned}$$

本月应扣回工程预付款:371.43 - 300 = 71.43(万元)。

2.2 材料预付款的支付与扣还

材料预付款是发包人用于帮助承包人在施工初期购进将来成为永久工程组成部分的主要材料或设施的款项。材料预付款金额一般按合同规定以材料发票值的百分比,在当月的月进度款中支付,在以后的月支付款中陆续扣回。

2.2.1 材料预付款的支付条件

(1)材料的质量和储存条件应符合合同技术条款的要求;

(2)材料已到达工地,并经承包人和监理机构共同验点入库;

(3)承包人按监理机构的要求提交了材料的订货单、收据或价格证明。

2.2.2 材料预付款的支付与扣还

材料到达工地并满足上述条件后,承包人可向监理工程师提交材料预付款支付申请单，要求支付。监理工程师审核后，按合同规定，在月支付款中支付。一般材料预付款金额为经监理机构审核后的实际材料价的90%（也可在专用合同条款中约定），在月进度付款中支付，从付款月后的6个月内，在每月支付款中平均扣回，也可按专用合同条款规定的扣还方式扣还。

3 质量保证金

为了确保在施工过程中工程的一些缺陷能得到及时的修补，承包人违约造成的损失能获得及时赔偿，发包人在月支付款中按合同规定的百分比扣留一笔金额，这就是质量保证金。

监理机构应从第一个工程进度付款周期开始，在发包人的进度付款中，按专用合同条款的约定扣留质量保证金，直至扣留的质量保证金总额达到专用合同条款约定的金额或比例为止。

3.1 质量保证金的扣留

（1）从第一个付款周期在付给承包人的工程进度付款中（不包括预付款支付和扣回）扣留5%～8%，直至达到规定的质量保证金总额。

（2）一般情况下，质量保证金总额为签约合同价的2.5%～5%。

3.2 质量保证金的退还

（1）合同工程完工证书颁发后14天内，发包人将质量保证金总额的一半支付给承包人。

（2）在工程质量保修期满时，发包人将在30个工作日内核实后，将剩余的质量保证金支付给承包人。

（3）在工程质量保修期满时，承包人没有完成缺陷责任的，发包人有权扣留与未履行责任剩余工作所需金额相应的质量保证金余额，并有权延长缺陷责任期，直至完成剩余工作。

合同项目完工并签发工程移交证书之后，监理机构应按施工合同约定的程序和数额签发质量保证金退还证书。质量保证金退还证书见表8-6。

当工程保修期满之后，监理机构应签发剩余的质量保证金退还证书。如果监理机构认为还有部分剩余缺陷工程需要处理，报发包人同意后，可在剩余的质量保证金退还证书中扣留与处理工作所需费用相应的质量保证金余款，直到工作全部完成后支付完全部质量保证金。

4 月进度款

大中型水利水电工程的主体工程施工工期比较长，为了使承包人能及时得到工程价款，解决其资金周转的困难，一般均采用按月结算支付工程价款的办法。月进度支付是指承包人根据一个月时间内实际完成的支付工程量与投标时的单价等计算该月进度款，并提出支付申请，经监理机构审核后签发月付款证书，最后由发包人向承包人进行支付。

4.1 月付款申请

工程价款月支付申请包括以下内容：

表 8-6　质量保证金退还证书

（监理[　]保退　号）

合同名称：　　　　　　　　　　　　　　　　　　　　　　　　合同编号：

<table>
<tr><td colspan="3">致（发包人）：
经审核承包人的质量保证金退还申请表（承包[　　]保退　号），本次应退还给承包人的质量保证金金额为（大写）________元（小写________元）。
请贵方在收到该质量保证金退还证书后按合同约定完成审批，并将上述质量保证金退还给承包人。</td></tr>
<tr><td>退还质量保证金已具备的条件</td><td colspan="2">□于　年　月　日签发合同工程完工证书
□于　年　月　日签发缺陷责任期终止证书
□</td></tr>
<tr><td rowspan="4">质量保证金退还金额</td><td>质量保证金总金额</td><td>仟　佰　拾　万　仟　佰　拾　元（小写：　元）</td></tr>
<tr><td>已退还金额</td><td>仟　佰　拾　万　仟　佰　拾　元（小写：　元）</td></tr>
<tr><td>尚应扣留的金额</td><td>仟　佰　拾　万　仟　佰　拾　元（小写：　元）
扣留的原因：
□施工合同约定
□遗留问题
□</td></tr>
<tr><td>本次应退还金额</td><td>仟　佰　拾　万　仟　佰　拾　元（小写：　元）</td></tr>
<tr><td colspan="3">监理机构：（名称及盖章）
总监理工程师：（签名）
日期：　年　月　日</td></tr>
<tr><td colspan="3">发包人审批意见：
发包人：（名称及盖章）
负责人：（签名）
日期：　年　月　日</td></tr>
</table>

说明：本证书一式__份，由监理机构填写。监理机构、发包人签发后，发包人__份、监理机构__份、承包人__份。

（1）截至上次付款周期末已实施工程的价款；

（2）本次付款周期已实施工程的价款；

（3）应增加或扣减的变更金额；

(4)应增加或扣减的索赔金额；

(5)经监理机构签认的当月计日工应付金额；

(6)应支付的预付款和扣减的返还预付款；

(7)应扣减的质量保证金；

(8)价格调整金额；

(9)根据合同应增加和扣减的其他金额。

4.2 月进度付款证书

(1)监理机构在收到承包人进度付款申请单及相应的支持性证明文件后，在14天内完成核查，经发包人审查同意后，出具经发包人签认的进度付款证书。

工程进度付款证书如表8-7所示。

表8-7 工程进度付款证书

(监理[ ]进度付 号)

合同名称： 合同编号：

致(发包人)： 经审核承包人的工程进度付款申请单(承包[ ]进度付 号)，本月应支付给承包人的工程价款金额共计(大写)________元(小写______元)。 根据施工合同约定，请贵方在收到此证书后的____天之内完成审批，将上述工程价款支付给承包人。 附件：1. 工程进度付款审核汇总表。 2. 其他。 监理机构：(名称及盖章) 总监理工程师：(签名) 日期： 年 月 日
发包人审批意见： 发包人：(名称及盖章) 负责人：(签名) 日期： 年 月 日

说明：本证书一式__份，由监理机构填写。发包人审批后，发包人__份、监理机构__份、承包人__份，办理结算时使用。

(2)发包人应在监理机构收到进度付款申请单后的28天内，将进度应付款支付给承包人。发包人不按期支付的，按专用合同条款的约定支付逾期付款违约金。

(3)监理机构出具进度付款证书，不应视为监理机构已同意、批准或接受了承包人完成的该部分工作。

(4)进度付款涉及政府投资资金的，按照国库集中支付等国家相关规定和专用合同条款的约定办理。

4.3　月支付控制

月支付控制是合同管理中资金控制的基础，月支付汇总表见表8-8。总费用是一次次的阶段付款累计而成的，因此对每次阶段付款，监理机构都应认真审查、核定、分析，严格把关，尤其应加强下列环节的工作，以便准确判断开具或不开具支付证书：

表8-8　月支付汇总表

工程或费用名称		本期前累计完成额（元）	本期申请金额（元）	本期末累计完成额（元）	备注
应支付金额	合同单价项目				
	合同总价项目				
	合同新增项目				
	计日工项目				
	索赔项目				
	材料预付款				
	价格调整				
	延期付款利息				
	其他				
应支付金额合计					
应扣除金额	工程预付款				
	材料预付款				
	保留金				
	违约赔偿				
	其他				
应扣除金额合计					
月总支付金额＝应支付金额合计－应扣除金额合计					

（1）对月报表中所开列的永久工程价款，必须以质量检验的结果和计量结果为依据，签认的应该是经监理认可的合格工程及其计量数量。

（2）必须以预定的进度要求为依据。一般以扣除保留金额及其他本期应扣款额后的总额大于合同中规定的月最小金额为支付依据，小于这个金额监理不开具本月付款证书。

(3)承包人运进现场的用于永久工程的材料必须是合格的。有材料出厂(场)证明,有工地抽检试验证明,有经监理机构检验认可的证明。不合格材料不但得不到材料预付款支付,更不准使用,而且必须尽快运出现场。如果到时不能运出,监理工程师将雇人将其运出,一切费用由该承包人承担。

(4)未经监理工程师事先批准的计日工,不给予承包人支付。

计日工亦称"点工"或"散工",是指监理认为工程的某些变动有必要,或认为按计日工适宜于承包人开展工作,从而以工作天数为基础进行计量与支付。

选用计日工的工程项目,常常是在合同规定项目之外的、随时可能发生的、不可预见的紧急工作,并大多属于工程中的辅助性工作,或者说是零星工作。例如,施工中发现了具有考古价值的文物、化石等需要开挖,发现了难以预见的地下障碍,等等。

在投标文件中,包含有一套计日工表,表中标明了工程名称、设备类型、材料等预估项目的单价和暂估数量,作为一笔预备费。计日工实质上也属于暂定金额的性质,其总价包含在暂定金额之内。但这笔费用的支付与否,完全取决于监理的指令。

对于计日工的支付,一般应符合以下规定:

①以计日工的形式进行的任何工作,必须有监理的指令,没有监理机构的批准,承包人不能以计日工的形式进行任何工作。

②经监理批准以计日工的形式进行的工作,承包人在施工过程中,每天应向监理机构提交参加该项计日工工作的人员姓名、职业、级别、工作时间和有关的材料、设备清单,同时每月向监理机构提交一份关于记载计日工工作所用的劳力、材料、设备价格的报表。否则,承包人无权要求计日工的付款。

(5)把好价格调整和索赔关。

(6)工程变更支付。监理机构应依照施工合同约定或工程变更指示所确定的工程款支付程序、办法及工程变更项目施工进展情况,在工程价款月支付的同时进行工程变更支付。

(7)监理机构出具进度付款证书,不视为监理机构已同意、批准或接受了该部分工作。在对以往历次已签发的进度付款证书进行汇总和复核中发现错漏或重复的,监理机构有权予以修正,承包人也有权提出修正申请。

【案例 8-6】 某工程项目,发包人与承包人依据《水利水电工程标准施工合同条件》(2009)签订了施工承包合同,合同价格 9 000 万元。合同规定:

(1)工程预付款为合同价的 10%,工程开工前由发包人一次付清;

(2)保留金从第一个月开始,在给承包人的月进度付款中按 10% 的比例扣留(计算额度不包括预付款和价格调整金额),总额达到合同总价的 5% 为止;

(3)物价调整采用调价公式法;

(4)工程预付款扣回采用公式法,其中 $F_1=20\%$,$F_2=90\%$;

(5)材料预付款按发票值的 90% 支付,从付款的下个月开始扣还,6 个月平均扣完;

(6)月支付的最低限额为 100 万元。

工程进展到某月底的情况是：

到上月底为止，累计完成合同金额 3 900 万元，已扣回工程预付款累计 300 万元，已扣留保留金累计 390 万元；

该月完成工程量价款，按工程量清单中单价计，金额为 600 万元；

该月承包人购材料发票值为 30 万元；

该月完成工程变更金额为 20 万元（采用工程量清单中与此工程变更相同项目的单价计算的）；

该月各参加调价的因素，除人工费的价格指数增长了 20% 外，其余的都未发生变化，人工费占调价部分的 40%，定值权重为 0.2；

该月完成计日工费 5 万元（按计日工表单价结算）；

从开工到本月初未支付任何材料预付款。

问题：本月监理机构是否应签发支付证书？

解析：

(1) 本月承包人应得的工程款(692 万元)。

①月完成工程量价款：600 万元；

②材料预付款：30 × 90% = 27(万元)；

③工程变更费：20 万元；

④计日工费：5 万元；

⑤价格调整：

$$(600+20+5)\times(0.2+0.4\times0.8\times1.2+0.6\times0.8\times1-1)=40(\text{万元})$$

(2) 本月应扣金额(149.29 万元)。

①扣留保留金：(600 + 20 + 5) × 10% = 62.5(万元)；

保留金总额：9 000 × 5% = 450(万元)，已累计扣留 390 万元，本月应扣 450 − 390 = 60(万元)。

②扣工程预付款。

累计扣工程预付款为：

$$\begin{aligned} R &= \frac{A}{(F_2-F_1)S}(C-F_1S) \\ &= \frac{9\,000\times10\%}{(0.9-0.2)\times9\,000}\times[(3\,900+600+20+5)-0.2\times9\,000] \\ &= 389.29(\text{万元}) \end{aligned}$$

本月应扣工程预付款：389.29 − 300 = 89.29(万元)。

(3) 本月应支付的工程款。

$$692-149.29=542.71(\text{万元})>100\text{ 万元(月支付最低限额)}$$

本月监理机构应签发支付证书，签发金额为 542.71 万元。

任务4 完工支付与最终结清

1 完工支付

当合同工程移交证书颁发后，按合同规定，发包人与承包人之间要进行完工结算。完工结算的内容有：

(1)确认至移交证书注明的完工日期止，按照合同规定应支付给承包人的款额；

(2)确认发包人以前支付的所有款额；

(3)确认发包人还应支付给承包人的金额。

1.1 完工付款申请单

(1)承包人应在合同工程完工证书颁发后28天内，向监理机构提交完工付款申请单，并提供相关证明材料。

(2)完工付款申请单应包括下列内容：完工结算合同总价、发包人已支付承包人的工程价款、应扣留的质量保证金、应支付的完工付款金额。

1.2 完工付款证书

(1)监理机构在收到承包人提交的完工付款申请单后的14天内完成核查，提出发包人到期应支付给承包人的价款，送发包人审核并抄送承包人。

(2)发包人应在收到后14天内审核完毕，由监理机构向承包人出具经发包人签认的完工付款证书，见表8-9。

(3)监理机构未在约定时间内核查，又未提出具体意见的，视为承包人提交的完工付款申请已经监理机构核查同意。

(4)发包人未在约定时间内审核又未提出具体意见的，监理机构提出的发包人到期应支付给承包人的价款视为已经发包人同意。

(5)发包人应在监理机构出具完工付款证书后的14天内，将应支付款支付给承包人。发包人不按期支付的，将逾期付款违约金支付给承包人。

(6)承包人对发包人签认的完工付款证书有异议的，发包人可出具完工付款申请单中承包人已同意部分的临时付款证书。

(7)完工付款涉及政府投资资金的，按照国库集中支付等国家相关规定和专用合同条款的约定办理。

2 最终结清

2.1 最终结清申请单

工程质量保修责任终止证书签发后，承包人应按监理机构批准的格式提交最终结清申请单。最终结清申请单应包括以下内容，并附有有关的证明文件：

(1)按照合同约定承包人完成的全部合同金额；

(2)尚未结清的名目和金额；

(3)发包人应支付的金额。

2.2 最终结清证书

(1)监理机构收到承包人提交的最终结清申请单后的14天内,提出发包人应支付给承包人的价款,送发包人审核并抄送承包人。

(2)发包人应在收到后14天内审核完毕,由监理机构向承包人出具经发包人签认的最终结清证书,见表8-9。

(3)监理机构未在约定时间内核查,又未提出具体意见的,视为承包人提交的最终结清申请已经监理机构核查同意。

(4)发包人未在约定时间内审核又未提出具体意见的,监理机构提出的应支付给承包人的价款视为已经发包人同意。

(5)发包人应在监理机构出具最终结清证书后的14天内,将应支付款支付给承包人。发包人不按期支付的,将逾期付款违约金支付给承包人。

(6)最终结清付款涉及政府投资资金的,按照国库集中支付等国家相关规定和专用合同条款的约定办理。

(7)最终结清后,发包人的支付义务结束。

表8-9 完工付款/最终结清证书

(监理[ ]付结 号)

合同名称: 合同编号:

致(发包人): 经审核承包人的□完工付款申请/□最终付款申请/□临时付款申请(承包[ ]付结 号),应支付给承包人的金额共计(大写)________元(小写______元)。 请贵方在收到□完工付款证书/□最终付款证书/□临时付款证书后按合同约定完成审批,并将上述工程价款支付给承包人。 附件:1. 完工付款/最终结清申请单。 2. 审核计算资料。 监理机构:(名称及盖章) 总监理工程师:(签名) 日期: 年 月 日
发包人审批意见: 发包人:(名称及盖章) 负责人:(签名) 日期: 年 月 日

说明:本证书一式__份,由监理机构填写,发包人__份、监理机构__份、承包人__份。

3 解除合同后的支付

3.1 承包人违约引起解除合同后的结算

3.1.1 承包人违约

在履行合同的过程中,承包人发生下述行为之一者属承包人违约:

(1)承包人私自将合同的全部或部分权利转让给其他人,或私自将合同的全部或部分义务转移给其他人。

(2)承包人未经监理人批准,私自将已按合同约定进入施工场地的施工设备、临时设施或材料撤离施工场地。

(3)承包人使用了不合格材料或工程设备,工程质量达不到标准要求,又拒绝清除不合格工程。

(4)承包人未能按合同进度计划及时完成合同约定的工作,已造成或预期造成工期延误。

(5)承包人在缺陷责任期(工程质量保修期)内,未能对合同工程完工验收鉴定书所列的缺陷清单的内容或缺陷责任期(工程质量保修期)内发生的缺陷进行修复,而又拒绝按监理人指示再进行修补。

(6)承包人无法继续履行或明确表示不履行或实质上已停止履行合同。

(7)承包人不按合同约定履行义务的其他情况。

承包人发生违约行为后,监理工程师应及时发出书面警告限令承包人定期改正。如承包人在收到书面警告后的28天内仍不采取有效措施改正其违约行为,继续延误工期或严重影响工程质量,甚至危及工程安全,监理机构可暂停支付工程价款,并责令其停工整改,在14天内向监理工程师提交整改报告。在监理机构发出停工整改通知28天后,如承包人无视监理工程师指令,不提交整改报告,亦不采取整改措施,则发包人可向承包人发出解除合同通知。发包人在发出通知14天后可进驻现场,并扣留和使用承包人的施工设备、临时工程与材料,由自己或其他承包人继续施工。

3.1.2 解除合同后的结算

发包人解除合同时,应暂停对承包人的一切付款,待监理机构查清下述款项,再进行结算。

(1)商定或确定承包人实际完成工作的价值,以及承包人已提供的材料、施工设备、工程设备和临时工程等的价值;

(2)查清各项付款和已扣款金额;

(3)核算发包人按合同约定向承包人索赔由于解除合同给发包人造成的损失。

3.2 发包人违约引起解除合同后的结算

3.2.1 发包人违约

在履行合同过程中发生的下列情形,属发包人违约:

(1)发包人未能按合同约定支付预付款或合同价款,或拖延、拒绝批准付款申请和支付凭证,导致付款延误的。

(2)发包人原因造成停工的。

(3)监理人无正当理由没有在约定期限内发出复工指示,导致承包人无法复工的。

(4)发包人无法继续履行或明确表示不履行或实质上已停止履行合同的。

(5)发包人不履行合同约定其他义务的。

发包人发生违约行为后,承包人应及时向发包人和监理机构发出通知,要求采取有效措施并限期改正。发包人在收到通知后28天内仍未采取措施改正,则承包人有权暂停施工,并通知发包人和监理机构。若承包人采取了暂停施工的行动后,发包人仍不采取有效措施纠正其违约行为,承包人有权向发包人提出解除合同。发包人在收到承包人书面要求后28天内仍不答复,承包人有权立即采取行动解除合同。

3.2.2 解除合同后的结算

因发包人违约而解除合同,发包人应向承包人支付下述款项:

(1)合同解除日以前所完成工作的价款;

(2)承包人为合同项目施工订购并已付款的原材料、中间产品、工程设备和其他物品的金额;

(3)承包人为完成工程所发生的、而发包人未支付的金额;

(4)承包人撤离施工场地以及遣散承包人人员的金额;

(5)由于解除施工合同应赔偿的承包人损失;

(6)按合同约定在解除合同之前应支付给承包人的其他金额。

3.3 不可抗力引起解除合同后的结算

在履行合同过程中,发生不可抗力事件使一方或双方无法继续履行合同时,可解除合同。由于不可抗力一般都属于发包人的风险,应由发包人承担风险责任;但不可抗力又是无法控制的客观情况,应适当减免责任,所以解除合同后的结算由双方协商处理。

一般来说,在这种情况下,发包人应向承包人支付下述款项:

(1)已实施的永久工程合同金额,以及已运至施工场地的材料和工程设备的损害;

(2)各项付款和已扣款金额;

(3)停工期间承包人应监理机构要求照管工程和清理、修复工程的金额。

【案例8-7】 某水利水电工程项目,发包人与承包人依据《水利水电工程标准施工招标文件》(2009)签订了施工承包合同,签约合同价格4 000万元(含临建固定总价承包项目200万元)。合同中规定:

(1)工程预付款的总额为签约合同价格的10%,开工前由发包人一次付清;工程预付款按公式 $R=\dfrac{A}{(F_2-F_1)S}(C-F_1S)$ 扣还,其中 $F_1=20\%$,$F_2=90\%$。

(2)发包人从第一次支付工程款起按10%的比例扣工程质量保证金,直至工程质量保证金总额达到签约合同价的5%为止。

(3)物价调整采用调价公式法。

(4)材料预付款按发票值的90%支付;材料预付款从付款的下一个月开始扣还,6个月内每月扣回1/6。

(5)利润率为7%,税率为3.22%。

(6)工程量清单中,对施工设备的进场和撤回、人员遣返费用等,未单独列项报价。

合同执行过程中,由于发包人违约,合同解除。合同解除时的情况为:

(1)承包人已完成工程量清单中合同额2 200万元。

(2)临时工程项目已全部完成。

(3)合同履行期间价格调整差额系数为0.02。

(4)承包人近期为工程合理订购某种材料300万元,入库已3个月;合同解除时,该种材料尚有库存50万元。

(5)承包人已为本工程永久设备签订了订货合同,合同价为50万元,并已支付合同定金10万元。

(6)承包人按合同价格已完成计日工10万元。

(7)承包人的全部进场费为32万元。

(8)承包人的全部设备撤回承包人基地的费用为20万元;由于部分设备用到承包人承包的其他工程上(合同中未规定),增加撤回费用5万元。

(9)承包人人员遣返总费用为10万元。

(10)承包人已完成的各类工程款和计日工等,发包人均已按合同规定支付。

(11)解除合同时,发包人与承包人协商确定:由于解除合同造成的承包人的进场费、设备撤回、人员遣返等费用损失,按未完成合同工程价款占合同价格的比例计算。

问题如下:

(1)合同解除时,承包人已经得到多少工程款?

(2)合同解除时,发包人应总共支付承包人多少金额(包括已经支付的和还应支付的)?

(3)合同解除时,发包人应进一步支付承包人多少金额?

解析:

(1)合同解除时,承包人已经得到的工程款为发包人应支付的款项金额与发包人应扣款项的金额之差。

①承包人已完成的合同工程量清单项目金额为2 200万元(含临时工程费200万元)。

计日工10万元。

价格调整差额:(2 200 - 200 + 10) × 0.02 = 40.2(万元)。

材料预付款:300 × 90% = 270(万元)。

工程预付款:4 000 × 10% = 400(万元)。

则发包人应支付的款项金额为2 920.2万元。

②工程预付款扣还:

合同解除时,累计完成合同工程金额:

$$C = 2\,200 + 10 = 2\,210(\text{万元}) > F_1S = 0.2 \times 4\,000 = 800(\text{万元})$$

累计扣回工程预付款:

$$R = (4\,000 \times 10\%)/[(0.9 - 0.2) \times 4\,000] \times (2\,210 - 0.2 \times 4\,000) = 201.4(\text{万元})$$

材料预付款扣还:$270 \times \frac{1}{6} \times 3 = 135$(万元)。

扣工程质量保证金：

2 210 × 10% = 221(万元) > 4 000 × 5% = 200(万元)(工程质量保证金总额)

故已扣工程质量保证金200万元。

则发包人已扣款项的金额为536.4万元。

故承包人已经得到的工程款为：

已支付的款项金额 - 已扣款项的金额 = 2 920.2 - 536.4 = 2 383.8(万元)

(2)合同解除时，发包人应总共支付承包人金额2 452.2万元。其中包括：

①承包人已完成的合同金额2 200万元；

②计日工10万元；

③价格调整差额(2 000 + 10) × 0.02 = 40.2(万元)；

④承包人的库存材料50万元；

⑤承包人订购设备定金10万元；

⑥承包人设备、人员遣返和进场费损失补偿：

[(4 000 - 2 200)/4 000] × (20 + 10 + 32) = 27.9(万元)

⑦利润损失补偿：

(4 000 - 2 200) ÷ (1 + 3.22%) ÷ (1 + 7%) × 7% = 114.1(万元)

(3)合同解除时，发包人应进一步支付(或扣回)承包人金额为总共应支付承包人金额与承包人已经得到的工程款之差，即2 452.2 - 2 383.8 = 68.4(万元)。

项目9 水利工程安全生产管理

任务1 水利工程安全生产控制概述

1 水利工程安全生产的相关概念

安全生产是保护劳动者安全健康,保证国民经济建设持续发展,创造和谐社会的基本条件,也是所有工作的入口和基础。我国实行"企业负责、行业管理、国家监察、群众监督、劳动者遵章守纪"的安全管理体制。生产单位及其负责人要在"安全第一,预防为主,综合治理"的方针指导下搞好安全生产,始终坚持管生产必须管安全的原则。

当前水利安全生产面临的形势依然严峻,水利安全生产任务更加艰巨。存在的主要问题如下:

一是水利建设任务加重,事故发生概率增加,安全生产压力加大,而在水利勘测设计、建设管理、施工组织、政府监管等方面都面临不相适应的局面。工程建设活动中存在建设管理单位管理不规范,自身安全监督力量相对薄弱,施工人员安全意识不强,安全投入不足等问题,增加了施工过程中发生安全事故的概率,导致安全监管工作责任重、压力大。

二是早期建设的水利工程安全隐患多,运行管理风险大。一些工程建设时间久、标准低、质量不高,经过多年运行,老化失修严重,运行安全隐患多。特别是中小病险水库、水闸、河道堤防和泵站等数量众多,安全管理薄弱,存在大量的安全隐患,是水利安全生产心腹之患。

三是极端天气现象频发,洪涝灾难风险加大。随着全球气候变化加剧,局部突发性暴雨、洪水和超强台风引发山体滑坡、泥石流等自然灾害增多,可能诱发水库溃坝、施工场地受灾等事故,造成群死群伤的重大灾难,水利工程建设与运行过程中安全风险增大。

因此,在水利工程生产过程中必须严格贯彻"安全生产,人人有责"的原则和"安全第一,预防为主,综合治理"的方针,切实做好安全生产管理工作。

安全生产过程中常见的一些概念及其内涵如下:

(1)安全生产。安全生产是指在生产过程中保障人员的人身安全和设备安全。它有两方面的含义:一是在生产过程中保护职工的安全和健康,防止工伤事故和职业病危害;二是在生产过程中防止其他各类事故的发生,确保生产设备的连续、稳定、安全运转,保护国家财产不受损失。

(2)劳动保护。劳动保护是指国家采用立法、技术和管理等一系列综合措施,消除生产过程中的不安全、不卫生因素,保护劳动者在生产过程中的安全和健康,保护和发展生产力。例如,在生产过程中应严格使用"三宝",即"安全帽、安全带、安全网"。

(3)安全生产法规。安全生产法规是指国家关于改善劳动条件,实现安全生产,为保护劳动者在生产过程中的安全和健康而采取的各种措施的总和,是必须执行的法律规范。

(4)施工现场安全生产保证体系。施工现场安全生产保证体系由水利工程承包单位制定,是实现安全生产目标所需的组织机构、职责、程序、措施、过程、资源和制度。

(5)安全生产管理目标。安全生产管理目标是水利工程项目管理机构制定的施工现场安全生产保证体系所要达到的各项基本安全指标。安全生产管理目标的主要内容有:

①杜绝重大伤亡、设备、管线、火灾和环境污染等事故;

②一般事故频率控制目标;

③安全生产标准化工地创建目标;

④文明施工创建目标;

⑤其他目标。

(6)安全检查。安全检查是指对施工现场安全生产活动和结果的符合性与有效性进行常规的检测及测量活动。其目的是:

①通过检查,可以发现施工中的不安全行为和物的不安全状态、不卫生问题,从而采取对策,消除不安全因素,保障安全生产。例如,操作旋转机械禁止戴手套,戴安全帽时必须系帽带,安全带不能只背不挂,进行切割或打磨作业时必须带防护面罩或眼镜,在高噪声环境下应佩戴耳塞。

②利用安全生产检查,进一步宣传、贯彻、落实国家安全生产方针、政策和各项安全生产规章制度。

③安全检查实质上也是群众性的安全教育。通过检查,增强领导和群众的安全意识,纠正违章指挥、违章作业、违反劳动纪律等现象,提高搞好安全生产的自觉性和责任感。

④通过检查可以互相学习、总结经验、吸取教训、取长补短,有利于进一步促进安全生产工作。

⑤通过安全生产检查,了解安全生产状态,为分析安全生产形势,研究加强安全管理提供信息和依据。

(7)危险源。危险源是指可能导致死亡、伤害、职业病、财产损失、工作环境破坏或这些情况组合的因素或状态。例如,在施工中红色警示标志表示禁止、停止、消防、危险,黄色警示标志表示注意、警告,蓝色警示标志表示提醒、指令,绿色警示标志表示通行、安全。

(8)隐患。隐患是指未被事先识别或未采取必要防护措施可能导致事故发生的各种因素。

(9)事故。事故是指任何造成疾病、伤害、死亡,财产、设备、产品、环境的损坏或破坏的事件。施工现场安全事故包括:高处坠落、物体打击、触电、机械伤害、车辆伤害、坍塌、起重伤害、淹溺、灼烫、火灾、放炮、火药爆炸、化学爆炸、物理性爆炸、中毒和窒息及其他伤害。

(10)应急救援。应急救援是指在安全生产措施控制失效情况下,为避免或减少可能引发的伤害或其他影响而采取的补救措施和抢救行为。它是安全生产管理的内容,是项目经理部实行施工现场安全生产管理的具体要求,也是监理工程师审核施工组织设计与施工方案中安全生产的重要内容。

(11)应急救援预案。应急救援预案是指针对可能发生的、需要进行紧急救援的安全生产事故,事先制订好应对补救措施和抢救方案,以便及时救助受伤的和处于危险状态中的人员、减少或防止事态进一步扩大,并为善后工作创造好的条件。

(12)高处作业。凡在坠落基准面2 m或2 m以上有可能坠落的高处进行作业,该项作业即称为高处作业,也称高空作业。高空作业都需要挂安全带,高挂低用;高空作业时材料应固定,防止滚动跌落;禁止抛掷材料或机具;禁止交叉作业;没有安全帽、安全带的不登高;患有心脏病、高血压、深度近视等症的不能进行登高作业,精神状态不佳的人也不能进行登高作业;夜间没有充分照明的不登高;脚手架、脚手板、梯子没有防滑措施或不牢固的不登高;穿了厚底皮鞋或携带笨重工具的不登高;登高脚手架未经验收不许工作;室外恶劣天气,6级及以上大风不允许高空作业。

(13)临边作业。在施工现场任何处所,当高处作业中工作面的边沿并无围护设施,或虽有围护设施,但其高度小于80 cm时,这种作业称为临边作业。建设工程中应做好"五临边"作业的安全防护工作,即"基坑周边、框架结构的施工楼层周边、屋面周边、未安装栏杆的楼梯边、未安装栏板的阳台边"。

(14)洞口作业。建筑物或构筑物在施工过程中,常会出现各种预留洞口、通道口、上料口、楼梯口、电梯井口,在其附近工作,称为洞口作业。建设工程中应着重做好"四口"的安全防护工作,即"楼梯口、电梯井口、预留洞口、通道口"。

(15)悬空作业。在周边临空状态下,无立足点或无牢靠立足点的条件下进行的高空作业,称为悬空作业。悬空作业通常在吊装、钢筋绑扎、混凝土浇注、模板支拆以及门窗安装和油漆等作业中较为常见。一般情况下,对悬空作业采取的安全防护措施主要是搭设操作平台,佩戴安全带,张挂安全网等。

(16)交叉作业。凡在不同层次中,处于空间贯通状态下同时进行的高空作业称为交叉作业。施工现场进行交叉作业是不可避免的,交叉作业会给不同的作业人员带来不同的安全隐患。因此,进行交叉作业时必须遵守安全规定。

2 水利工程安全生产的要求

根据水利部《关于贯彻落实〈国务院关于坚持科学发展安全发展促进安全生产形势持续稳定好转的意见〉,进一步加强水利安全生产工作的实施意见》(水安监〔2012〕57号),为进一步加强水利安全生产工作,推进水利科学发展、安全发展,结合水利实际,提出以下要求:

(1)坚持"安全第一,预防为主,综合治理"方针,以强化落实水利生产经营单位安全生产主体责任和水行政主管部门监管职责为重点,以事故预防为主攻方向,以规范生产为保障,以科技进步为支撑,正确处理速度、质量、效益与安全的关系,坚决杜绝重特大生产安全事故,最大限度减少较大和一般生产安全事故。

(2)全面落实水利安全生产执法、治理、宣教"三项行动"和法制体制机制、保障能力、监管队伍"三项建设"工作措施,构建安全生产长效机制,为水利又好又快发展提供坚实的安全生产保障。

(3)加大水利工程项目违规建设和违章行为的检查与处罚力度,依法严厉打击和整治水利工程建设中违背安全生产市场准入条件、违反安全设施“三同时”规定和水利技术标准强制性条文等非法违法生产经营建设行为，依法强化停产整顿、关闭取缔、从重处罚和厉行问责的“四个一律”（注：对非法生产经营建设和经停产整顿仍未达到要求的，一律关闭取缔；对非法生产经营建设的有关单位和责任人，一律按规定上限予以处罚；对存在非法生产经营建设的单位，一律责令停产整顿，并严格落实监管措施；对触犯法律的有关单位和人员，一律依法严格追究法律责任）打非措施。

（4）强化水利生产经营单位安全生产主体责任，落实主要负责人安全生产第一责任人的责任，做到“一岗双责”（注：对分管的业务工作负责，对分管业务范围内的安全生产负责）和强化岗位、职工安全责任，逐级、逐岗、逐人签订安全生产责任状，把安全生产责任落实到各个环节、岗位和人员。确保安全生产的四项措施（注：安全投入、安全管理、安全装备、教育培训等措施）落实到位。

（5）落实水利工程安全设施“三同时”制度。新建大中型水利水电建设项目要对安全生产条件及安全设施进行综合分析，编制安全专篇，并组织开展大中型水利枢纽建设项目安全评价工作。

（6）推进水利安全生产标准化建设。在水利生产经营单位推行安全生产标准化（注：标准化等级分为一、二、三级）管理，实现岗位达标、专业达标和单位达标。

（7）加大水利安全生产投入。水利施工企业按照国家有关规定足额提取安全生产费用（注：建筑安装工程造价的1.5%），落实各项施工安全措施，改善作业环境和施工条件，确保施工安全。

（8）健全完善水利安全生产工作格局。充分发挥各单位安全生产领导小组（安委会）的指导协调作用，全面落实各成员单位安全生产工作责任，建立安全生产领导小组（安委会）统一领导、安全监督部门综合监督、业务部门专业管理的水利安全生产工作机制，完善相关职能部门信息交流机制，形成安全监管强大合力。

3 监理单位安全生产控制的任务

监理单位安全生产控制的任务主要是贯彻落实国家有关安全生产的方针、政策，督促施工承包单位落实各项安全生产的技术措施，消除施工中的冒险性、盲目性和随意性，减少不安全的隐患，杜绝各类伤亡事故的发生，实现安全生产。监理机构在编制监理规划时，应包括安全监理方案，明确安全监理的范围、内容、工作程序、制度和措施，以及人员配备计划和职责。对施工危险性较大的作业，监理机构应编制监理实施细则，明确安全监理的方法、措施。监理单位在施工过程中安全生产控制的主要任务包括：

（1）监理机构应根据施工合同文件的有关约定，协助发包人进行施工安全的检查、监督，参加发包人和有关部门组织的安全生产专项检查。

（2）工程开工前，监理机构应督促承包人建立健全施工安全保障体系和安全管理规章制度，对职工进行施工安全教育和培训，对施工组织设计中的施工安全措施进行审查。检查承包人对特种作业人员安全作业培训情况和特种作业人员上岗证。

（3）在施工过程中，监理机构应对承包人执行施工安全的法律、法规和工程建设强制性标准及施工安全措施的情况进行监督、检查。发现不安全因素和安全隐患时，应指示承包人采取有效措施予以整改。若承包人延误或拒绝整改，监理机构可责令其停工。当监理机构发现存在重大安全隐患时，应立即指示承包人停工，做好防患措施，并及时向发包人报告；如有必要，应向政府有关主管部门报告。

(4)当发生施工安全事故时，监理机构应协助发包人进行安全事故的调查处理工作。

(5)监理机构应协助发包人在每年汛前对承包人的度汛方案及防汛预案的准备情况进行检查。

任务2 建设主体的安全生产控制责任

《水利工程建设安全生产管理规定》规定：建设单位、勘察单位、设计单位、施工承包单位、工程监理单位及其他与建设工程安全生产有关的单位，必须遵守安全生产法律、法规的规定，保证水利工程安全生产，依法承担建设工程安全生产责任。

1 项目法人的安全生产责任

(1)项目法人在对施工投标单位进行资格审查时，应当对投标单位的主要负责人、项目负责人及专职安全生产管理人员是否经水行政主管部门安全生产考核合格进行审查。有关人员未经考核合格的，不得认定投标单位的投标资格。

(2)项目法人应当向施工单位提供施工现场及施工可能影响的毗邻区域内供水、排水、供电、供气、供热、通信、广播电视等地下管线资料，气象和水文观测资料，拟建工程可能影响的相邻建筑物和构筑物、地下工程的有关资料，并保证有关资料的真实、准确、完整，满足有关技术规范的要求。对可能影响施工报价的资料，应当在招标时提供。

(3)项目法人不得调减或挪用批准概算中所确定的水利工程建设有关安全作业环境及安全施工措施等所需费用。工程承包合同中应当明确安全作业环境及安全施工措施所需费用。

(4)项目法人应当组织编制保证安全生产的措施方案，并自开工报告批准之日起15日内报有管辖权的水行政主管部门、流域管理机构或者其委托的水利工程建设安全生产监督机构备案。建设过程中安全生产的情况发生变化时，应当及时对保证安全生产的措施方案进行调整，并报原备案机关。

保证安全生产的措施方案应当根据有关法律法规、强制性标准和技术规范的要求并结合工程的具体情况编制，应当包括以下内容：

①项目概况；

②编制依据；

③安全生产管理机构及相关负责人；

④安全生产的有关规章制度制定情况；

⑤安全生产管理人员及特种作业人员持证上岗情况等；

⑥生产安全事故的应急救援预案；

⑦工程度汛方案、措施；

⑧其他有关事项。

(5)项目法人在水利工程开工前,应当就落实保证安全生产的措施进行全面系统的布置,明确施工单位的安全生产责任。

(6)项目法人应当将水利工程中的拆除工程和爆破工程发包给具有相应水利水电工程施工资质等级的施工单位。项目法人应当在拆除工程或者爆破工程施工15日前,将下列资料报送水行政主管部门、流域管理机构或者其委托的安全生产监督机构备案:

①施工单位资质等级证明;

②拟拆除或拟爆破的工程及可能危及毗邻建筑物的说明;

③施工组织方案;

④堆放、清除废弃物的措施;

⑤生产安全事故的应急救援预案。

2 工程施工单位的安全生产责任

《水利工程建设安全生产管理规定》按施工单位、施工单位的相关人员及施工作业人员等三个方面,从保证安全生产应当具有的基本条件出发,对施工单位的资质等级、机构设置、投标报价、安全责任,施工单位有关负责人的安全责任及施工作业人员的安全责任等作出了具体规定,主要有:

(1)施工单位从事水利工程的新建、扩建、改建、加固和拆除等活动,应当具备国家规定的注册资本、专业技术人员、技术装备和安全生产等条件,依法取得相应等级的资质证书,并在其资质等级许可的范围内承揽工程。

(2)施工单位依法取得安全生产许可证后,方可从事水利工程施工活动。

(3)施工单位主要负责人依法对本单位的安全生产工作全面负责。施工单位应当建立健全安全生产责任制度和安全生产教育培训制度,制定安全生产规章制度和操作规程,保证本单位建立和完善安全生产条件所需资金的投入,对所承担的水利工程进行定期和专项安全检查,并做好安全检查记录。

(4)施工单位的项目负责人应当由取得相应执业资格的人员担任,对水利工程建设项目的安全施工负责,落实安全生产责任制度、安全生产规章制度和操作规程,确保安全生产费用的有效使用,并根据工程的特点组织制定安全施工措施。消除安全事故隐患,及时、如实报告生产安全事故。

(5)施工单位在工程报价中应当包含工程施工的安全作业环境及安全施工措施所需费用。对列入建设工程概算的上述费用,应当用于施工安全防护用具及设施的采购和更新、安全施工措施的落实、安全生产条件的改善,不得挪作他用。

(6)施工单位应当设立安全生产管理机构,按照国家有关规定配备专职安全生产管理人员。施工现场必须有专职安全生产管理人员。

专职安全生产管理人员负责对安全生产进行现场监督检查。发现生产安全事故隐患,应当及时向项目负责人和安全生产管理机构报告;对违章指挥、违章操作的,应当立即制止。

(7)施工单位在建设有度汛要求的水利工程时,应当根据项目法人编制的工程度汛方案、措施制订相应的度汛方案,报项目法人批准;涉及防汛调度或者影响其他工程、设施度汛安全的，由项目法人报有管辖权的防汛指挥机构批准。

(8)垂直运输机械作业人员、安装拆卸工、电工、焊工、司炉工、司索工、爆破作业人员、起重信号工、登高架设作业人员等特种作业人员，必须按照国家有关规定经过专门的安全作业培训，并取得特种作业操作资格证书后，方可上岗作业。

(9)施工单位应当在施工组织设计中编制安全技术措施和施工现场临时用电方案，对下列达到一定规模的危险性较大的工程应当编制专项施工方案，并附具安全验算结果，经施工单位技术负责人签字及总监理工程师核签后实施，由专职安全生产管理人员进行现场监督：

①基坑支护与降水工程；

②土方和石方开挖工程；

③模板工程；

④起重吊装工程；

⑤脚手架工程；

⑥拆除、爆破工程；

⑦围堰工程；

⑧其他危险性较大的工程。

对上述所列工程中涉及高边坡、深基坑、地下暗挖工程、高大模板工程的专项施工方案，施工单位还应当组织专家进行论证、审查。

(10)施工单位在使用施工起重机械和整体提升脚手架、模板等自升式架设设施前，应当组织有关单位进行验收，也可以委托具有相应资质的检验检测机构进行验收；使用承租的机械设备和施工机具及配件的，由施工总承包单位、分包单位、出租单位和安装单位共同进行验收。验收合格的方可使用。

(11)施工单位的主要负责人、项目负责人、专职安全生产管理人员应当经水行政主管部门安全生产考核合格后方可任职。

施工单位应当对管理人员和作业人员每年至少进行一次安全生产教育培训，其教育培训情况记入个人工作档案。安全生产教育培训考核不合格的人员，不得上岗。

施工单位在采用新技术、新工艺、新设备、新材料时，应当对作业人员进行相应的安全生产教育培训。

3　勘察单位的安全责任

勘察单位应该认真执行国家有关法律、法规和工程建设强制性标准，在进行勘察作业时，应当严格执行操作规程，采取措施保证各类管线、设施和周边建筑物、构筑物的安全，提供真实、准确、满足建设工程安全生产需要的勘察资料。建设工程勘察单位安全责任包括勘察标准、勘察文件和勘察操作规程三个方面。

第一个方面是勘察标准。我国目前工程建设标准分为四级、两类。四级分别为国家标准、行业标准、地方标准、企业标准。层次最高的是国家标准，上层次标准对下层次标准有指导和制约作用，但从严格程度来说，最严格的通常是最下层次的标准，下层次标准可以对上层次标准进行补充，但不得矛盾，也不得降低上层次标准的相关规定。两类标准即强制性标准和推荐性标准。在我国现行标准体系建设状况下，强制性标准是指直接涉及质量、安全、卫生及环保等方面的标准强制性条文，如《工程建设标准强制性条文》（水利工程部分）、《工程建设标准强制性条文》（电力工程部分）等。

勘察单位在从事勘察工作时，应当满足相应的资质标准，即勘察单位必须具有相应的勘察资质，并且在其资质等级许可的范围内承揽勘察业务。

第二个方面是勘察文件。勘察文件在符合国家有关法律、法规和技术标准的基础上，应当满足设计及施工等勘察深度要求，必须真实、准确。

第三个方面是勘察单位在勘察作业时应严格执行有关操作规程，防止因钻探、取土、取水、测量等活动，对各类管线、设施和周边建筑物、构筑物造成危害。勘察单位有权拒绝建设单位提出的违反国家有关规定的不合理要求，并提出保证工程勘察质量所必需的现场工作条件和合理工期。

4 设计单位的安全责任

设计单位和其注册执业人员应当对其设计负责。设计单位应当严格按照有关法律、法规和工程建设强制性标准进行设计，防止因设计不合理导致生产安全事故的发生，在设计中应当考虑施工安全操作和防护的需要，对涉及施工安全的重点部位和环节在设计文件中注明，并对防范生产安全事故提出指导意见。对于采用新结构、新材料、新工艺的建设工程和特殊结构的建设工程，设计单位应当在设计中提出保障施工作业人员安全和预防生产安全事故的措施建议。设计单位的安全责任规定中包括了设计标准、设计文件和设计人员三个方面。

第一个方面是设计标准。因为强制性标准是对所有设计的普遍性要求，每个工程项目均有其特殊性，所以提醒设计单位注意周边环境因素可能对工程的施工安全产生的影响，周边环境因素包括施工现场及施工可能影响的毗邻区域内供水、排水、供电、供气、供热、通信、广播电视等地下管线，气象和水文条件，拟建工程可能对相邻建筑物和构筑物、地下工程的影响等。同时提醒设计单位注意，设计本身的不合理也可能导致生产安全事故的发生。

第二个方面是设计文件。规定了设计单位有义务在设计文件中提醒施工单位等应当注意的主要安全事项。“注明”和“提出指导意见”两项义务，在普通民事合同中，这种义务只能看作是一种附随义务，一般也不会因违反而承担严重的法律后果。但水利建设施工安全事关公众重大利益，并且一般情况下只有工程设计单位和设计人员对工程项目的结构、材料、强度、可能的危险源等有全面准确的理解和把握，如果设计单位或设计人员不履行提醒义务可能造成十分严重的社会后果。所以，在此将之规定为工程设计单位的一种强制义务，体现出了国家权力对司法领域的适当干预。

第三个方面是设计人员。设计人员应当具备国家规定的执业资格条件，如2005年人事部、建设部、水利部联合颁布了《注册土木工程师（水利水电工程）制度暂行规定》（国人部发〔2005〕58号）等文件，从事水利水电工程除单位具备资质外，设计人员也将实行执业资格等管理制度。

5 监理单位的安全责任

自 1988 年我国工程建设开始开展建设监理工作以来，工程监理也在工程建设中发挥了它对工程的投资、进度、质量控制，合同、信息管理及组织协调不可替代的作用。但是，特别应该指出的是，在以往已经实施工程建设监理的建设项目中，相当一些监理单位只注重对施工质量、进度和投资的监控，本身工程建设监理规定的主要内容中，并没有把安全监理作为一项重要内容加以监控，只是把安全监理作为质量控制中的一小部分，而且监理单位也没有配备安全工程技术人员。这样，在施工安全卫生上监控的效果未能充分发挥出来，使得施工现场因违章指挥、违章作业而发生的伤亡事故局面未能得到有效的控制。扭转工程建设项目事故多发的被动局面就必然应当加强安全监理工作，使安全监理作为工程建设监理的一项单独监控项目，配备这方面的人才，加强这方面的工作。因此，近年来，一些专家、行业人员把原来的监理业务"三控制、二管理、一协调"重新概括为"三控制、三管理、一协调"，即强调把安全管理作为一项重要内容进行监控。

工程建设监理单位安全责任包括技术标准、施工前审查和施工过程中监督检查等三个方面。

第一个方面是监理人员应当严格按照国家的法律法规和技术标准进行工程的监理。

第二个方面是监理单位施工前应当履行有关文件的审查义务。监理单位对施工组织设计和专项施工方案的安全审查责任，从履行形式上看，是一种书面审查，其对象是施工组织的设计文件或专项施工方案。从内容上看，它是监理单位和监理人员运用自己的专业知识，以法律、法规和监理合同及施工合同中约定的强制性标准为依据，对施工组织设计中的安全技术措施和专项施工方案进行安全性审查。

第三个方面是监理单位应当履行代表项目法人对施工过程中的安全生产情况进行监督检查的义务。有关义务可以分两个层次：一是在发现施工过程中存在安全事故隐患时，应当要求施工单位整改。"安全事故隐患"是指施工单位的劳动安全设施和劳动卫生条件不符合国家规定，对劳动者和其他人群健康安全及公私财产构成威胁的状态。这里的"发现"既包括事实上的"发现"，也包括根据监理合同规定的监理单位职责及监理人员应当具备的基本技能"应当发现"生产安全事故隐患等，只有这样才能杜绝监理单位因玩忽职守而逃脱安全责任。二是在施工单位拒不整改或者不停止施工等情况下的救急责任，监理单位应当履行及时报告的义务。

任务 3 监理机构在安全生产控制中的主要工作

1 建设前期的安全控制

1.1 安全生产控制体系

搞好安全生产的控制，首先要建立安全生产的控制体系，如图 9-1、图 9-2 所示。

1.2 安全事故防范措施

在施工开始前，项目监理部应组织有关单位分析本工程的特点及一般的安全事故类型和安全事故的影响,有针对性地采取措施,做好安全事故的事前预控。

(1)坚持“安全第一、预防为主、综合治理”的方针。建立健全生产安全责任制;完善安全控制机构、组织制度和报告制度;保证施工环境,树立文明施工意识;安全经费及时到位,专款专用;做好安全事故救助预案并进行演练。

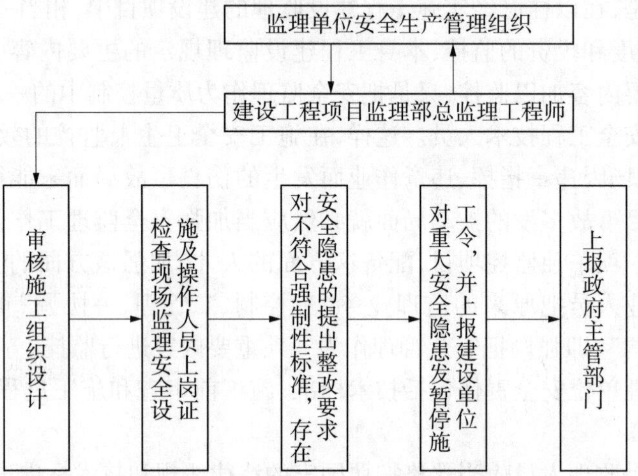

图 9-1　监理单位安全生产控制体系

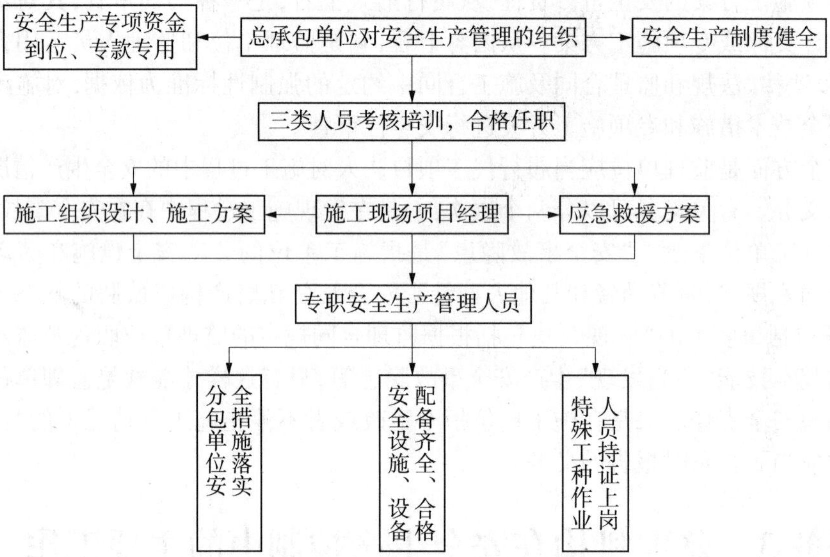

图 9-2　施工承包单位安全生产控制体系

(2)建立完善的安全检查验收制度。生产部门应该在安全制度的基础上,设专人定期或者不定期地对生产过程中的安全状况进行检查,发现隐患及时纠正。存在隐患不能施工的,改正合格后,向监理工程师报验,监理工程师应及时检查验收,对不符合安全要求的部位提出整改要求,经整改验收合格后签字,方可继续施工。

2 安全生产控制的审查

2.1 对施工承包单位安全生产管理体系的检查

(1)施工承包单位应具备国家规定的安全生产资质证书,并在其等级许可范围内承揽工程。

(2)施工承包单位应成立以企业法人代表为首的安全生产管理机构,依法对本单位的安全生产工作全面负责。

(3)施工承包单位的项目负责人应当由取得安全生产相应资质的人员担任,在施工现场应建立以项目经理为首的安全生产管理体系,对项目的安全施工负责。

(4)施工承包单位应当在施工现场配备专职安全生产管理人员,负责对施工现场的安全施工进行监督检查。

(5)工程实行总承包的,应由总承包单位对施工现场的安全生产负总责,总承包单位和分包单位应对分包工程的施工安全承担连带责任,分包单位应当服从总承包单位的安全生产管理。

2.2 对施工承包单位安全生产管理制度的检查

(1)安全生产责任制。这是企业安全生产管理制度中的核心,是上至总经理下至每个生产工人对安全生产所应负的职责。

(2)安全技术交底制度。施工前由项目的技术人员将有关安全施工的技术要求向施工作业班组、作业人员作出详细说明,并由双方签字落实。

(3)安全生产教育培训制度。施工承包单位应当对管理人员、作业人员,每年至少进行一次安全教育培训,并把教育培训情况记入个人工作档案。

(4)施工现场文明管理制度。

(5)施工现场安全防火、防爆制度。

(6)施工现场机械设备安全管理制度。

(7)施工现场安全用电管理制度。

(8)班组安全生产管理制度。

(9)特种作业人员安全管理制度。

(10)施工现场门卫管理制度。

2.3 对工程项目施工安全监督机制的检查

(1)施工承包单位应当制定切实可行的安全生产规章制度和安全生产操作规程。

(2)施工承包单位的项目负责人应当落实安全生产的责任制及有关安全生产的规章制度和操作规程。

(3)施工承包单位的项目负责人应根据工程特点,组织制定安全施工措施,消除安全隐患,及时如实报告施工安全事故。

(4)施工承包单位应对工程项目进行定期与不定期的安全检查,并做好安全检查记录。

(5)在施工现场应采用专检和自检相结合的安全检查方法、班组间相互安全监督检查的方法。

(6)专职安全生产管理人员在施工现场发现安全事故隐患时,应当及时向项目负责人和安全生产管理机构报告,对违章指挥、违章操作的应当立即制止。

2.4 对施工承包单位安全教育培训制度落实情况的检查

(1)施工承包单位主要负责人、项目负责人、专职安全管理人员应当接受建设行政主管部门组织的安全教育培训,并经考核合格后方可上岗。

(2)作业人员进入新的岗位或新的施工现场前应当接受安全生产教育培训,未经培训或培训考核不合格的不得上岗。

(3)施工承包单位在采用新技术、新工艺、新设备、新材料时应当对作业人员进行相应的安全生产教育培训。

(4)施工承包单位应当向作业人员以书面形式,告之危险岗位的操作规程和违章操作的危害,制定出保障施工作业人员安全和预防安全事故的措施。

(5)对垂直运输机械作业人员,安装拆卸、爆破作业人员,起重信号、登高架设作业人员等特种作业人员,必须按照国家有关规定,经过专门的安全作业培训,并取得特种作业操作资格证书后,方可上岗作业。

2.5 文明施工的检查

(1)施工承包单位应当在施工现场入口处、起重机械、临时用电设施、脚手架、出入通道口、电梯井口、楼梯口、孔洞口、基坑边沿、爆破物及有害气体和液体存放处等危险部位设置明显的安全警示标志。在市区内施工时,应当对施工现场实行封闭围挡。

(2)施工承包单位应当在施工现场建立消防安全责任制度,确定消防安全责任人,制定用火、用电,使用易燃、易爆材料等各项消防安全管理制度和操作规程,设置消防通道、消防水源,配备消防设施和灭火器材,并在施工现场入口处设置明显防火标志。

(3)施工承包单位应当根据不同施工阶段和周围环境及季节气候的变化,在施工现场采取相应的安全施工措施。

(4)施工承包单位对施工可能造成损害的毗邻建筑物、构筑物和地下管线,应当采取专项防护措施。

(5)施工承包单位应当遵守环保法律、法规,在施工现场采取措施,防止或减少粉尘、废水、废气、固体废物、噪声、振动及施工照明对人和环境的危害与污染。

2.6 对其他方面安全隐患的检查

(1)施工现场的安全防护用具、机械设备、施工机具及配件必须有专人保管,定期进行检查、维护和保养,建立相应的资料档案,并按国家有关规定及时报废。

(2)施工承包单位应当向作业人员提供安全防护用具和安全防护服装。

(3)作业人员有权对施工现场的作业条件、作业程序与作业方式中存在的安全问题提出批评、检举和控告,有权拒绝违章指挥和强令冒险作业。

(4)施工中发生危及人身安全的紧急情况时,作业人员有权立即停止作业或者采取必要的紧急措施后撤离危险区域。

(5)作业人员应当遵守安全施工的强制性标准、规章制度和操作规程,正确使用安全防护用具、机械设备。

(6)施工现场临时搭建的建筑物应当符合安全使用要求,施工现场使用的装配式活动房应有产品合格证。

3 安全生产技术措施的审查

主要检查施工组织设计中有无安全措施,对下列达到一定规模的危险性较大的分部分项工程编制专项施工方案,并附具安全验算结果,经施工承包单位技术负责人、总监理工程师签字后实施,由专项安全生产管理人员进行现场监督。

(1)基坑支护与降水工程专项措施;

(2)土方开挖工程专项措施;

(3)模板工程专项措施;

(4)起重吊装工程专项措施;

(5)脚手架工程专项措施;

(6)拆除、爆破工程专项措施;

(7)高处作业专项措施;

(8)施工现场临时用电安全专项措施;

(9)施工现场的防火、防爆安全专项措施;

(10)国务院建设行政主管部门或者其他有关部门规定的其他危险性较大的工程。

对上述所列工程中涉及深基坑、地下暗挖工程、高大模板工程的专项施工方案,施工承包单位还应当组织专家进行论证、审查。

4 施工过程的安全生产控制

4.1 安全生产的巡视检查

巡视检查是监理工程师在施工过程中进行安全与质量控制的重要手段。在巡视检查中应该加强对施工安全的检测,防止安全事故的发生。

4.1.1 安全用电情况

为防止触电事故的发生,监理工程师应该对用电情况予以重视,不合格的要求整改。

4.1.2 脚手架、模板情况

为防止脚手架坍塌事故的发生,监理工程师对脚手架的安全应该引起足够重视,对脚手架的施工工序应该进行验收。

4.1.3 机械使用情况

由于使用过程中违规操作、机械故障等,会造成人员的伤亡。因此,对于机械使用情况,监理工程师应该进行验收。对不合格的机械设备,应令施工承包单位清出施工现场,不得使用;对没有资质的操作人员,应停止其操作行为。

4.1.4 安全防护情况

有了必要的防护措施就可以大大减少安全事故的发生,监理工程师对安全防护情况的检查验收主要有:防护是否到位,不同的工种应该有不同的防护装置,如安全帽、安全带、安全网、防护罩、绝缘服等;自身安全防护是否合格,如头发、衣服、身体状况等;施工现场周围环境的防护措施是否健全,如高压线、地下电缆、运输道路以及沟、河、洞等对建设工程的影响;安全管理费用是否到位,能否保证安全防护的设置需求。

任务4　水利工程生产安全事故的应急救援和调查处理

1　水利工程建设安全生产应急救援的要求

根据上述规定,结合水利工程建设特点以及水利工程建设管理体系的实际情况,《水利工程建设安全生产管理规定》中,有关水利工程建设安全生产应急救援的要求主要有以下几点:

(1)各级地方人民政府水行政主管部门应当根据本级人民政府的要求,制订本行政区域内水利工程建设特大生产安全事故应急救援预案,并报上一级人民政府水行政主管部门备案。流域管理机构应当编制所管辖的水利工程建设特大生产安全事故应急救援预案,并报水利部备案。

(2)项目法人应当组织制订本建设项目的生产安全事故应急救援预案,并定期组织演练。应急救援预案应当包括紧急救援的组织机构、人员配备、物资准备、人员财产救援措施、事故分析与报告等方面的方案。

(3)施工单位应当根据水利工程施工的特点和范围,对施工现场易发生重大事故的部位、环节进行监控,制订施工现场生产安全事故应急救援预案。实行施工总承包的,由总承包单位统一组织编制水利工程建设生产安全事故应急救援预案,工程总承包单位和分包单位按照应急救援预案,各自建立应急救援组织或者配备应急救援人员,配备救援器材、设备,并定期组织演练。

2　生产安全事故的调查处理

关于生产安全事故的调查处理,《水利工程建设安全生产管理规定》根据《安全生产法》及《建设工程安全生产管理条例》的有关规定,结合水利工程建设的特点,提出以下主要要求:

(1)施工单位发生生产安全事故,应当按照国家有关伤亡事故报告和调查处理的规定,及时、如实地向负责安全生产监督管理的部门及水行政主管部门或者流域管理机构报告;特种设备发生事故的,还应当同时向特种设备安全监督管理部门报告。接到报告的部门应当按照国家有关规定,如实上报。

实行施工总承包的建设工程,由总承包单位负责上报事故。

发生生产安全事故,项目法人及其他有关单位应当及时、如实地向负责安全生产监督管理的部门和水行政主管部门或者流域管理机构报告。

(2)发生生产安全事故后,有关单位应当采取措施防止事故扩大,保护事故现场。需要移动现场物品时,应当做出标记和书面记录,妥善保管有关证物。

(3)水利工程建设生产安全事故的调查、对事故责任单位和责任人的处罚与处理,按照有关法律、法规的规定执行。

(4)事故处理报告应逐级上报。事故处理报告的内容包括:事故的基本情况,事故调查及检查情况,事故原因分析,事故处理依据,安全、质量缺陷处理方案及技术措施,实施安全、质量缺陷处理中的有关数据、记录、资料，对处理结果的检查、鉴定和验收，结论意见。

任务5 水利工程文明工地建设要求

为深入贯彻落实科学发展观，大力加强水利建设工程管理水平，进一步规范水利工程建设文明工地创建工作，大力倡导文明施工、安全施工，营造和谐建设环境，更好地发挥水利工程在国民经济和社会发展中的重要支撑作用，水利部制定发布了《水利建设工程文明工地创建管理暂行办法》（水精〔2012〕1号），该办法共二十条。

1 文明工地创建标准

（1）质量管理：质量保证体系健全；工程质量得到有效控制，工程内在、外观质量优良；质量事故、质量缺陷处理及时；质量档案管理规范、真实，归档及时等。

（2）综合管理：文明工地创建工作计划周密，组织到位，制度完善，措施落实；参建各方信守合同，严格执行基本建设程序；全体参建人员遵纪守法，爱岗敬业；学习气氛浓厚，职工文体活动丰富；信息管理规范；参建单位之间关系融洽，能正确协调处理与周边群众的关系，营造良好的施工环境。

（3）安全管理：安全生产责任制及规章制度完善；制定针对性及操作性强的事故应急预案；实行定期安全生产检查制度，无生产安全事故发生。

（4）施工区环境：现场材料堆放、施工机械停放有序、整齐；施工道路布置合理，路面平整、通畅；施工现场做到工完场清；施工现场安全设施及警示标识规范；办公室、宿舍、食堂等场所整洁、卫生；生态环境保护及职业健康条件符合国家标准要求，防止或减少施工引起的粉尘、废水、废气、固体废弃物、噪声、振动、照明对人和环境的危害，防范污染措施得当。

有下列情形之一的，不得申报“文明工地”：

（1）干部职工中发生刑事案件或经济案件被判处刑法主刑的，干部职工中发生违纪、违法行为，受到党纪、政纪处分或被刑事处罚的；

（2）发生较大及以上质量事故或一般以上生产安全事故、环保事件；

（3）被水行政主管部门或有关部门通报批评或进行处罚的；

（4）拖欠工程款、民工工资或与当地群众发生重大冲突等事件，并造成严重社会影响的；

（5）项目建设单位未严格执行项目法人负责制、招标投标制和建设监理制的；

（6）项目建设单位未按照国家现行基本建设程序要求办理相关事宜的；

（7）项目建设过程中，发生重大合同纠纷，造成不良影响的。

2 文明工地创建与管理

文明工地创建在项目法人党组织的统一领导下进行，主要领导为第一责任人，形成主要领导亲自抓,分管领导具体抓,各部门和相关单位齐抓共管,各参建单位积极配合,广大干部职工广泛参与的工作格局。

项目法人应将文明工地创建工作纳入工程建设管理的总体规划,根据文明工地的创建标准,结合工程建设实际,制订创建工作实施计划,采取切实可行的措施,确保各项创建工作落到实处。

开展文明工地创建的单位,应做到:组织机构健全,规章制度完善,岗位职责明确,档案资料齐全。

文明工地创建应有扎实的群众基础,加强舆论宣传,及时总结宣传先进典型,广泛开展技能比武、文明班组、青年文明号、岗位能手等多种形式的创建活动。

文明工地创建要加强自身管理,根据新形势、新任务的要求,创新内容、创新手段、创新载体。要搞好日常的检查考核,建立健全激励机制,不断巩固提高创建水平。

3 文明工地申报

文明工地实行届期制,每两年命名一次。按照自愿申报、逐级推荐、考核评审、公示评议、审定命名的程序进行。在上一届期已被命名为文明工地的,如符合条件,可继续申报下一届。

(1)自愿申报。凡符合文明工地标准且满足下列申报条件的水利建设工地,即可自愿进行申报:开展文明工地创建活动半年以上;工程项目已完成的工程量,应达全部建筑安装工程量的20%及以上,或在主体工程完工一年以内;工程进度满足总体进度计划要求。

申报文明工地的项目,原则上是以项目建设管理单位所管辖的一个工程项目或其中的一个或几个标段为单位的工程项目(或标段)为一个文明建设工地。

(2)逐级推荐。县级及以上水行政主管部门负责对申报单位进行现场考核,并逐级向上推荐。省、自治区、直辖市水利(水务)厅(局)文明办会同建管部门进行考核,本着优中选优的原则,向本单位文明委提出推荐(申报)名单。

流域机构所属的工程项目,由流域机构文明办会同建管部门进行考核,向本单位文明委提出推荐(申报)名单。

中央和水利部直属工程项目,由项目法人直接向水利部文明办申报。

(3)考核评审。水利部文明办会同建设与管理司负责组织文明工地的审核、评定,按照考核标准赋分,提出文明工地建议名单,报水利部精神文明建设指导委员会(以下简称“水利部文明委”)审定。

(4)公示评议。水利部文明委审议通过后,在水利部相关媒体上进行为期一周的公示,接受公众监督。公示期间有异议的,由水利部文明办会同建设与管理司组织复核。

(5)审定命名。对符合条件的“文明工地”工程项目,由水利部文明办授予“文明工地”称号。

任务6　水利水电工程施工典型事故案例分析

【案例9-1】　高处作业未系安全带坠落伤亡事故

1996年4月7日15时30分，某仓库罩棚工程正在进行铺设屋面板工作。当时，有6人在棚顶抬面板，当他们正向屋脊方向走时，刮来一阵强风，将6人所抬面板刮得脱手立起，撞击在下风口的于某身上，致使于某从檐高8 m处坠落，经抢救无效死亡。

事故原因分析：

(1)直接原因：违反安全防护标准中"凡2 m以上无法采取可靠防护设施的高处作业人员必须系安全带"的规定，于某等人高处作业未系安全带，在受到屋面板撞击后，得不到有效防护。

(2)间接原因：安全措施不到位。

(3)主要原因：于某等人高处作业未采取任何安全防护措施。

防范措施：

(1)高处作业人员必须系好安全绳、安全带，戴安全帽，穿防滑鞋。

(2)必须经安全防护设施检查合格后，方可作业。

(3)四级风以上不准从事装板作业。

【案例9-2】　人随支架坠落伤亡事故

1996年11月21日10时许，某项目部发电机班的职工安装1号机定子最后一个机座上环支架。当吊装就位找正、调正摘钩后，发电机班承担安装支架的两位同志均到该机组上游面去拉电焊线准备对支架焊接固定。在此期间，卷线班职工刘某在无他人知道的情况下，从刚刚吊装就位（未焊接固定）的上环支架边经过，由于支架边沿极窄，刘某抱住支架跨越，未经焊接固定的支架，经刘某一拉，人与支架同时坠落至定子外围混凝土地面上（高差3.4 m），刘某的大腿被支架（1.3 m×0.7 m×0.4 m）砸断，在送往医院途中，因失血过多死亡。

事故原因分析：

(1)直接原因：刘某安全意识淡薄，行走时不从安全地带经过，而从未固定支架边缘违章强行通过。

(2)间接原因：

①工程项目部对职工的安全教育不够，安全监督检查工作不力；

②施工班组之间工作时缺乏相互联系和沟通；

③作业现场未设警示标志，也未设专人监护，作业人员就离开了工作点。

(3)主要原因：发电机班在支架就位固定之前，未设专人监护，也未设警示标志，人员就离开了工作点。

防范措施：

(1)加强职工的经常性安全教育，提高职工的安全意识和自我保护意识，树立"三不伤害"（不伤害自己、不伤害别人、不被别人伤害）的思想。

(2)认真组织职工开好班前安全生产会，在布置生产任务的同时，重点落实安全措施。

(3)在安装过程中,对安装就位尚未固定的部件、构件应设专人监护,并有防护措施,建立严格的规章制度。

(4)班组安全员进行经常性巡查,及时消除不安全因素和事故隐患。

【案例 9-3】　搭乘拉料车伤亡事故

1995 年 7 月 18 日 0 时左右,邬某驾驶自编 1 号铁马车负责从拌和楼往工地三坝段运送混凝土料。当班调度室计票员靳某因嫌灰大、蚊咬,两次拦 1 号铁马车请求搭乘,后经驾驶员同意,靳某擅离岗位坐入驾驶室。在此期间,质安科监仓人员马某曾两次责令其下车,靳某未听劝阻。1 时 20 分左右,邬某驾驶 1 号铁马车从拌和楼装料后向三坝段仓号驶去,当车行至四坝段陡坡(坡度约 20°)时,邬某踩脚制动减速,突然发现刹车踏板踩不动。此时,田某驾驶的 8 号铁马车卸完料正要开出仓号,见 1 号铁马车鸣号急速驶来,急忙制动停车,1 号铁马车快速驶过,冲入坡长 13.6 m、距岸 8 m 的龙河内,车辆损坏严重,驾驶员邬某趾骨、肾部等多处重伤,靳某头部重创后被抛出距车 10 m 的水中死亡。

事故原因分析:

(1)直接原因:由于主制动装置(脚制动)的双管路气制动总阀的平衡弹性块料垫破碎,破碎块不均匀地垫在液压工作缸活塞与平衡弹性块之间,当制动时液压工作缸活塞偏推控制活塞,使活塞歪斜卡死,不能打开阀门,造成脚制动失灵。

(2)间接原因:

①驾驶员下坡行驶时车速过快,缺乏对突发事件的应变能力;

②计票员违章擅离岗位,不听劝阻坐在拉料车上发票;

③劳动纪律松弛,安全检查力度不够。

(3)主要原因:车辆主制动装置失灵,车辆失控时临危措施不当。

防范措施:

(1)严格执行车辆检查、保养、维护制度,严禁开故障车、带病车。

(2)进一步加强对施工现场和道路的巡回检查制度,及时纠正和严肃查处违章违纪现象。

(3)认真组织职工开好班前安全生产会,在布置生产任务的同时,重点落实安全措施。

【案例 9-4】　高空坠物打击事故

2007 年 7 月 27 日 7 时 40 分左右,某车站底板钢筋绑扎完成,需要将位于基坑 1 号块底板的电焊机运送到地面,起重指挥工遂用对讲机指挥塔吊司机将起重吊钩移落到电焊机位置,准备起吊。起重吊钩移落到电焊机位置后,附近的 2 名钢筋工将电焊机上的钢丝绳索挂上吊钩,然后示意地面上的指挥工可以起吊。指挥工据此用对讲机指挥塔吊司机起吊电焊机。在电焊机上升距底板 3 m 左右时,电焊机的焊把线挂住了底板钢筋网。见此情形,先前吊挂电焊机的一名钢筋工冒险进入电焊机下方,想把挂住的焊把线拉开,此时,电焊机上的钢丝绳索突然滑脱,电焊机坠落,击中该钢筋工头部和肩部,致其当场重伤倒地,后经 120 救护人员证实身亡。

事故原因分析:

(1)直接原因:

①电焊机上的钢丝绳索不符合要求,在起吊过程中绳卡夹头松脱,导致电焊机坠落;

②受害者缺乏自我保护意识,在不具备司索工资质的条件下进行电焊机吊挂,且未遵守起重操作规程,在电焊机起吊过程中走到起吊物下方作业,被坠落的电焊机打击导致死亡。

(2)间接原因:

①在没有确保起吊物钢丝绳捆绑符合安全规定的情况下,指挥工盲目指挥起吊;

②安全检查不到位,未能及时发现钢丝绳索存在安全隐患,无人制止违章作业行为;

③安全教育不到位,作业人员安全意识淡薄,严重违反起重作业操作规程;

④安全管理松懈,司索工无证上岗作业。

(3)主要原因:受害者缺乏自我保护意识,在不具备司索工资质的条件下未遵守操作规程进行起重操作。

防范措施:

(1)严格执行特种作业人员持证上岗制度。

(2)进一步加强对施工现场的巡回检查,严厉查处违规作业、违章作业和违反劳动纪律的现象。

(3)加强职工安全教育,落实三级安全教育制度。

【案例9-5】 违规操作触电事故

1994年5月25日22时15分,某工地4号闸墩工作面进行混凝土施工准备。民工袁某等四人在上游门槽紧固排架拉模筋,因照明不足,袁某站在模板上擅自解开捆扎在小方木上作临时简易照明用的碘钨灯。袁某右手抓住混凝土纵向钢筋(接地),左手移动碘钨灯,因碘钨灯外壳带电,形成单相回路,袁某遭电击死亡。

事故原因分析:

(1)直接原因:

①非电工擅自移动碘钨灯;

②碘钨灯出厂不合格,外壳带电;

③进场使用检查不够,未能及时发现隐患。

(2)间接原因:

①对民工安全用电的教育不够,管理不严,没有配备相应的防护用品;

②碘钨灯出厂不合格,而未检查出来。

(3)主要原因:

①安装使用不合格的碘钨灯;

②非电工违章移动碘钨灯。

防范措施:

(1)对民工加强安全教育,提高安全意识和自我保护能力,不违反安全用电规定。

(2)施工现场电气设备的检修、电源线路的架设、照明灯安装等均应由电工进行操作。

(3)对作业人员提供必要的防护用品和防护用具。

(4)购置电器设备应严格执行验收制度,使用前应检查。

【案例 9-6】 搅拌机械伤害事故

1998 年 11 月 30 日上午,作业队主任苏某安排曾某甲、周某(修理工)、曾某乙(电焊工)修理强制式拌和机,并作了要注意安全的交代。3 人现场商定先修理拌和机上料斗,再焊接搅拌叶片。在修理料斗前,曾某乙要求将朱某(其妻,电焊工)叫过来一起修理,随后便开始工作。在料斗槽钢割断后,曾某甲叫曾某乙把料斗弹子吹出,曾某乙未搭话便走开了。周某在临时修理棚给料斗弹轴抹黄油,此时曾某甲想移动料斗便启动了拌和机,拌和机刚转动就听见有人喊"关了",曾某甲马上关掉拌和机,跑到出料口才知道拌和机内有人,便和朱某一起将拌和机内人(曾某乙)拖出。随即工区派车将曾某乙送往医院,终因伤势过重抢救无效死亡。

事故原因分析:

(1)直接原因:机内有人时,拌和机被启动。

(2)间接原因:

①职工安全意识和自我保护意识差;

②劳动组织不合理,工作中相互通气不够。

(3)主要原因:工作中配合不协调。

防范措施:

(1)以此事故为例,对职工(民工)进行一次安全教育,强化安全意识,进一步增强自我保护意识。

(2)加强职工相关操作的配合度。

(3)项目部应加强对施工现场的安全检查,督促各施工点认真贯彻项目部制定的安全管理制度及规定,落实安全责任,防止类似事故再次发生。

【案例 9-7】 爆破作业伤亡事故

某施工局于 1994 年 12 月 28 日,进行基坑右岸 7 号坝段空腹地段的大爆破和左岸 314 m 高程灌浆廊道的爆破工作。10 时 35 分基坑右岸爆破获得成功。但左岸 314 m 高程廊道内的导火索被右岸爆破飞石砸断 7 ~ 8 根,一炮孔导火索暴露部分只剩不足 10 cm。于是施工局安排民工将所有被埋在石渣下的炮孔位置全部扒出,进行第二次爆破,由开挖一队队长李某甲具体负责实施。12 时 15 分,点炮开始,炮工李某乙提醒队长李某甲,不要点只剩下不到 10 cm 的炮孔导火索,以防不测。但李某甲不听劝阻,仍将此导火索点着。撤退时,队长李某甲、炮工翁某在后,刚出洞口 4 m 左右,炮响,当场将李某甲炸死,翁某在送往医院途中死亡,炮工李某乙等三人受轻伤。

事故原因分析:

(1)直接原因:队长李某甲不听炮工李某乙的意见,凭主观认为所点炮孔剩下不到 10 cm 导火索是安全的,违章冒险点炮,结果点完炮后,刚出洞口 4 m 左右,炮就响了。

(2)间接原因:

①基坑右岸爆破和左岸廊道洞室爆破未能同时进行,没有对廊道采取防护措施,致使右岸爆破飞石击断左岸廊道洞室爆破的导火索,造成重大隐患;

②当廊道导火索被击断后,未能认真检查与处理;

③爆破组织工作不严密，现场安全监察不力；

④没有制定安全技术措施。

(3)主要原因：违反爆破作业的安全规定。

防范措施：

(1)严格执行爆破技术规定和技术要求，认真执行爆破作业的安全操作规程。

(2)强化管理，加强爆破作业现场监督检查，及时发现和纠正不安全的行为，消除事故隐患。

项目10 水利工程建设合同管理

合同管理,是指工程建设参与单位(如建设单位、施工单位、监理单位等)依据相关法律法规和规章制度,采取法律的、行政的手段,对合同关系进行组织、指导、协调及监督,保护合同当事人的合法权益,处理合同纠纷,防止和制裁违法行为,保证合同得到贯彻实施的一系列活动。

合同管理包括两个阶段内容:一是合同签订之前,合同的相关方围绕签订合同所进行的一系列管理活动,比如建设单位的招标活动,施工单位、监理单位、设计单位的投标活动;二是合同签订之后,以合同为基础来规范相关方建设行为,保证合同得到贯彻实施的一系列活动,比如工程实施过程中对建筑施工合同的管理活动。

任务1 工程建设合同基本知识

1 合同的概念及内容

《合同法》第二条规定:"合同是平等主体的自然人、法人、其他组织之间设立、变更、终止民事权利义务关系的协议。"合同作为一种协议,必须是当事人双方意思表示一致的民事法律行为。合同是当事人行为合法性的依据。合同中所确定的当事人的权利、义务和责任,必须是当事人依法可以享有的权利和能够承担的义务与责任,这是合同具有法律效力的前提。当事人依法享有自愿订立合同的权利,任何单位和个人不得非法干预。

任何合同都应具有三大要素,即合同的主体、客体和合同内容。

(1)合同主体,即签约双方的当事人。合同的当事人可以是自然人、法人或其他组织,且合同当事人的法律地位平等,一方不得将自己的意志强加于另一方。依法签订的合同具有法律效力。当事人应按合同约定履行各自的义务,不得擅自变更或解除合同。

(2)合同客体,指合同主体的权利与义务共同指向的对象,如建设工程项目、货物、劳务、智力成果等。客体应规定明确,切忌含混不清。

(3)合同内容。合同双方的权利、义务和责任。

根据《合同法》第十二条的规定,合同的内容由当事人约定,一般包含以下几个方面:

(1)当事人的名称或者姓名和住所;

(2)标的;

(3)数量;

(4)质量;

(5)价款或者报酬;

(6)履行期限、地点和方式;

(7)违约责任;

(8)解决争议的方法。

2　工程建设合同的概念及特征

2.1　工程建设合同的概念

工程建设合同是承包商进行工程建设,发包人支付工程价款的合同。工程建设合同是一种诺成合同,合同订立生效后双方均应严格履行。同时,建设工程合同也是一种有偿合同,合同双方当事人在执行合同时,都享有各自的权利,也必须履行自己应尽的义务,并承担相应的责任。

2.2　工程建设合同的特征

2.2.1　合同主体的严格性

工程建设合同主体一般只能是法人。发包人一般只能是经过批准进行工程项目建设的法人,必须有国家批准的建设项目、落实投资计划,并且应当具备相应的协调能力;承包人则必须具备法人资格,而且必须具备相应的从事勘察、设计、施工、监理等业务的资质。

2.2.2　合同客体的特殊性

工程建设合同的客体是各类建筑产品。建筑产品的形态往往是多种多样的。建筑产品的单件性及固定性等其自身的特点,决定了工程建设合同客体的特殊性。

2.2.3　合同履行期限的长期性

由于建设工程结构复杂、体积大、工作量大、建筑材料类型多、投资巨大,使得其生产周期一般较长,从而导致工程建设合同履行期限较长。同时,由于投资额巨大,工程建设合同的订立和履行一般都需要较长的准备期。而且,在合同的履行过程中,还可能因为不可抗力、工程变更、材料供应不及时等原因而导致合同期限的延长,这就决定了工程建设合同履行期限的长期性。

2.2.4　投资和建设程序的严格性

由于工程建设对国家的经济发展和广大人民群众的工作与生活都有重大的影响,因此国家对工程项目在投资和建设程序上有严格的管理制度。订立工程建设合同也必须以国家批准的投资计划为前提。即使是以非国家投资方式筹集的其他资金,也要受到当年的贷款规模和批准限额的限制,该投资也要纳入当年投资规模,进行投资平衡,并要经过严格的审批程序。工程建设合同的订立和履行还必须遵守国家关于基本建设程序的有关规定。

3　工程建设合同的作用

3.1　合同确定了工程建设和管理的目标

工程建设地点和施工场地、工程开工和完工的日期、工程中主要活动的延续时间等,是由合同协议书、工程进度计划所决定的;工程规模、范围和质量,包括工程的类型和尺寸、工程要达到的功能和能力,设计、施工、材料等方面的质量标准和规范等,是由合同条款、规范、图纸、工程量清单、供应单等决定的;价格和报酬,包括工程总造价,各分项工程的单价和合价,设计、服务费用和报酬等,是由合同协议书、中标函、工程量清单等决定的。

3.2 合同是工程建设过程中双方解决纠纷的依据

在建设过程中，由于合同实施环境的变化、合同条款本身的模糊性、不确定等因素，引起纠纷是难免的，重要的是如何正确解决这些纠纷。在这方面合同有两个决定性作用：一是判定纠纷责任要以合同条款为依据，即根据合同判定应由谁对纠纷负责，以及应负什么样的责任；二是纠纷的解决必须按照合同所规定的方式和程序进行。

3.3 合同是工程建设过程中双方活动的准则

工程建设中双方的一切活动都是为了履行合同，必须按合同办事，全面履行合同所规定的权利和义务，并承担所分配风险的责任。双方的行为都要受合同约束，一旦违约，就要承担法律责任。

3.4 合同是协调并统一参加建设者行为的重要手段

一个工程项目的建设，往往有相当多的参与单位，有业主、勘察设计、施工、咨询监理单位，也有设备和物资供应、运输、加工单位，还有银行、保险公司等金融单位，并有政府有关部门、群众组织等。每一个参与者均有自身的目标和利益追求，并为之努力。要使各参与者的活动协调统一，为工程总目标服务，就必须依靠为本工程顺利建设而签订的各个合同。项目管理者要通过与各单位签订的合同，将各合同和合同规定的活动在内容上、技术上、组织上、时间上协调统一，形成一个完整、周密、有序的体系，以保证工程有序地按计划进行，顺利地实现工程总目标。

4 工程建设合同的类别

工程建设合同根据管理角度的不同有多种分类方式。

4.1 按承、发包的范围和数量分类

按承、发包的范围和数量，可以将工程建设合同分为建设工程总承包合同、建设工程承包合同、分包合同三类。

建设工程总承包合同是指发包人将工程建设的全过程发包给一个承包人的合同。

建设工程承包合同是指发包人将建设工程的勘察、设计、施工等的每一项发包给一个或多个承包人的合同。

分包合同是指经合同约定和发包人认可，分包商从工程承包人的工程中承包部分工程而订立的合同。

4.2 按工程承包的内容分类

按工程承包的内容来划分，工程建设合同可以分为建设工程勘察合同、建设工程设计合同、建设工程监理合同和建设工程施工合同等类型。

4.3 按计价方式分类

按计价方式不同，业主与承包商所签订的合同可以划分为总价合同、单价合同和成本加酬金合同三大类。

建设工程勘察、设计合同和设备加工采购合同，一般为总价合同；建设工程委托监理合同大多数为成本加酬金合同。

建设工程施工合同根据招标准备情况和工程项目特点不同，可选择其适用的一种合同。

4.3.1 总价合同

总价合同又分为固定总价合同、固定工程量总价合同和可调整总价合同。

(1)固定总价合同。合同当事人双方以招标时的图纸和工程量等招标文件为依据,承包商按投标时业主接受的合同价格承包并实施。在合同履行过程中,如果业主没有要求变更原定的承包内容,承包商实施并圆满完成所承包工程的工作内容,不论承包商的实际成本是多少,业主都应当按合同价支付项目价款。

(2)固定工程量总价合同。在工程量报价单中,业主按单位工程及分项工程内容列出实施工程量,承包商分别填报各项内容的直接费单价,然后再汇总出总价,并据此总价签订合同。合同内原定工作内容全部完成后,业主按总价支付给承包商全部费用。如果中途发生设计变更或增加新的工作内容,则用合同内已确定的单价来计算新增工程量而对总价进行调整。

(3)可调整总价合同。这种合同与固定总价合同基本相同,但合同期较长(一般一年以上),只是在固定总价合同的基础上,增加了合同执行过程中因市场价格浮动等因素对承包价格调整的条款。常见的调价方式有票据价格调整法、文件证明法、公式调价法等。

4.3.2 单价合同

单价合同是指承包商按工程量报价单内分项工作内容填报单价,以实际完成工程量乘以所报单价计算结算款的合同。承包商所填报的单价应为计入各种摊销费以后的综合单价,而非直接费单价。合同执行过程中如无特殊情况,一般不得变更单价。单价合同的执行原则是,工程量清单中分项开列的工程量,在合同实施过程中允许有上下浮动变化,但该项工作内容的单价不变,结算支付时以实际完成工程量为依据。因此,按投标书报价单中预计工程量乘以所报单价计算的合同价格,并不一定就是承包商保质保量完成合同中规定的任务后所获得的全部款项,可能比它多,也可能比它少。

单价合同大多用于工期长、技术复杂、实施过程中发生各种不可预见因素较多的大型复杂工程的施工,以及业主为了缩短项目建设周期,初步设计完成后就进行施工招标的工程。单价合同的工程量清单内所列出的工程量一般为估算工程量,而非准确工程量。

常用的单价合同有估计工程量单价合同、纯单价合同和单价与包干混合合同三种。

(1)估计工程量单价合同。承包商在投标时,以工程量报价单中列出的工作内容和估计工程量填报相应的单价后,累计计算合同价。此时的单价应为计入各种摊销费后的综合单价,即成品价,不再包括其他费用项目。合同履行过程中应以实际完成工程量乘以单价作为结算和支付的依据。这种合同方式较为合理地分担了合同履行过程中的风险。估计工程量单价合同按照合同工期长短也可以分为固定单价合同和可调单价合同两类。

(2)纯单价合同。招标文件中仅给出各项工程的分部分项工程项目一览表、工程范围和必要的说明,而不提供工程量。投标人只要报出各分部分项工程项目的单价即可,实施过程中按实际完成工程量结算。由于同一工程在不同的施工部位和外部环境条件下,承包商的实际成本投入不尽相同。因此,仅以工作内容填报单价不易准确,而且对于间接费分摊在许多工种中的复杂情况,以及有些不易计算工程量的项目内容,采用纯单价合同往往会引起结算过程中的麻烦,甚至导致合同争议。

(3)单价与包干混合合同。这种合同是总价合同与单价合同结合的一种形式。对内容简单的工程量采用总价合同承包;对技术复杂、工程量为估算值部分采用单价合同方式承包。

4.3.3　成本加酬金合同

成本加酬金合同是将工程项目的实际投资划分为直接成本费和承包商完成工作后应得酬金两部分。实施过程中发生的直接成本费由业主实报实销,另按合同约定的方式付给承包商相应的报酬。成本加酬金合同大多使用于边设计边施工的紧急工程或灾后修复工程,以议标方式与承包商签订合同。由于在签订合同时,业主还提供不出可供承包商准确报价的详细资料,因此在合同中只能商定酬金的计算办法。按照酬金的计算方式不同,成本加酬金合同又可分为成本加固定百分比酬金合同、成本加固定酬金合同、成本加浮动酬金合同及目标成本加奖惩合同四种类型。

5　水利工程建设监理合同管理

监理单位受项目法人委托承担监理业务,应与项目法人签订工程建设监理合同,这是国际惯例,也是《水利工程建设监理规定》中明确的。工程建设监理合同的标的,是监理单位为项目法人提供的监理服务,依法成立的监理委托合同对双方都具有法律约束力。

5.1　建设监理合同的组成文件

在 GF－2000－0211《水利工程建设监理合同示范文本》中,建设监理合同的组成文件及优先解释顺序如下:

(1)监理委托函或中标函。

(2)监理合同书。

(3)监理实施过程中双方共同签署的补充文件。

(4)专用合同条款。

(5)通用合同条款。

(6)监理招标书(或委托书)。

(7)监理投标书(或监理大纲)。

上述合同文件为一整体,代替了合同书签署前双方签署的所有协议、会谈记录及有关相互承诺的一切文件。

凡列入中央和地方建设计划的大中型水利工程建设项目应使用监理合同示范文本,小型水利工程可参照使用。

5.2　《水利工程建设监理合同示范文本》的组成

工程建设监理合同是履行合同过程中双方当事人的行为准则。《水利工程建设监理合同示范文本》包括监理合同书、通用合同条款、专用合同条款和合同附件四个部分。

5.2.1　监理合同书

监理合同书是发包人与监理人在平等的基础上协商一致后签署的,其主要内容是当事人双方确认的委托监理工程的概况,包括工程名称、工程地点、工程规模及特性、总投资、总工期,监理范围、监理内容、监理期限、监理报酬,合同签订、生效、完成时间,明确监理合同文件的组成及解释顺序。

5.2.2　通用合同条款

通用合同条款适用于各个工程项目建设监理委托，是所有签约工程都应遵守的基本条件，通用合同条款应全文引用，条款内容不得更改。

通用合同条款内容涵盖了合同中所涉及的词语涵义、适用语言，适用法律、法规、规章和监理依据，通知和联系方式，签约双方的权利、义务和责任，合同生效、变更与终止，违约行为处理，监理报酬，争议的解决及其他一些情况。

5.2.3　专用合同条款

由于通用合同条款适用于所有的工程建设监理委托，因此其中的某些条款规定得比较笼统。专用合同条款是各个工程项目根据自己的个性和所处的自然、社会环境，由项目法人和监理单位协调一致后进行填写的，专用合同条款应当对应通用合同条款的顺序进行填写。

5.2.4　合同附件

合同附件是供发包人和监理人签订合同时参考用的，明确监理服务工作内容、工作深度的文件。它包括监理内容、监理机构应向发包人提供的信息和文件。监理内容应根据发包人的需要，参照合同附件，双方协商确定。

6　水利工程施工合同管理

一般来说，构成合同的各种文件是一个整体，应能相互解释、互为说明。但是，由于合同文件内容众多、篇幅庞大，很难避免彼此之间出现解释不清或有异议甚至互相矛盾情况。因此，合同条款中必须规定合同文件的优先次序，即当不同文件出现模糊或矛盾时，以哪个文件为准。根据 GF－2000－0208《水利水电土建工程施工合同条件》(示范文本)，组成合同的各种文件及优先解释顺序如下：

(1)协议书(包括补充协议)。

(2)中标通知书。

(3)投标报价书。

(4)专用合同条款。

(5)通用合同条款。

(6)技术条款。

(7)图纸。

(8)已标价的《工程量清单》。

(9)经双方确认进入合同的其他文件。

如果建设单位选定不同于上述的优先次序，则应当在专用条款中予以说明；建设单位也可将对出现的含糊或异议的解释和校正权赋予监理工程师，即由监理工程师向承包单位发布指令，对这种含糊或异议加以解释和校正。

任务2　工程建设各方的权利、义务和责任

1　发包人的权利、义务和责任

1.1　发包人的权利

1.1.1　对总设计、总承包单位的选定权

发包人是工程建设投资行为的主体，要对投资效益全面负责，因此有选定工程总设计和总承包单位，以及与其订立合同的权力。

1.1.2　授予监理权限的权力

发包人委托监理人承担监理业务，监理人在发包人授权范围内，对其与第三方签订的各种承包合同的履行实施监理，因此在监理委托合同中需明确委托的监理任务及监理人的权限，监理人行使的权力不得超过合同规定范围。

1.1.3　重大事项的决定权

(1)承包分配权。发包人一般是通过竞争方式选择监理人，并对其监理人员的素质和水平、监理规划、监理经验和监理业绩进行了全面审查。因此，监理人不得转让、分包监理业务。

(2)对监理人员的控制监督权。监理人更换总监理工程师须事前经发包人同意，发包人有权要求监理人更换不称职的监理人员，直到终止合同。

(3)对合同履行的监督权。发包人有权对监理机构和监理人员的监理工作进行检查，有权要求监理人提交监理月报及监理工作范围内的专题报告。

(4)工程重大事项的决定权。发包人有对工程设计变更的审批权，有对工程建设中质量、进度、投资方面的重大问题的最终决定权，有对工程款支付、结算的最终决定权。

1.2　发包人的一般义务和责任

(1)遵守有关的法律、法规和规章。

(2)委托监理人按合同规定的日期向承包人发布开工通知。

(3)在开工通知发出前安排监理人及时进点实施监理。

(4)按时向承包人提供施工用地、施工准备工程等。

(5)按有关规定，委托监理人向承包人提供现场测量基准点、基准线和水准点及其有关资料。

(6)按合同规定负责办理由发包人投保的保险。

(7)提供已有的与合同工程有关的水文和地质勘探资料。

(8)委托监理人在合同规定的期限内向承包人提供应由发包人负责提供的图纸。

(9)按规定支付合同价款。

(10)为承包人实现文明施工目标创造必要的条件。

(11)按有关规定履行其治安保卫和施工安全职责。

(12)按有关规定采取环境保护措施。

(13)按有关规定主持和组织工程的完工验收。

(14)应承担专用合同条款中规定的其他一般义务和责任。

2 监理机构的权利、义务和责任

2.1 监理机构的权利

2.1.1 建议权

监理机构有选择工程施工、设备和材料供应等单位的建议权;对工程实施中的重大技术问题,有向设计单位提出建议的权力;协助发包人签订工程建设合同;有权要求承包人撤换不称职的现场施工和管理人员,必要时有权要求承包人增加和更换施工设备。

2.1.2 确认权与否认权

监理机构对承包人选择的分包项目和分包人有确认权与否认权;有对工程实际竣工日期提前或延误期限的签认权;在工程承包合同约定的工程价格范围内,有工程款支付的审核和签认权,以及结算工程款的复核确认权与否认权;有审核承包人索赔的权力。

2.1.3 主持权

监理机构有组织协调工程建设有关各方关系的主持权;经事先征得发包人同意,发布开工令、停工令、返工令和复工令。

2.1.4 审批权

监理机构有对工程建设实施设计文件的审核确认权,只有经监理机构审核确认并加盖公章的工程图纸和设计文件,才能成为有效的施工依据;监理人有对工程施工组织设计、施工措施、施工计划和施工技术方案的审批权。

2.1.5 检验、确认权

监理机构有对全部工程的施工质量和工程上使用的材料、设备的检验权和确认权;有对全部工程的所有部位及其任何一项工艺、材料、构件和工程设备的检查、检验权。

2.1.6 检查、监督权

监理机构有对工程施工进度的检查、监督权,对安全生产和文明施工的监督权;有对承包人设计和施工的临时工程的审查和监督权。

2.2 监理机构的义务和责任

(1)在专用合同条款约定的时间内,向发包人提交监理规划、监理机构组成以及委派的总监理工程师和主要监理人员名单、简历。

(2)按照专用合同条款约定的监理范围和内容,派出监理人员进驻施工现场,组建监理机构,编制监理细则,并正常有序地开展监理工作。

(3)更换总监理工程师须经发包人同意。

(4)按照国家的有关规定,建立监理岗位责任制和工程质量终身负责制。

(5)在履行合同的义务期间,运用合理的技能提供优质服务,帮助发包人实现合同预定的目标,公正地维护各方的合法权益。

(6)现场监理人员应按照施工工作程序及时到位,对工程建设进行动态跟踪监理,工程的关键部位、关键工序应进行旁站监理。

(7)监理人员必须采取有效的手段,做好工程实施阶段各种信息的收集、整理和归档,并保证现场记录、试验、检验以及质量检查等资料的完整性和准确性。

(8)监理机构应认真做好《监理日记》,保持其及时性、完整性和连续性;应向发包人提交监理工作月度报告及监理业务范围内的专题报告。

(9)监理机构使用发包人提供的设施和物品属于发包人的财产。在监理工作完成或中止时,应按照专用合同条款的规定移交发包人。

(10)在合同期内或合同终止后,未经发包人同意,不得泄露与该工程、合同业务活动有关的保密资料。

(11)如因监理机构和监理人员违约或自身的过失造成工程质量问题或发包人的直接经济损失,监理机构应按专用合同条款的规定承担相应的经济责任。

(12)监理机构因不可抗力的原因导致不履行或不能全部履行合同时,不承担责任。

(13)监理机构对承包人因违约而造成的质量事故和完工(交图、交货、交工)时限的延期不承担责任。

3　承包人的权利、义务和责任

3.1　承包人的权利

(1)承包人对发包人未按照约定的时间和要求提供原材料、设备、场地、资金、技术资料的,可以请求顺延工程日期,还可以请求赔偿停工、窝工等损失。

(2)承包人在建设工程竣工后,发包人未按照约定支付价款的,可以催告发包人在合理的期限内支付价款。

(3)承包人对发包人逾期不支付价款的,除按照建设工程的性质不宜折价、拍卖的外,可以与发包人协议将该工程折价,也可以申请人民法院将该工程依法拍卖。工程折价或拍卖所得价款,承包人有优先受偿权。

(4)对隐蔽工程承包人已通知发包人检查,而发包人没检查的,承包人可以顺延工程日期,并有权要求赔偿停工、窝工等损失。

3.2　承包人的一般义务和责任

(1)遵守有关法律、法规和规章。

(2)按规定向发包人提交履约担保证件。

(3)在接到开工通知后,及时调遣人员和调配施工设备、材料进入工地,按施工总进度要求,完成施工准备工作。

(4)执行监理机构的指示,按时完成各项承包工作。

(5)按合同规定的内容和时间要求,编制施工组织设计、施工措施计划和由承包人负责的施工图纸,报送监理机构审批,并对现场作业和施工方法的完备和可靠负全部责任。

(6)按合同规定负责办理由承包人投保的保险。

(7)按国家有关规定文明施工。

(8)严格按施工图纸和技术条款中规定的质量要求完成各项工作。

(9)按有关规定认真采取施工安全措施,确保工程和由其管辖的人员、材料、设施和设备的安全,并应采取有效措施防止工地附近建筑物和居民的生命财产遭受损害。

(10)遵守环境保护的法律、法规和规章。

(11)避免施工对公众利益的损害。

(12)按监理人的指示为其他人在工地或附近实施与工程有关的其他各项工作提供必要的条件。

(13)工程未移交发包人前,承包人应负责照管和维护,移交后承包人应承担保修期内的缺陷修复工作。若工程移交证书颁发时尚有部分未完工程需在保修期内继续完成,则承包人还应负责该未完工程的照管和维护工作,直至完工后移交给发包人。

(14)在合同规定的期限内完成工地清理并按期撤退其人员、施工设备和剩余材料。

(15)承担专用合同条款中规定的其他一般义务和责任。

任务3 工程变更

1 变更的概念

变更是指对合同所作的修改、改变等。从理论上来说,变更就是施工合同状态的改变,施工合同状态包括合同内容、合同结构、合同表现形式等,合同状态的任何改变均是变更。对于具体的工程施工合同来说,为了便于约定合同双方的权利义务关系,便于处理合同状态的变化,对于变更的范围和内容一般均要作出具体的规定。水利水电土建工程受自然条件等外界的影响较大,工程情况比较复杂,且在招标阶段未完成施工图纸,因此在施工合同签订后的实施过程中不可避免地会发生变更。

变更涉及的工程参建方很多,但主要是发包人、监理机构和承包人三方,或者说均通过该三方来处理,如涉及设计单位的设计变更时,由发包人提出变更;涉及分包人的分包工程变更时,由承包人提出。但其中,监理机构是变更管理的中枢和纽带,无论是何方要求的变更,均需通过监理机构发布变更令来实施。《水利水电土建工程施工合同条件》明确规定:没有监理机构的指示,承包人不得擅自变更;监理机构发布的合同范围内的变更,承包人必须实施;发包人要求的变更,也要通过监理机构来实施。

2 变更的范围和内容

在履行合同过程中,监理机构可根据工程的需要并按发包人的授权指示承包人进行各种类型的变更。变更的范围和内容如下:

(1)增加或减少合同中任何一项工作内容。

(2)增加或减少合同中关键项目的工程量超过专用合同条款规定的百分比。当合同中任何项目的工程量增加或减少在规定的百分比以下时,不属于变更项目,不作变更处理;超过规定的百分比时,一般应视为变更,应按变更处理。

(3)取消合同中任何一项工作。此规定主要是为了防止发包人在签订合同后擅自取消合同价格偏高的项目,而使合同承包人蒙受损失。

(4)改变合同中任何一项工作的标准或性质。对于合同中任何一项工作的标准或性质,合同技术条款都有明确的规定,在施工合同实施过程中,如果根据工程的实际情况,需要提高标准或改变工作性质,同样需监理人按变更处理。

(5)改变工程建筑物的形式、基线、标高、位置或尺寸。如果施工图纸与招标图纸不一致,包括建筑物的结构形式、基线、高程、位置及规格尺寸等发生任何变化,均属于变更,应按变更处理。

(6)改变合同中任何一项工程的完工日期或改变已批准的施工顺序。对合同中任何一项工程,都规定了其开工日期和完工日期,而且施工总进度计划、施工组织设计、施工顺序已经监理人批准,要改变就应由监理人批准,按变更处理。

(7)追加为完成工程所需的任何额外工作。额外工作是指合同中未包括而为了完成合同工程所需增加的新项目,如临时增加的防护工程或施工场地内发生边坡塌滑时的治理工程等额外工作项目。这些额外的工作均应按变更项目处理。若工程建筑物的局部尺寸稍有修改,虽将引起工程量的相应增减,但对施工组织设计进度计划无实质性影响时,不需按变更处理。

3 变更的处理原则

由于工程变更有可能影响工期和合同价格,一旦发生此类情况,应遵循以下原则进行处理。

3.1 变更需要延长工期

变更需要延长工期时,应按合同有关规定办理;若变更使合同工作量减少,监理人认为应予提前的,由监理人和承包人协商确定。

3.2 变更需要增加费用

当工程变更时,可按以下四种不同情况确定其单价或合价:

(1)若施工合同工程量清单中有适用于变更工作内容的子目,采用该子目的单价。

(2)若施工合同工程量清单中无适用于变更工作内容的子目,但有类似子目的,可采用合理范围内参照类似子目单价编制的单价。

(3)若施工合同工程量清单中无适用或类似子目的单价,可采用按照成本加利润原则编制的单价。

(4)当发包人与承包人就变更价格和工期协商一致时,监理机构应见证合同当事人签订变更项目确认单。当发包人与承包人就变更价格不能协商一致时,监理机构应认真研究后审慎确定合适的暂定价格,通知合同当事人执行;当发包人与承包人就工期不能协商一致时,按合同约定处理。

按合同规定的变更范围进行任何一项变更可能引起合同工程或部分工程原定的施工组织和进度计划发生实质性变动,不仅会影响变更项目的单价或合价,而且可能影响其他有关项目的单价或合价。例如,《工程量清单》中一般包括多个混凝土工程项目,而这些项目的混凝土常由一座或几座混凝土工厂统一供应,若一个混凝土工程项目的变更引起原定的混凝土工厂的变动,不仅会改变该项目单价中机械使用费,还可能影响其他由该工厂供应的所有混凝土工程项目的单价。若发生此类变更,发包人和承包人均有权要求调整变更项目和其他项目的单价或合价,监理机构应在进行评估后与发包人和承包人协商确定其单价或合价。

4　变更指示

不论是由何方提出的变更要求或建议,均需经监理机构与有关方面协商,并得到发包人批准或授权后,再由监理机构按合同规定及时向承包人发出变更指示。

变更指示的内容应包括变更项目的详细变更内容、变更工程量和有关文件图纸,以及监理机构按合同规定指明的变更处理原则,见表10-1。

变更指令一般由工程师以书面形式发出。如果是口头指示,承包商也应遵照执行,但在规定时限内,工程师应尽快以书面形式确认。

表10-1　变更指示

(监理[　　]变指　　号)

合同名称:　　　　　　　　　　　　　　　　　　　　　　　　　合同编号:

致:(承包人现场机构): 现决定对如下项目进行变更,贵方应根据本指示于______年____月____日前提交相应的施工措施计划和变更报价。 变更项目名称: 变更内容简述: 变更工程量估计: 变更技术要求: 变更进度要求: 附件:1. 变更项目清单(含估算工程量)及说明。 2. 设计文件、施工图纸(若有) 3. 其他变更依据。 监理机构:(名称及盖章) 总监理工程师:(签名) 日期:　　年　　月　　日
承包人:(现场机构名称及盖章) 签收人:(签名) 日期:　　年　　月　　日

说明:本表一式__份,由监理机构填写,承包人签收后,发包人__份、设代机构__份、监理机构__份、承包人__份。

5 变更的报价

承包人在收到监理机构发出的变更指示后，向监理机构提交一份变更报价书，并抄送发包人。应在合同规定的时限内（一般为28天），向监理机构提交变更项目价格申报表，见表10-2。变更报价书的内容应包括承包人确认的变更处理原则和变更工程量及其变更项目的报价单。

表10-2 变更项目价格申报表

（承包[ ]变价 号）

合同名称： 合同编号：

<table>
<tr><td colspan="5">致：（监理机构）：
根据________变更指示（监理[ ]变指 号）的变更内容，对下列项目价格申报如下，请贵方审核。

附件：变更单价报告（变更估价原则、编制依据及说明、单价分析表）。

承包人：（现场机构名称及盖章）
项目经理：（签名）
日期： 年 月 日</td></tr>
<tr><td>序号</td><td>项目名称</td><td>单位</td><td>申报价格（单价或合价）</td><td>备注</td></tr>
<tr><td>1</td><td></td><td></td><td></td><td></td></tr>
<tr><td>2</td><td></td><td></td><td></td><td></td></tr>
<tr><td>3</td><td></td><td></td><td></td><td></td></tr>
<tr><td>4</td><td></td><td></td><td></td><td></td></tr>
<tr><td>5</td><td></td><td></td><td></td><td></td></tr>
<tr><td>6</td><td></td><td></td><td></td><td></td></tr>
<tr><td></td><td></td><td></td><td></td><td></td></tr>
<tr><td></td><td></td><td></td><td></td><td></td></tr>
<tr><td colspan="5">监理机构另行签发审核意见。

监理机构：（名称及盖章）
签收人：（签名）
日期： 年 月 日</td></tr>
</table>

说明：本表一式__份，由承包人填写。监理机构签收后，发包人__份、监理机构__份、承包人__份。

承包人在提交变更报价书前，应首先确认监理机构提出的变更处理原则，若承包人对监理机构提出的变更处理原则持有异议，应在收到监理机构变更指示后，在合同规定的时限（一般为7天）内通知监理机构，监理机构在收到此通知后应在合同规定的时限（14

天)内答复承包人。

6　变更处理决定

监理机构应在发包人授权范围内按合同规定处理变更事宜。对在发包人规定限额以下的变更,监理机构可以独立作出变更决定;如果监理机构作出的变更决定超出发包人授权的限额范围,应报发包人批准或者得到发包人进一步授权。

6.1　一般变更的处理

(1)监理机构应在收到承包人变更报价书后,在合同规定的时限(一般为28天)内对变更报价书进行审核,见表10-3,并作出变更处理决定,而后将变更处理决定通知承包人,抄送发包人。

表10-3　变更项目价格审核表

(监理[　　]变价审　　号)

合同名称:　　　　　　　　　　　　　　　　　　　　合同编号:

致:(承包人)

根据有关规定和施工合同约定,承包人提出的变更项目价格申报表(承包[　　]变价　　号),经我方审核,变更价格如下,请贵方审定。

序号	项目名称	单位	承包人申报价格(单价或合价)	监理审核价格(单价或合价)	备注
1					
2					
3					
4					
5					
6					
7					
8					

附件:1. 变更项目价格申报表。
2. 监理变更单价审核说明。
3. 监理变更单价分析表。
4. 变更项目价格变化汇总表。

监理机构:(名称及盖章)
总监理工程师:(签名)
日期:　　年　　月　　日

发包人:(名称及盖章)
负责人:(签名)
日期:　　年　　月　　日

说明:本表一式__份,由监理机构填写,发包人签署后,发包人__份、监理机构__份、承包人__份。

(2)若发包人和承包人未能就监理机构的决定取得一致意见,则监理机构有权暂定他认为合适的价格和需要调整的工期,并将其暂定的变更处理意见通知承包人,抄送发包人。为了不影响工程进度,承包人应遵照执行。对已实施的变更,监理机构可将其暂定的变更费用列入合同规定的月进度付款中予以支付。但发包人和承包人均有权在收到监理机构变更决定后,在合同规定的时间(一般为28天)内要求按合同规定提请争议评审组评审。若在合同规定时限内发包人和承包人双方均未提出上述要求,则监理机构的变更决定即为最终决定。

6.2 合同价格增减超过15%时的处理

《水利水电土建工程施工合同条件》规定:工程结算时,若出现由于变更工作引起合同价格增减的金额(实际工程量与本合同工程量清单中估算工程量的差值引起合同价格增减的金额)超过合同价格(不包括备用金)15%,还需对合同价格进行调整,其调整金额由监理人与发包人和承包人协商确定。

若协商后未达成一致意见,则应由监理机构在进一步调查工程实际情况后提出调整意见,取得发包人同意后将调整结果通知承包人。上述调整金额仅考虑变更引起的增减总金额(实际工程量与本合同工程量清单中估算工程量的差值引起的增减总金额)超过合同价格(不包括备用金)的15%的部分。

6.3 承包人原因引起的变更的处理

由承包人原因引起的变更,一般有以下几种情况:

(1)承包人根据其施工专长提出合理化建议,需要对原设计进行变更,可以提高工程质量、缩短工期或节省工程费用,对发包人和承包人均有利。这类变更经发包人采用并成功实施后,应给予承包人奖励。这种变更应由承包人向监理机构提交一份变更申告,监理机构批准后,才能变更,未经监理机构批准,承包人不得擅自变更。

(2)承包人受其自身施工设备和施工能力的限制,要求对原设计进行变更或延长工期。这类变更纯属由承包人原因引起,即使得到监理机构的批准,还应由承包人承担增加的费用和工期延误的责任。

(3)由于承包人违约而必须作出的变更,不论是由承包人提出的变更,还是由监理机构指示的变更,均应由承包人承担变更增加费用和工期延误的责任。

变更处理监理工作程序见图10-1。

任务4 施工索赔

1 施工索赔概述

1.1 索赔含义

由于工程建设项目规模大、工期长、结构复杂,实施过程中必然存在着许多不确定因素及风险。加之由于主、客观原因,双方在履行合同、行使权利和义务的过程中会发生与合同规定不一致之处。在这种情况下,索赔是不可避免的。

所谓索赔,是指根据合同的规定,合同的一方要求对方补偿在工程实施中所付出的额

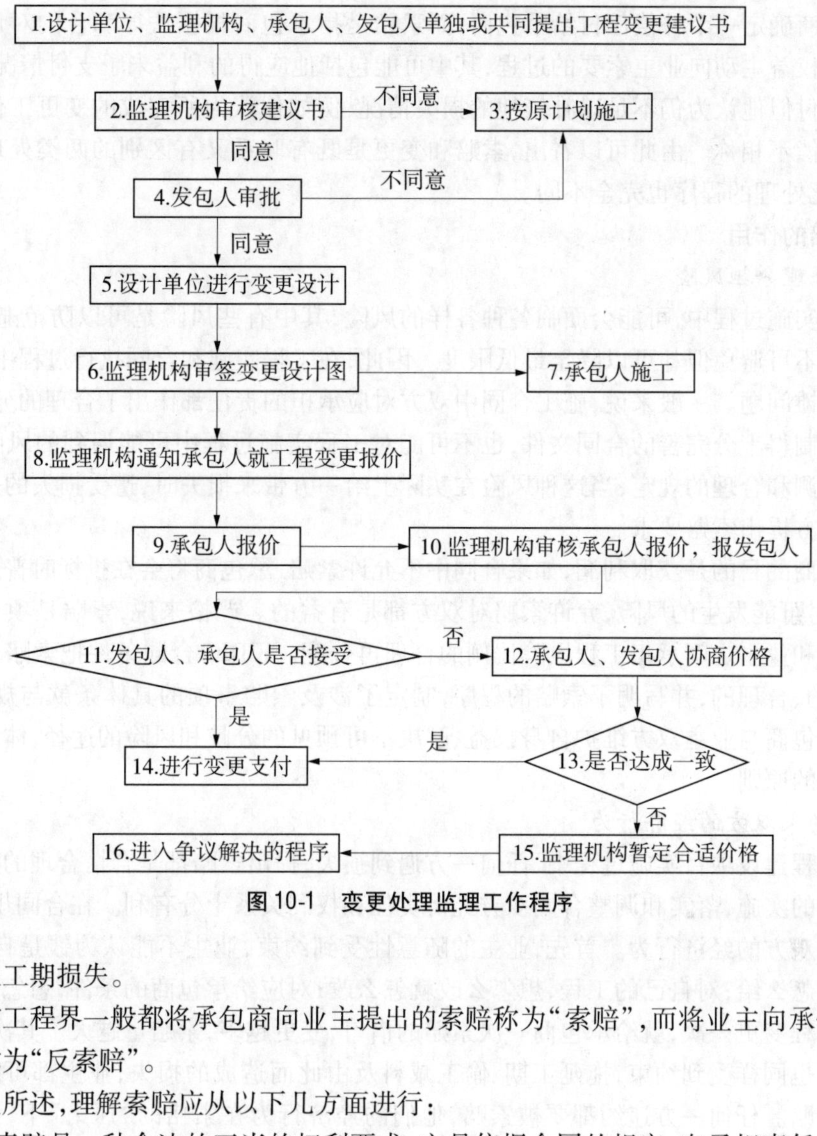

图 10-1 变更处理监理工作程序

外费用及工期损失。

目前工程界一般都将承包商向业主提出的索赔称为"索赔",而将业主向承包商提出的索赔称为"反索赔"。

综上所述,理解索赔应从以下几方面进行:

(1)索赔是一种合法的正当的权利要求,它是依据合同的规定,向承担责任方索回不应该由自己承担的损失,是合理合法的。

(2)索赔是双向的,合同的双方都可向对方提出索赔要求。

(3)被索赔方可以对索赔方提出异议,阻止对方的不合理的索赔要求。

(4)索赔的依据是签订的合同。索赔的成功主要是依据合同及有关的证据。没有合同依据,没有各种证据,索赔不能成立。

(5)在工程实施中,索赔的目的是补偿索赔方在工期和经济上的损失。

1.2 索赔和变更的关系

对索赔和变更的处理都是由于承包商完成了工程量表中没有规定的工作,或在施工过程中发生了意外事件,监理工程师按照合同的有关规定给予承包商一定费用补偿或批准延长工期。索赔和变更的区别在于:变更是监理工程师发布变更指令后,主动与业主和承包商协商确定一个补偿额付给承包商;而索赔是指承包商根据法律和合同对认为他有权得到的权益主动向业主索要的过程,其中可能包括他应得的利益未予支付情况,也可能是虽已支付但他认为仍不足以补偿他的损失情况,例如他认为所完成的变更工作与批准给他的补偿不相称。由此可以看出,索赔和变更是既有联系又有区别的两类处理权益的方式,因此处理的程序也完全不同。

1.3 索赔的作用

1.3.1 合理分担风险

项目实施过程中,可能会面临各种各样的风险,其中有些风险是可以防范避免的,有些风险虽不可避免但却可以降至最低限度。因此,在工程实施和合同执行过程中,就有风险合理分摊问题。一般来说,施工合同中双方对应承担的责任都作出了合理的分摊,但即使一个编制得十分完善的合同文件,也不可能对工程实施过程中可能遇到的风险都作出正确的预测和合理的规定,当这种风险在实际上给一方带来损失时,遭受损失的一方就可以向另一方提出索赔要求。

承包商的目的是获取利润,如果合同中不允许索赔,承包商将会在投标时普遍抬高标价,以应付可能发生的风险,允许索赔对双方都是有益的。严格来说,索赔是项目实施阶段承包商和业主之间承担工程风险比例的合理再分配。FIDIC 合同条件把索赔视为正常的、公正的、合理的,并写明了索赔的程序,制定了涉及索赔事项的具体条款与规定,使索赔成为承包商与业主双方维护自身权益、解决不可预见的分歧和风险的途径,体现了合理分担风险的原则。

1.3.2 约束双方的经济行为

在工程建设项目实施过程中,任何一方遇到损失,提出索赔都是合情合理的。索赔对保证合同的实施,落实和调整合同双方经济责任和权利关系十分有利。在合同规定下,索赔能约束双方的经济行为。首先,业主的随意性受到约束,业主不能认为钱是自己的,想怎么给就怎么给;对自己的工程,想怎么改就怎么改;对应给承包商的条件,想怎么变就怎么变。工程变更一次,就给承包商一次索赔的借口,变更越多,索赔量越大。其次,承包商的随意性也同样受到约束,拖延工期、偷工减料及由此而造成的损失,业主都可以向承包商提出索赔。任何一方违约都要被索赔,他们的经济行为在索赔的“压力”下,都要受到约束。因此,要求双方在项目建设中,从条款谈判、合同签订、具体实施直至最后工程决算,各个环节都严格约束自己,因为任何索赔都会使工程投资增加,或承包商利润减少甚至亏本。

2 施工索赔的类型

2.1 按涉及当事各方分类

2.1.1 业主与承包商之间的索赔

这类索赔大都是有关工程变更、工期、质量、工程量和价格方面的索赔,也有关于国家政策、法规、外界不利因素、对方违约、暂停施工和终止合同等的索赔。

例如,小浪底水利枢纽工程三个国际标投标截止后,按 FIDIC 合同条件规定,从 1993 年 8 月 31 日及以后开始正式实施的新的法规或对法规的变更所产生的额外费用,业主都应加以补偿。1995年国家颁布了新的劳动法,自1995年5月1日起实行一周5天(40小时)工作制,劳动工作制发生了很大的变化,一方面是对劳动者工作时间进行了限制,另一方面是加班工资报酬标准的改变。承包商在总工作时间不改变的情况下,加班工作时间的比重加大了。据此,承包商向业主提出了巨额的费用索赔。

2.1.2 承包商同分包商之间的索赔

其内容范围与前一种大致相似,形式为分包商向总包商索要付款和赔偿,而总包商则向分包商罚款或扣留支付款等。

例如小浪底水利枢纽工程,某工作面上分包方一名中国工人在施工中掉了4颗钉子,外方管理人员马上派人拍照。不久,分包人收到承包商索赔意向通知,因浪费材料被索赔28万元。28万元能买多少钉子?外方是这样计算的:一个工作面掉4颗钉子,1万个工作面就是4万颗钉子,钉子从买回到投放于施工中,经历了运输、储存、管理等11个环节,成本便翻了32倍。

2.1.3 业主或总包商与供货商之间的索赔

实施项目的供货若系独立于土建合同或安装合同之外,由业主与招标选定的供货商签订供货合同,涉及当事各方为业主与供货商。若项目施工中所需材料或设备较少,一般由土建总包商物色选定供货商,议定供货价格,签订供货合同,则所涉及当事各方为总包商与供货商。这类索赔的内容多为货品质量问题、数量短缺、交货拖延、运输损坏等。

2.1.4 承包商向保险公司提出的损害赔偿索赔

风险是客观存在的,再好的合同也不可能把未来风险都事先划分、规定好,有的风险即使预测到了,但由于种种原因,双方承担此风险的责任也不好确定。因此,采用保险是一种可靠的选择。

例如,有一栋高层建筑地下基坑施工时,由于软基层比原勘探结果严重,造成开挖后地下淤泥塑性流动,致使邻近楼房开裂和不均匀沉陷,受损楼房业主提出索赔要求。因承包商事先向保险公司投保了第三方责任险,保险公司赔偿受损楼房业主损失费用80多万元,为该承包商按时、按质量地完成工程奠定了基础。

2.2 按索赔依据划分

2.2.1 合同内索赔

索赔所涉及的内容可以在合同内找到依据。例如,工程量的计量、变更工程的计量和价格、不同原因引起的拖期等都属于此类。

2.2.2 合同外索赔

索赔内容或权利虽然难以在合同条款中找到依据,但可能来自于民法、经济法或政府有关部门颁布的法规等中。通常这种合同外索赔表现为违约造成的损害或违反担保造成的损失,有时可以在民事侵权行为中找到依据。例如,由于业主原因终止合同,虽然根据合同规定已支付给承包商全部已完成工程款和人员设备撤离工地所需费用,但承包商却认为补偿过少,还要求偿付利润损失和失去其他工程承包机会所造成的损失等。

2.2.3 额外支付(或称道义索赔)

有些情况下,并不是因业主违约或触犯民法事件,承包商受到的经济损失在合同中找不到明文规定,也难以从合同含义中找到依据,因此从法律角度讲没有要求索赔的基础。

但是承包商确实赔了钱,他在满足业主要求方面也确实尽了最大努力,因而他认为自己有要求业主予以一定补偿的道义基础,而对其损失寻求某种优惠性质的付款。

例如,承包商在投标时对标价估计不足,实施过程中发现工程比他原来预计的困难要大得多,致使投入成本远远大于他的工程收入。尽管承包商在合同和法律中找不到依据,但某些工程业主可能察及实际情况,为了使工程获得良好进展,出于同情和对承包商的信任而慷慨予以补偿。但如果是承包商在施工过程中由于管理不善或质量事故等本身失误造成成本超支或工期延误,则不会得到业主同情。

2.3 按索赔目的分类

按索赔目的分类,索赔可分为工期索赔和经济索赔。

2.3.1 工期索赔

由于非承包商责任,要求业主和监理工程师批准延长施工期限,这种索赔称为延长工期索赔。例如,遇到特殊风险、变更工程量或工程内容等,使得承包商不可能按照合同预定工期完成施工任务,为了避免到期不能完工而追究承包商的违约责任,承包商在事件发生后提出延长工期的要求。在一般的合同条件中,都列有延长工期的条款,并具体指出在哪些情况下承包商有权获得工期延长。

由于承包商的责任,导致工期拖延,业主也会向承包商进行误期索赔,要求承包商自费加速施工,误期时承包商应向业主支付误期损害赔偿费。

2.3.2 经济索赔

经济索赔是指要求补偿经济损失或额外费用。如承包商由于实施中遇到不可预见的施工条件,产生了额外费用,向业主要求补偿。或者由于业主违约、业主应承担的风险而使承包商产生了经济损失,承包商可以向业主提出索赔。同样,由于承包商的质量缺陷、误期、违约,业主也可以向承包商索取赔偿。

2.4 按索赔的方式分类

2.4.1 单项索赔

单项索赔是采用一事一索的方式,即在单一的索赔事件发生后,马上进行索赔,要求单项解决补偿。单项索赔涉及的事件较为单一,责任分析及合同依据都较为明确,索赔额也显得不大,较易获得成功。

2.4.2 综合索赔

综合索赔又称为总索赔,或一揽子索赔,指对整个工程(或某项工程)中所发生的数起索赔事项,综合在一起进行索赔。发生综合索赔,是因为施工过程中出现了较多的变更,以致难于区分变更前后的情况,不得不采用总索赔的方式,即对实施工程的实际总成本与原预算成本的差额提出索赔。在总索赔中,由于许多事件交织在一起,影响因素复杂,责任难以划清,加之索赔额度较大,索赔难以获得成功。

3 索赔产生的原因

工程施工中常见的索赔,其原因可从以下几个方面分析。

3.1 合同文件引起的索赔

3.1.1 合同文件的组成问题引起索赔

有些合同文件是在投标后通过讨论修改拟定的,如果在修改时已将投标前后承包商与业主的往来函件澄清后写入合同补遗文件中并签字,则应说明正式合同签字以前的各种往来文件均已不再有效。有时业主因疏忽,未宣布其来往的信件是否有效,此时,如果信件内容与合同内容发生矛盾,就容易引起双方争执并导致索赔。例如,一业主发出的中标函写明:"接受承包商的投标书和标价",而该承包商的投标书中附有说明,"钢材投标价是采用当地生产供应的钢材的价格"。在工程施工中,由于当地钢材质量不好而为工程师拒绝,承包商不得不采用进口钢材,从而增加了工程成本。由于业主已明确表示了接受其投标书,承包商可就此提出索赔。

3.1.2 合同缺陷引起的索赔

合同缺陷是指合同文件的规定不严谨甚至前后有矛盾、合同中有遗漏或错误。它不仅包括条款中的缺陷,也包括技术规程和图纸中的缺陷。监理工程师有权对此作出解释,但如果承包商执行监理工程师的解释后引起成本增加或工期延误,则有权提出索赔。

3.2 不可抗力和不可预见因素引起的索赔

3.2.1 不可抗力的自然灾害

这是指飓风、超标准的洪水等自然灾害。一般条款规定,由于这类自然灾害引起的损失应由业主承担。但是条款也指出,承包商在这种情况下应采取措施,尽力减小损失。对由于承包商未尽努力而使损失扩大的那部分,业主不承担赔偿的责任。

3.2.2 不可抗力的社会因素

这是指发生战争、核装置的污染和冲击波、暴乱、承包商及其分包商的雇员以外人员的动乱和骚扰等而使承包商受到的损害。这些风险一般划归由业主承担,承包商不对由此造成的工程损失或人身伤亡负责,应得到损害前已完成的永久工程的付款和合理利润,以及一切修复费用和重建费用。这些费用还包括由于特殊风险而引起的费用增加。如果由于特殊风险而导致合同中止,承包商除可以获得应付的一切工程款和上述的损失费用外,还有权获得施工机具、设备的撤离费和人员的遣返费用等。

3.2.3 不可预见的外界条件

这是指即使是有经验的承包商,在招标阶段根据招标文件中提供的资料和现场勘察,都无法合理预见到的外界条件,如地下水、地质断层、溶洞等,但其中不包括气候条件(异常恶劣天气条件除外)。遇到此类条件,承包商受到损失或增加额外支出,经过监理工程师确认,可获得经济补偿和工期顺延。但如监理工程师认为在提交投标书前根据介绍的现场情况、地质勘探资料应能预见到的情况,承包商在做标时理应予以考虑,可不同意索赔。

3.2.4 施工中遇到地下文物或构筑物

在挖方工程中,如发现图纸中未注明的文物(不管是否有考古价值)或人工障碍(如公共设施、隧道、旧建筑物等),承包商应立即报告监理工程师到现场检查,共同讨论处理方案。如果新施工方案导致工程费用增加,如原计划的机械开挖改为人工开挖等,承包商都有权提出经济索赔和工期索赔。

3.3 业主方原因引起的索赔

3.3.1 拖延提供施工场地及通道

因自然灾害影响或施工现场的搬迁工作进展不顺利等原因,业主没能如期向承包商移交合格的、可以直接进行施工的现场,会导致承包商提出误工经济索赔和工期索赔。

3.3.2 拖延支付工程款

合同中均有支付工程款的时间限制,如果业主不能按时支付工程进度款,承包商可按合同规定向业主索付利息。严重拖欠工程款而使得承包商资金周转困难时,承包商除向业主提出索赔要求外,还有权放慢施工进度,甚至可以因业主违约而解除合同。

3.3.3 指定分包商违约

指定分包商违约常常表现为未能按分包合同规定完成应承担的工作而影响了总承包商的施工,业主对指定分包商的不当行为也应承担一定责任。例如,某地下电厂的通风竖井由指定分包商负责施工,因其管理不善而拖延了工程进度,影响到总承包商的施工。总承包商除根据与指定分包商签订的合同索赔窝工损失外,还有权向业主提出延长工期的索赔要求。

3.3.4 业主提前占有部分永久工程

工程实践中,往往会出现业主从经济效益方面考虑使部分单项工程提前投入使用,或从其他方面考虑提前占有部分工程。一方面,如果合同未规定可提前占用部分工程,则提前使用永久工程的单项工程或部分工程所造成的后果,责任应由业主承担;另一方面,提前占有工程影响了承包商的后续工程施工,影响了承包商的施工组织计划,增加了施工困难,则承包商有权提出索赔。

3.3.5 业主要求加速施工

一项工程遇到不属于承包商责任的各种情况,或业主改变了部分工程的施工内容而必须延长工期,但是业主又坚持要按原工期完工,这就迫使承包商赶工,并投入更多的机械、人力来完成工程,从而导致成本增加。承包商可以要求赔偿赶工措施费用,例如加班工资、新增设备租赁费和使用费、增加的管理费用、分包的额外成本等。

3.3.6 业主提供的原始资料和数据有差错

业主提供的原始资料和数据有差错,由此而引起的损失或费用增加,承包商可要求索赔。如果数据无误,而是承包商解释不周和运用失当所引起的损失,则应由承包商自己承担责任。

3.4 监理方原因引起的索赔

3.4.1 延误提供图纸或拖延审批图纸

如果监理工程师延误向承包商提供施工图纸,或者拖延审批承包商负责设计的施工图纸,而使施工进度受到影响,承包商可以索赔延长工期,还可对延误导致的损失要求经济赔偿。

3.4.2 其他承包商的干扰

大型水利水电工程往往有多个承包商同时在现场施工。各承包商之间没有合同关系,他们各自与业主签订合同,因此监理工程师有责任协调好各承包商之间的工作,以免彼此干扰、影响施工而引起承包商的索赔。如一承包商不能按期完成他的那份工作,其他承包商的相应工作也将会因此而推迟。在这种情况下,被迫延迟的承包商就有权提出索赔。在其他方面,如场地使用、现场交通等,各承包商之间都有可能发生相互间的干扰问题。

3.4.3 重新检验和检查

监理工程师为了对工程的施工质量进行严格控制，除要进行合同中规定的检查试验外，还有权要求重新检验和检查。例如，对承包商的材料进行多次抽样试验，或对已施工的工程进行部分拆卸或挖开检查，以及监理工程师要求的在现场进行工艺试验等。如果这些检查或检验表明其质量未达到技术规程所要求的标准，则试验费用由承包商承担；如检查或检验证明符合合同要求，则承包商除可向业主提出偿付这些检查费用和修复费用外，还可以对由此引起的其他损失，如工期延误、工人窝工等要求赔偿。

3.4.4 工程质量要求过高

合同中的技术规程对工程质量，包括材料质量、设备性能和工艺要求等，均作了明确规定。但在施工过程中，监理工程师有时可能不认可某种材料，而迫使承包商使用比合同文件规定的标准更高的材料，或者提出更高的工艺要求，则承包商可就此要求对其损失进行补偿或重新核定单价。

3.4.5 对承包商的施工进行不合理干预

合同条款规定，承包商有权采取任何可以满足合同规定的进度和质量要求的施工顺序和方法。如果监理工程师不是采取建议的方式，而是对承包商的施工顺序及施工方法进行不合理的干预，甚至正式下达指令要承包商执行，则承包商可以就这种干预所引起的费用增加和工期延长提出索赔。

3.4.6 暂停施工

项目实施过程中，监理工程师有权根据承包商违约或破坏合同的情况，或者因现场气候条件不利于施工，以及为了工程的合理进行（如某分项工程或工程任何部位的安全）而有必要停工时，下达暂停施工的指令。如果这种暂停施工的命令并非因承包商的责任或原因所引起，则承包商有权要求工期赔偿，同时可以就其停工损失获得合理的额外费用补偿。

3.4.7 提供的测量基准有差错

监理工程师提供的测量基准有差错，由此而引起的损失或费用增加，承包商可要求索赔。如果数据无误，而是承包商解释不周和运用失当所引起的损失，则应由承包商自己承担责任。

3.5 价格调整引起的索赔

对于有调价条款的合同，在物资、劳务价格上涨时，业主应对承包商所受到的损失给予补偿。它的计算不仅涉及价格变动的依据，还存在着对不同时期已购买材料的数量和涨价后所购材料数量的核算，以及未及早订购材料的责任等问题的处理。

3.6 法规变化引起的索赔

如果在工程递交投标书截止日之前的28天内，本工程所在国的国家和地方的法令、法规或规章发生了变化，由此引起了承包商施工费用的额外增加，例如，车辆养路费的提高、水电费涨价、工作日的减少(6天工作制改为5天工作制)、国家税率增加或提高等，承包商有权提出索赔，监理工程师应与业主协商后，对所增加费用予以补偿。

4 索赔的程序

索赔事件发生后，承包商从提出索赔意向通知开始，至索赔事项的最终解决，大致可分为以下几个阶段。

4.1 承包商提出索赔要求

4.1.1 索赔意向通知书

由于非承包商责任的事件发生,导致工期拖延或施工成本增加时,承包商一方面要遵照监理工程师指令进行施工,另一方面应在索赔事件发生后28天内,以书面形式向业主和监理工程师发出索赔意向通知,见表10-4。索赔意向通知并不是正式的索赔报告,只是通报业主和监理工程师某一不应由他承担责任事件的发生,对他的权益造成了损害,提出索赔要求。如果承包商没有在规定的时间内提出索赔意向通知,就失去了就该项事件请求补偿的索赔权利。

表10-4 索赔意向通知

(承包[ ]赔通 号)

合同名称: 合同编号:

致:(监理机构) 由于__________原因,根据施工合同约定,我方拟提出索赔申请,请贵方审核。 附件:索赔意向书(包括索赔事件及影响、索赔依据、索赔要求等)。 承包人:(现场机构名称及盖章) 项目经理:(签名) 日期: 年 月 日
监理意见: 监理机构:(名称及盖章) 总监理工程师:(签字) 日期: 年 月 日

说明:本表一式__份,由承包人填写。监理机构签署意见后,发包人__份、监理机构__份、承包人__份。

4.1.2 现场同期记录

索赔要取得成功,必须具备一个十分重要的条件,即保持同期记录。这些记录不是几个典型的例证,而是该索赔事件直接的、系统的证据。从索赔事件发生之日起,承包商应做好现场条件和施工情况的同期记录,内容包括:事件发生的时间,持续时间内的气象记录,每天投入的人工、设备和物料情况,以及每天完成的施工任务等。

4.1.3 索赔申请报告

发出索赔意向通知书后28天内,承包商应抓紧准备索赔证据资料,向监理工程师提出补偿经济损失和(或)延长工期的索赔申请报告,见表10-5,详细说明索赔理由和索赔费用计算依据,并应附有必要的当时记录和证明材料。

承包商提供的证据资料可包括:

表 10-5 索赔申请报告

（承包[ ]赔报 号）

合同名称：　　　　　　　　　　　　　　　　　　　　合同编号：

致：（监理机构） 根据有关规定和施工合同约定，我方对________________事件，申请□赔偿金额为（大写）________元（小写________元）/□索赔工期____天，请贵方审核。 附件：索赔报告，主要内容包括： 1. 索赔事件简述及索赔要求。 2. 索赔依据。 3. 索赔计算。 4. 索赔证明材料。 承包人：（现场机构名称及盖章） 项目经理：（签名） 日期：　年　月　日
监理机构将另行签发审核意见。 监理机构：（名称及盖章） 签收人：（签名） 日期：　年　月　日

说明：本表一式__份，由承包人填写。监理机构签收后，发包人__份、监理机构__份、承包人__份。

（1）合同文件；

（2）监理工程师批准的施工进度计划；

（3）来往信件；

（4）施工备忘录；

（5）会议记录；

（6）工程照片及其拍摄日期、部位；

（7）工程记录表、施工人员、气候、施工人员计划及人工日报表；

（8）中期支付工程进度款的单据；

（9）工程检查及验收报告；

（10）与业主、监理人员的谈话记录，施工用材料、机械设备的试验报告等。

索赔申请报告的内容应包括：

（1）索赔名称。

（2）索赔事件的简述及索赔要求（发生索赔事件的起因、时间、经过，索赔意向书的提交时间，以及承包人为减轻损失所采取的措施；索赔金额、索赔工期）。

（3）索赔依据（合同约定、法律法规规定等）。

(4)索赔计算(计算依据、计算方法、取费标准、计算过程等详细说明)。

(5)索赔证明材料(记录、指示、签证、确认等相关文件,支持索赔计量的票据、凭证,以及其他证据和说明)。

(6)其他按施工合同文件约定或监理机构要求应提交的,或承包人认为应报送的文件和资料。

如果索赔事件的影响持续存在,28 天内还不能算出索赔额和工期延长天数,承包商应按监理工程师要求的合理时间间隔,列出索赔累计金额和提出中期索赔申请报告,并在该项索赔事件影响结束后的 28 天内,向业主和监理工程师提交包括最终索赔金额、延续记录、证明材料在内的最终索赔申请报告。

4.2 监理机构审查索赔申请报告

4.2.1 监理机构审核承包商的索赔申请报告

监理机构接到承包商的索赔意向通知后,应收集一切与索赔处理有关的资料,包括会议记录、来往信函、招标文件、合同条件、技术规范、施工图纸等。从收集的资料中了解索赔事件的来龙去脉,为以后的索赔工期分析与费用计算准备基础数据和评估依据。在接到索赔申请报告后,监理人员应认真研究承包商报送的索赔资料,必要时可要求承包商进一步补充索赔理由和证据,并结合自己收集的资料,公正、客观地分析事件发生的原因。

监理机构在收到承包人的中期索赔申请报告或最终索赔申请报告后,应进行以下工作:

(1)依据施工合同约定,对索赔的有效性进行审核。

(2)对索赔支持性资料的真实性进行审查。

(3)对索赔的计算依据、计算方法、计算结果及其合理性逐项进行审核。

(4)对由施工合同双方共同责任造成的经济损失或工期延误,应通过协商,公平合理地确定双方分担的比例。

(5)必要时要求承包人提供进一步的支持性资料。

责任划分以后,监理人员应根据已收集的完整的、有效的(经合同双方签字)同期记录,对索赔事件发生的工程量进行计算。最后审查承包商提出的索赔补偿要求,主要是审查和分析承包商的计算原则、计算方法,剔除其中不合理部分,计算合理的工期延长天数和索赔金额。

4.2.2 索赔成立条件

(1)该项索赔事件真正造成了承包商的损失,已具备合同依据;

(2)索赔事件的原因非承包商的责任;

(3)承包商的索赔程序符合要求。

4.3 协商补偿

监理人员审核承包商的索赔申请报告后,提出自己的意见,初步确定应予补偿的工期和索赔额,这与承包商计算的往往不一致,有时甚至相差较大。主要原因大多是对承担事件损害责任的界限划分不一致,承包商索赔证据不充分,索赔计算的依据和方法有较大分歧等。在承包商提交索赔申请报告和最终索赔申请报告后的 42 天内,监理工程师与业主和承包商充分协商后作出决定,在上述时限内将索赔处理决定通知承包商,并抄送业主。

4.4　合同双方对索赔处理确认

业主和承包商应在收到监理工程师的索赔处理决定后 14 天内,将其是否同意索赔处理决定的意见通知监理工程师。若双方均接受监理工程师的决定,则监理工程师应在收到上述通知后的 14 天内,将确定的索赔金额列入付款证书中支付;若双方或其中任何一方不接受监理工程师的决定,则双方均可按规定提请争议评审组评审。在争议尚未按规定解决之前,承包商仍应继续按监理工程师的指示认真施工。

索赔处理监理工作程序见图 10-2。

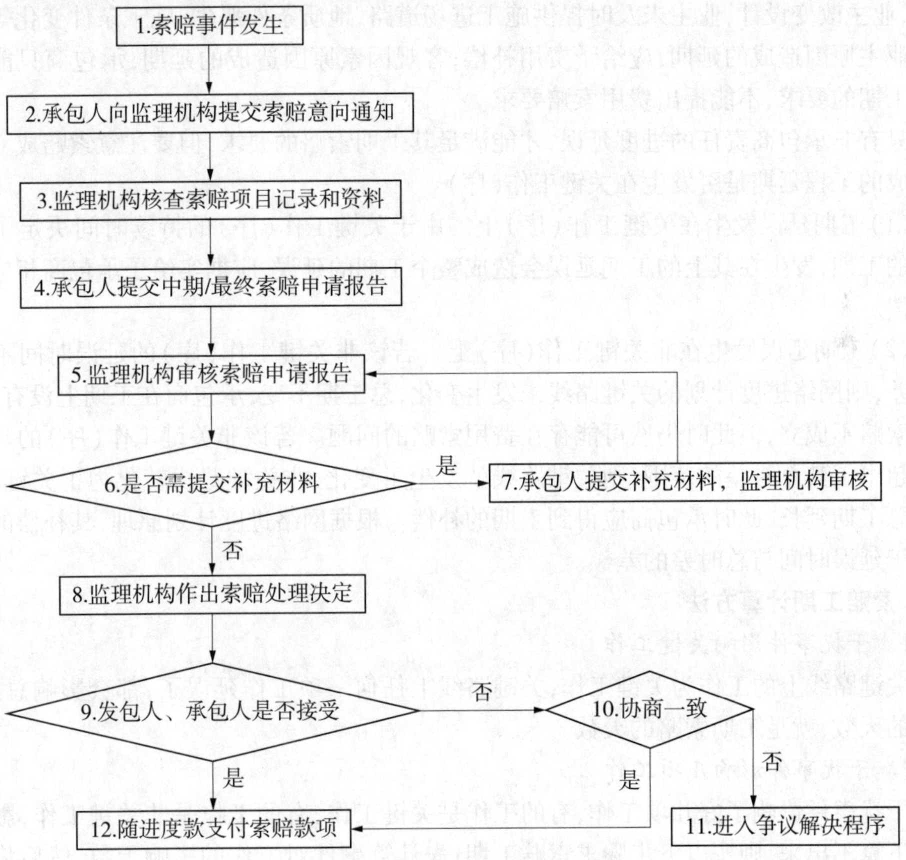

图 10-2　索赔处理监理工作程序

5　索赔工期计算

5.1　工程延期分析

形成工程延期的原因是多方面的,在工程实践中,将工程延期分为不可原谅的延期和可原谅的延期,以此作为承包商工期索赔是否成立的前提。

监理工程师进行延期批准时应注意,任何额外延期都可能造成业主投资增加,但是拒绝承包商的合理要求,会引起承包商费用索赔,而且监理工程师必须在合理的时间内作出决定,否则,承包商可声称被迫加快工程施工而提出索赔。

5.1.1 不可原谅的延期

不可原谅的延期是由于承包商本身的责任造成的工期延误,如施工组织协调不好,人力不足,承包商提供的设备进场晚,劳动生产率低,工程质量不符合施工规程的要求而造成返工等。出现不可原谅的延期,按照合同规定,承包商将付违约罚金。

5.1.2 可原谅的延期

由于非承包商责任的原因而导致工程延期,属于可原谅的延期。引起可原谅延期的因素很多,主要有两部分,一是客观原因,二是业主原因。如:天气异常,不可抗拒的自然灾害,业主改变设计,业主未及时提供施工进场道路,地质条件恶劣,施工条件变化等。

业主原因造成的延期,应给予费用补偿;客观因素原因造成的延期,承包商只能提出延长工期的要求,不能提出费用索赔要求。

只有非承包商责任的进度延误,才能满足其工期索赔的要求,但要注意索赔成立事件所造成的工程延期是否发生在关键工作(序)。

(1)工期延误发生在关键工作(序)上。由于关键工作(序)的持续时间决定了整个施工的工期,发生在其上的工期延误会造成整个工期的延误,应据实给予承包商相应的工期补偿。

(2)工期延误发生在非关键工作(序)上。若该非关键工作(序)的延误时间不超过总时差,则网络进度计划的关键路线未发生变化,总工期不变,承包商在工期上没有损失,工期索赔不成立,但此时仍然可能存在费用索赔的问题。若该非关键工作(序)的延误时间已超出了其总时差的范围,则关键路线就发生了变化,非关键路线转化为了关键路线,从而总工期延长,此时承包商应得到工期的补偿。根据网络进度计划原理,其补偿的工期应等于延误时间与总时差的差额。

5.2 索赔工期计算方法

5.2.1 干扰事件影响关键工作

关键路线上的工作为关键工作,关键路线上任何一项工作延误了,都会影响总工期,影响的天数,就是工期索赔的天数。

5.2.2 干扰事件影响几项工作

干扰事件影响了好几项工作,有的工作是关键工作,有的工作是非关键工作,影响天数一下算不出来,则按以下步骤求索赔工期:先计算事件对工作的影响天数,然后将变化后的各工作时间放入网络进度计划中,计算受影响后的总工期,受影响后的总工期减去原工期,即为工期索赔的天数。

【案例 10-1】 某工程网络进度计划如图 10-3 所示,计划工期为 24 天。由于非承包商的原因,A 工作实际用了 9 天,B 工作实际用了 8 天,C 工作实际用了 8 天,计算工期索赔的天数。

分析路线:

1—2—3—6—7 原计划用 24 天,实际用了 28 天;

1—2—4—6—7 原计划用 22 天,实际用了 27 天;

1—2—5—6—7 原计划用 21 天,实际用了 25 天。

计划工期:24 天;

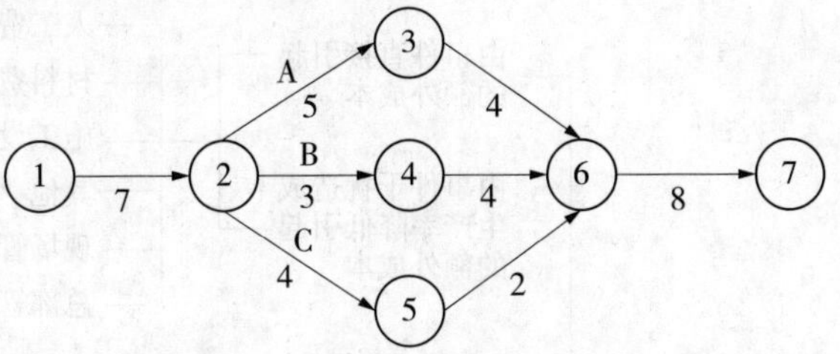

图 10-3 某工程网络进度计划

实际工期:28 天。

故工期索赔天数为:28 -24 =4(天)。

5.2.3 干扰事件影响重叠

同时发生几件干扰事件,并都引起了工期延误,在具体日期上出现重叠情况。这时分析的原则是:当不可原谅与可原谅的延误重叠时,以不可原谅的工期延误计;当可原谅延误互相重叠时,工期延长只计一次。

【案例 10-2】 某水利工程施工中,发生了设备损坏、冰雹、图纸供应延误等 3 个事件,都造成了工期延误,分别是 6 天(7 月 1 ~6 日)、9 天(7 月 4 ~12 日)和 7 天(7 月 9 ~15 日)。试分析其应延长的工期天数。

责任分析:

设备损坏是承包商的过失,属不可原谅的工期延误,后两事件分别为不可预见及业主承担的风险,属可原谅的工期延误,应予以工期赔偿。

工期补偿天数计算如下:

设备损坏的延误:1、2、3、4、5、6

冰雹的延误:4、5、6、7、8、9、10、11、12

图纸供应误期的延误:9、10、11、12、13、14、15

(1)1 ~3 日为不可原谅延误,不予赔偿。

(2)4 ~6 日为不可原谅延误与可原谅延误的重叠期,按不可原谅延误计,不予赔偿,即如果不下冰雹,设备坏了也无法施工。

(3)7 ~8 日为可原谅延误,补偿 2 天。

(4)9 ~12 日为两个可原谅延误重叠,可予以赔偿,但只计一次,故补偿 4 天。

(5)13 ~15 日为可原谅延误,补偿 3 天。

故总计应补偿 9 天,即延长竣工期 9 天。

6 索赔费用计算

6.1 可索赔费用的组成

可索赔费用具体内容见图 10-4。

6.2 不可索赔的费用

6.2.1 承包商的索赔准备费用

每项索赔,从预测索赔机会、保持同期记录、提交索赔意向通知、进行成本索赔费用和

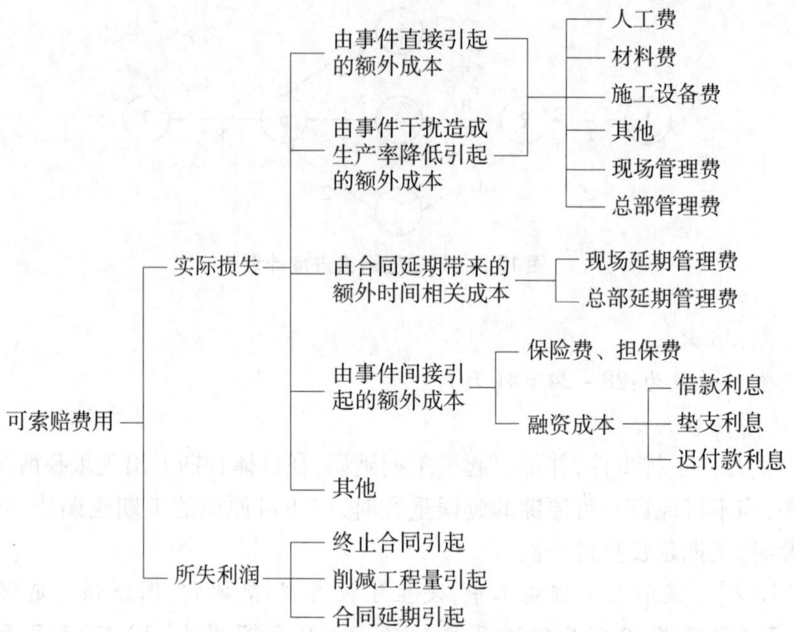

图 10-4 可索赔费用的组成

时间分析，到提交正式索赔申请报告、进行索赔谈判，直至达成索赔处理协议，承包商需要做大量认真细致的准备工作。有时，这个索赔的准备和处理过程还会比较长，而且业主和监理工程师也可能提出许多这样那样的问题，承包商可能需要聘请专门的索赔专家来进行索赔的咨询工作。所以，索赔准备费用可能是承包商的一项不小的开支。通常都不允许承包商对这种费用进行索赔。从理论上说，索赔准备费用是作为现场管理费的一个组成部分得到补偿的。

6.2.2 索赔的金额在处理期间的利息

通常索赔处理有一个过程，一般情况下，不允许对索赔处理期间的利息进行索赔。实际工作中，还有从索赔事项的发生至承包商提出索赔期间的利息问题，索赔处理发生争议并提交仲裁期间的利息问题，这些利息是否可以索赔，是业主、监理工程师和承包商之间非常容易发生分歧的领域，要根据适用法律和仲裁规则等来确定。

6.2.3 因承包商不适当的行为而扩大的损失

如果发生了索赔事件，承包商负有采取措施尽量减少损失的义务，若承包商不采取任何措施致使损失扩大，扩大部分的损失无权要求索赔。承包商采取的措施可能是保护未完工程、合理及时地重新采购器材、及时取消订货单、重新分配施工力量(人员和材料、设备)等，承包商的措施费用，可以要求业主给予补偿。比如，某单位工程暂时停工，承包商可以将施工人员和设备调往其他工作项目，如果承包商能够做到而没有做，则他就不能对因此而闲置的人员和设备的费用进行索赔。

6.3 索赔费用的计算方法

6.3.1 分项计算法

分项计算法是将索赔费用分项进行计算，即以承包商为某项索赔事件所支付的实际开支为依据,分别计算人工费、材料费、施工机械费、现场管理费和总部管理费索赔值的方法。这种方法能客观地反映承包商的费用损失,比较合理、科学,被国际工程界广泛采用。

6.3.2 总费用法

总费用法又称总成本法,就是计算出该工程项目实际的总费用,再从这个实际总费用中减去投标报价时估算的总费用,即为要补偿的索赔金额。

索赔金额 = 实际总费用 - 投标报价估算总费用

只有在分项计算法难以采用时,才使用总费用法,因为有些索赔事件难以分出单项来计算。采用总费用法时,一般要满足以下条件:

(1)实际总费用经过审核,认为是比较合理的;

(2)承包商的原始报价是比较合理的;

(3)费用的增加是由于对方原因造成的,其中没有承包商自己的责任;

(4)由于该项索赔事件复杂以及现场记录不足等,难以采用更精确的计算方法。

6.3.3 修正总费用法

修正总费用法是对总费用法的改进,即通过对总费用法进行相应的修改和调整,使其更加合理。所进行的主要调整如下:

(1)计算索赔款的时段限制为只是受影响的时段,而不是整个施工期。

(2)索赔损失只计算这一时段内受影响的某项工作的损失,而不是计算该时段内所有施工工作的损失。

(3)与该项工作无关的费用,不计入总费用中。

(4)在受影响时段内受影响的某项施工工作中,使用的人工、材料、设备等均有可靠的记录资料。

(5)核算投标报价估算的总费用,使其尽可能正确、合理。

修正总费用法能够较准确地反映实际增加的费用,其公式为:

索赔金额 = 某项工作调整后的实际总费用 - 该项工作的报价总费用

【案例10-3】 某项工程建设项目,业主与施工单位按《建设工程施工合同文本》签订了工程施工合同,工程未投保。在工程施工过程中,遭受暴风雨不可抗力的袭击,造成了相应的损失,施工单位及时向监理工程师提出索赔要求,并附与索赔有关的资料证据。

索赔报告中的基本要求如下:

(1)遭暴风雨袭击不是因施工单位原因造成的损失,故应由业主承担赔偿责任。

(2)给已建部分工程造成破坏18万元,应由业主承担修复的经济责任,施工单位不承担修复的经济责任。

(3)施工单位人员因此灾害导致数人受伤,处理伤病医疗费用和补偿金总计3万元,业主应给予赔偿。

(4)施工单位进场的在使用机械、设备受到损坏,造成损失8万元;由于现场停工造成台班费损失4.2万元,业主应负担赔偿和修复的经济责任;工人窝工费3.8万元,业主应予支付。

(5)因暴风雨造成现场停工8天,要求合同工期顺延8天。

(6)由于工程破坏,清理现场需费用2.4万元,业主应予支付。

问:监理工程师接到施工单位提交的索赔申请后,应进行哪些工作?如何处理施工单位提出的要求?

要解决这些问题,监理工程师必须清楚索赔的处理程序和不可抗力风险承担的原则。

首先,监理工程师接到索赔申请报告后应进行以下主要工作:

(1)进行调查、取证;

(2)审查索赔成立条件,确定索赔是否成立;

(3)分清责任,认可合理索赔;

(4)与施工单位协商,统一意见;

(5)签发索赔报告,处理意见报业主核准。

不可抗力风险承担责任的原则如下:

(1)工程本身的损害由业主承担;

(2)人员伤亡由其所属单位负责,并承担相应费用;

(3)施工单位机械、设备的损坏及停工等损失,由施工单位承担;

(4)所需清理、恢复工作的费用,由双方协商承担;

(5)工期给予顺延。

对于本案例,具体处理方法如下:

(1)经济损失按上述原则由双方分别承担,工期延误应予签证顺延;

(2)因工程修复、重建的18万元工程款应由业主支付;

(3)索赔不予认可,施工单位人员、机械、设备的损伤及停工等损失由施工单位承担;

(4)认可顺延合同工期8天;

(5)清理费用由双方协商承担。

任务5 争议及争议的解决

水利工程施工合同实施过程中,监理机构根据业主的授权负责现场合同管理,监理机构在客观上处于第三方的地位,按业主和承包商签订的合同,处理双方的争议,但由于监理工程师受聘于业主,其行为常常受制于业主。虽然在合同条件中以专门的条款规定了监理工程师必须公正地履行职责,但在实际运作中,监理工程师的公正性常受到承包商的质疑,而削弱了监理工程师在处理合同争议中的权威性。为此,水利工程施工合同示范文本吸取国际工程经验,引入了合同争议的调解机制,通过一个完全独立于合同双方的专家组对合同争议的评审和调解,求得争议的公正解决。争议调解组由3(或5)名有合同管理和工程实践经验的专家组成,专家的聘请方法可由业主和承包商共同协商确定,亦可由政府主管部门推荐或通过行业合同争议调解机构聘请,并经双方认同,争议调解组成员应与合同双方均无利害关系。

争议的解决可通过和解、调解、仲裁或诉讼进行。

1 和解

和解是指双方当事人通过直接谈判,在双方均可接受的基础上,消除争议,达到和解。

这是一种最好的解决争议的方式,既节省费用和时间,又有利于双方合作关系的发展。

2 调解

所谓调解,是指当事人双方在第三者即调解人的主持下,在查明事实、分清是非、明确责任的基础上,对纠纷双方进行斡旋、劝说,促使他们相互谅解,进行协商,以自愿达成协议,消除纷争的活动。

它有三个特征:

(1)有第三方(国家机关、社会组织、个人等)主持协商,与无人从中主持,完全是当事人双方自行协商的和解不同;

(2)第三方即调解人只是斡旋、劝说,而不作裁决,与仲裁不同;

(3)纠纷当事人共同以国家法律、法规为依据,自愿达成协议,消除纷争,不是行使仲裁、司法权力进行强制解决。

实践证明,用调解方式解决纠纷,程序简便,当事人易于接受,解决纠纷迅速及时,不至于久拖不决,从而避免经济损失的扩大。也有利于消除当事人双方之间的隔阂和对立,调整和改善当事人之间的关系,促进了解,加强协作。还由于调解协议是在分清是非、明确责任、当事人双方共同提高认识的基础上自愿达成的,所以可以使纠纷得到比较彻底的解决,协议的内容也比较容易全面履行。

合同纠纷的调解,可以分为社会调解、行政调解、仲裁调解和司法调解。本书讲的调解主要是社会调解、行政调解。

(1)社会调解。社会调解是指根据当事人的请求,由社会组织或个人主持进行的调解。

(2)行政调解。行政调解是指根据一方或双方当事人申请,当事人双方在其上级机关或业务主管部门主持下,通过说服教育、相互协商、自愿达成协议,从而解决合同纠纷的一种方式。

无论采用何种调解方法,都应遵守自愿和合法两项原则。

自愿原则具体包括两个方面的内容:

一是纠纷的调解必须出于当事人双方自愿。合同纠纷发生后能否进行调解,完全取决于当事人双方的意愿。如果纠纷当事人双方或一方根本不愿用调解方式解决纠纷,就不能进行调解。

二是调解协议的达成也必须出于当事人双方的自愿。达成协议,平息纠纷,是进行调解的目的。因此,调解人在调解过程中要竭尽全力,促使当事人双方互谅互让,达成协议。其中包括对当事人双方进行说服教育,耐心疏导,晓之以理、动之以情,还包括向当事人双方提出建议方案等。但是,进行这些工作不能带有强制性。调解人既不能代替当事人达成协议,也不能把自己的意志强加于人。纠纷当事人不论是对协议的全部内容有意见,还是对协议部分内容有意见而坚持不下的协议均不能成立。

合法原则是合同纠纷调解活动的主要原则。国家现行的法律、法规是调解纠纷的唯一依据,当事人双方达成的协议内容,不得同法律和法规相违背。

调解成功,制作调解书,由双方当事人和参加调解的人员签字盖章。重要纠纷的调解书,要加盖参加调解单位的公章。调解书具有法律效力。但是,社会调解和行政调解达成的调解协议或制作的调解书没有强制执行的法律效力,如果当事人一方或双方反悔,不能申请法院予以强制执行,而只能再通过其他方式解决纠纷。

仲裁调解是将合同双方的争议提交争议调解组,争议调解组在不受任何干扰的情况下,进行独立和公正的评审,提出由全体专家签名的评审意见,若业主和承包商接受争议调解组的评审意见,则应由监理工程师按争议调解组的评审意见拟订争议解决议定书,经争议双方签字后作为合同的补充文件,并遵照执行。若业主和承包商或其中任一方不接受争议调解组的评审意见,并要求提交仲裁,任一方均可在收到上述评审意见后的28天内将仲裁意向通知另一方,并抄送监理工程师。若在上述28天期限内双方均未提出仲裁意向,则争议调解组的评审意见为最终决定,双方均应遵照执行。

为了更好地解决合同纠纷,建设工程施工合同的双方当事人可以共同协商成立争议调解组,当发包人和承包人或其中任一方对监理机构作出的决定持有异议,又未能在监理人的协调下取得一致意见而形成争议时,任一方均可以书面形式提请争议调解组解决。在争议尚未按合同规定获得解决之前,承包人仍应继续按监理机构的指示认真施工。

一般情况下,发包人和承包人应在签订协议书后的84天内,按合同规定共同协商成立争议调解组,并由双方与争议调解组签订协议。争议调解组由3(或5)名有合同管理和工程实践经验的专家组成,专家的聘请方法可由发包人和承包人共同协商确定,亦可请政府主管部门推荐或通过行业合同争议调解机构聘请,并经双方认同。争议调解组成员应与合同双方均无利害关系。争议调解组的各项费用由发包人和承包人平均分担。

争议调解组一般按下列程序进行评审:

(1)合同双方的争议,应首先由主诉方向争议调解组提交一份详细的申诉报告,并附有必要的文件图纸和证明材料,主诉方还应将上述报告的一份副本同时提交给被诉方。

(2)争议的被诉方收到主诉方申诉报告副本后的28天内,亦应向争议调解组提交一份申辩报告,并附有必要的文件图纸和证明材料。被诉方亦应将其报告的一份副本同时提交给主诉方。

(3)争议调解组收到双方报告后的28天内,邀请双方代表和有关人员举行听证会,向双方调查和质询争议细节;若需要时,争议调解组可要求双方提供进一步的补充材料,并邀请监理机构代表参加听证会。

(4)在听证会结束后的28天内,争议调解组应在不受任何干扰的情况下,进行独立和公正的评审,提出由全体专家签名的评审意见提交发包人和承包人,并抄送监理机构。

(5)若发包人和承包人接受争议调解组的评审意见,则应由监理机构按争议调解组的评审意见拟定争议解决议定书,经争议双方签字后作为合同的补充文件,并遵照执行。

(6)若发包人和承包人或其中任一方不接受争议调解组的评审意见,则任一方均可在收到上述评审意见后的28天内将仲裁意向通知另一方,并抄送监理机构。若在上述28天期限内双方均未提出仲裁意向,则争议调解组的意见为最终决定,双方均应遵照执行。

3 仲裁

仲裁是指纠纷当事人在自愿基础上达成协议,将纠纷提交非司法机构的第三者审理,由第三者作出对争议各方均有约束力的裁决的一种解决纠纷的制度和方式。仲裁在性质上是兼具契约性、自治性、民间性和准司法性的一种争议解决方式。仲裁裁决是终局性的,对双方都有约束力,双方必须执行。

仲裁协议是指当事人把合同纠纷提交仲裁解决的书面形式意思表示,包括共同商定仲裁机构及仲裁地点。当事人申请仲裁,应向仲裁委员会递交仲裁协议。仲裁协议有两种形式:一种是在争议发生之前订立的,它通常作为合同中的一项仲裁条款出现;另一种是在争议之后订立的,它是把已经发生的争议提交给仲裁的协议。这两种形式的仲裁协议,其法律效力是相同的。《仲裁法》的第 2 条规定:平等主体的公民、法人和其他组织之间发生的合同纠纷和其他财产权益纠纷,可以仲裁。这里明确了三条原则:一是发生纠纷的双方当事人必须是民事主体,包括国内外法人、自然人和其他合法的具有独立主体资格的组织;二是仲裁的争议事项应当是当事人有权处分的;三是仲裁范围必须是合同纠纷和其他财产权益纠纷。

根据《仲裁法》的规定,有两类纠纷不能仲裁:

(1)婚姻、收养、监护、扶养、继承纠纷不能仲裁。这类纠纷虽然属于民事纠纷,也不同程度涉及财产权益争议,但这类纠纷往往涉及当事人本人不能自由处分的身份关系,需要由法院作出判决或由政府机关作出决定,不属仲裁机构的管辖范围。

(2)行政争议不能仲裁。行政争议,亦称行政纠纷,是指国家行政机关之间,或者国家行政机关与企事业单位、社会团体及公民之间,由于行政管理而引起的争议。外国法律规定这类纠纷应当依法通过行政复议或行政诉讼解决。

《仲裁法》还规定,劳动争议和农业集体经济组织内部的农业承包合同纠纷的仲裁,由国家另行规定,也就是说,解决这类纠纷不适用《仲裁法》。

业主和承包商在签订协议书的同时,应共同协商确定合同的仲裁范围和仲裁机构,并签订仲裁协议。若在仲裁意向通知发出后 42 天内仍未能解决争议,则任何一方均有权将争议提交仲裁协议中规定的仲裁机构仲裁。

业主和承包商因合同发生争议,未达成书面仲裁协议的,任一方均有权向人民法院起诉。即若合同双方已有书面仲裁协议,一方向人民法院起诉时,人民法院不予受理;而没有书面仲裁协议的,仲裁机构不予受理,只能向人民法院起诉。

仲裁还有另一个显著的特点,即仲裁实行一裁终局制。仲裁委员会作出裁决后,当事人就同一纠纷再申请仲裁或向人民法院提起诉讼的,仲裁委员会或人民法院依法不予受理。

当事人对仲裁协议的效力有异议,应当向该仲裁协议所选定的仲裁委员会提出,或者向该仲裁协议所选定的仲裁委员会所在地的中级人民法院提出。人民法院既对仲裁裁决予以执行,又对仲裁进行必要的监督。法院监督表现在对不合法的仲裁裁决进行撤销或强制当事人执行合法的仲裁裁决。

4　诉讼

诉讼是指当事人对双方之间发生的争议交由法院作出判决。诉讼所遵循的是司法程序,较之仲裁有很大的不同。诉讼有如下特点:

(1)人民法院受理案件,任何一方当事人都有权起诉,而无须征得对方当事人同意。

(2)向人民法院提起诉讼,应当遵循地域管辖、级别管辖和专属管辖的原则。

(3)当事人在不违反级别管辖和专属管辖原则的前提下,可以选择管辖法院。当事人协议选择由法院管辖的,仲裁机构不予受理。

(4)人民法院审理案件,实行两审终审制度。当事人对人民法院作出的一审判决、裁定不服的,有权上诉。对生效判决、裁定不服的,可向人民法院申请再审。

诉讼时效有如下一般规定:

(1)一般民事诉讼时效:期限为2年。

(2)特别诉讼时效:短时时效为1年,如身体受到伤害要求赔偿,出售质量不合格商品未声明,延付或拒付租金,寄存财物被丢失或者损毁;长时时效:环境污染损害赔偿为3年,国际货物买卖、技术进口为4年;最长诉讼时效为20年,超过20年的人民法院不予保护。

任务6　案例分析

【案例10-4】　黄河小浪底水利枢纽工程施工合同管理的转折点

小浪底水利枢纽工程是一个在工程技术和合同管理方面都具有挑战性的大型国际工程。在地质条件复杂的黄河干流段上修建一座154 m高的黏土斜心墙堆石坝,本身就是一个重大的技术难题。尤其是要在左岸单薄的山体上修建16条隧洞,其中包括3条导流洞(导流后改建为3条孔板消能泄洪洞)、3条排沙洞、3条明流泄洪洞、6条引水发电洞和1条灌溉引水洞,它使小浪底工程的设计和施工技术成为国际水利工程建设罕见的复杂课题。

从工程的招标和施工合同管理方面讲,小浪底水利枢纽工程也是一项真正的大型国际工程。它是世界银行对中国单项工程贷款额度最大的项目,是面向世界各国大承包公司进行国际竞争性招标的项目,是采用当前世界最先进的管理方式进行合同管理的项目。在小浪底工地上集中了全世界190多个知名工程承包公司的来自51个国家或地区的700多名外国工程承包人员,按照国际工程的标准合同条款——菲迪克(FIDIC)合同条款进行施工管理。由于我国各级领导的重视,万余名中国工程技术、企业管理人员和工人们的辛勤劳动,以及世界银行等外国专家的技术协助,工程进展顺利,施工质量优良,经过顽强拼搏,于1997年10月28日按计划实现截流。可以肯定,小浪底工程的建设,不仅对黄河的除害兴利起到关键作用,也为我国培养出一批管理大型国际工程的人才。

不可否认,小浪底工程的施工是通过克服极为复杂的一系列困难而走上正轨的。1995年5月,外国承包商在导流洞(系第二标工程范围)施工时遇到了数次塌方,便擅自停工。在咨询工程师的反复催促之下,直至1995年12月,3条导流洞的施工仍处于半停顿状态，施工形象进度较原合同计划工期拖后达 11 个月，使计划中 1997 年 10 月底实现主河道截流即将落空。如果截流拖期，不仅给我国造成严重的政治和经济损失，还将引起承包施工大坝（系第一标）和发电厂（系第三标）的外国承包商的连环索赔，会形成不可收拾的局面。在这一关键时刻，小浪底工程建设管理局在上级领导的支持下，解决了三个关键性的问题，为工程的按期截流和顺利施工打下了基础。

第一，在施工进度严重拖期的情况下，由谁来督促承包商履约？

小浪底工程是按照 FIDIC 合同条款进行施工管理的。因此，一切合同实施中的问题，应由咨询工程师（施工监理）——小浪底工程建设咨询公司来主持处理。但是，二标承包联营体的牵头企业——德国旭普林公司（Zublin A. G.）绕过咨询工程师而直接同业主单位——小浪底建设管理局的领导接触，进行“高层会谈”，讨论工期延误如何处理的问题，并借此机会向业主提出高额补偿，而且不保证按合同规定的截流日期（1997 年 10 月 31 日）实现截流。这样的高层会谈反复 10 余次，不能达成协议，竟使承包商感到业主有求于他。这显然不符合 FIDIC 合同条款的规定，势必使工期延误更趋严重。水利部领导派出专家组同业主及监理单位的领导充分协商以后，决定停止高层会谈，而由咨询工程师按合同条款的规定直接处理这一合同问题。这样，才把施工合同管理工作纳入了正常轨道，使二标承包商处于承担合同责任的严峻压力之下。

第二，对严重拖期的二标承包联营体，采取什么措施？

导流洞施工进度的严重延误，主要是承包商的责任。隧洞施工中发生塌方，在土建工程中是经常发生的现象，应由承包商主动与咨询工程师磋商，采取克服措施，力争实现合同规定的截流日期，承包商绝对无权暂停施工，更不能以此要挟业主。事实上，二标牵头承包公司进场施工设备的数量和时间远远没有达到合同规定的要求。因此，工期延误的责任主要在承包商方面。

以旭普林为首的二标承包商严重拖期如何处理，在讨论中产生了不同的意见。

有的专家认为，二标承包商没有能力实现按期截流，多次谈判又达不成协议，应按 FIDIC 合同条款第 63.1 条“承包商违约”处理，由咨询工程师决定终止二标合同，由中国的施工单位取代，靠我国自己的水电施工队伍，实现按合同规定日期截流。第二种意见是：以旭普林为首的二标承包商已进场相当数量的设备，可向他提供一定数额的赶工费，促其迅速增加施工设备，加快施工进度，仍靠他实现按合同规定日期截流。第三种意见是：终止合同的风险太大，会导致合同纠纷，影响加速施工及按期截流；靠二标承包商的设备及技术实力，难以实现按期截流；应强调其合同责任，要求他按合同规定实现截流，并建议他引进中国的施工力量，进行施工分包，以确保实现按计划日期截流。

经过反复研究，决定按第三种意见办理，由咨询工程师正式致函承包商，要求其采取施工分包，加快施工速度，实现按计划日期截流。旭普林公司最终屈服于合同压力，不得不采纳咨询工程师的意见和决定。

第三，如何加强施工力量，保证按计划日期截流？

实践已经证明，旭普林公司靠自己的能力无法组成强有力的赶工队伍，势必要引进中国成建制的水利水电施工队伍，加强施工管理，才能把已经延误了的 11 个月的工期抢回来，实现按计划日期截流。经过艰难而紧张的谈判，旭普林公司在 1996 年 2 月 8 日同中国水电一局、三局、四局和十四局(简写为OTFF一方)签订了“劳务分包合同”。

应该说,这项劳务分包使旭普林公司具备了加速施工的实力,也使业主对按期截流有了依靠,对合同双方都是有利的。但是,在“劳务分包合同”正式签字后不久,旭普林公司特别致函咨询工程师及业主,强烈要求咨询工程师承认1996年2月8日签订的“劳务分包合同”为“指定分包商”性质。紧接着,在1996年2月21日,加拿大国际工程管理公司(CIPM)的专家亦来函强调:这个分包应属于“指定分包商”。二标承包商和加拿大咨询专家提出的这一要求,在中方领导人员中引起了分歧与争论,不少的人坚持认为:应该承认是“指定分包商”。

这里有一个合同责任的问题。旭普林公司既然已经在与OTFF的“劳务分包合同”上签了字,为什么又提出OTFF是“指定分包商”呢?这说明,他对“劳务分包”是否能实现按计划日期截流没有信心。因为按照合同责任,如果是“劳务分包”,不能按期截流的责任完全在总承包商——旭普林公司的肩上;如果是“指定分包商”,不能截流的责任自然会推到咨询工程师和业主“指定的”分包商肩上,即责任在业主方面。与此同时,由于小浪底工程合同“专用条款”中没有采用“指定分包商”的具体规定,业主一方“强迫”承包商接受指定的分包商,则属于业主的违约。因此,很明显,咨询工程师和业主不应同意OTFF是“指定分包商”的提法;轻率地同意为“指定分包商”,会使业主陷入尴尬的合同责任中去。基于这一分析,专家组坚持不能承认为“指定分包商”,并明确指出:旭普林公司想把他已签了字的“劳务分包”改为“指定分包”,是没有道理的。

事实已经证明:成建制地引进中国的施工机构进行劳务分包,是外国承包商应该采用的一种正确做法,它保证了小浪底工程的按期截流成功。中国水利水电施工队伍介入导流洞施工以后,很快地显示出他们的顽强拼搏精神,使大量延误了的工期迅速抢回。旭普林公司从这里受到了启示,尝到了甜头。此后他主动地又把隧洞群的进口段施工分包给水电十一局,把出口段分包给水电七局。事实证明,如果不采取成建制分包的措施加强施工力量,小浪底工程不可能实现按期截流!

以上三个问题的正确处理,理顺了小浪底工程的合同实施,保证了按期截流。整个工程在水利部的关心和领导下,施工进展顺利,工程质量良好,管理工作达到了国际工程的水平。

通过小浪底工程合同管理的实践,我们可以得到国内大型工程进行国际性招标施工的以下两点启迪:

第一,要充分发挥国内施工力量的作用。在水利水电工程和其他大型基础设施的建设中,中国已具备了相当雄厚的施工力量,拥有大量的施工设备。在国内今后国际性工程的招标承包施工中,应充分依靠国内的施工力量,不应该规定只有外国的承包商才能充当承包联营体的牵头公司,中国的承包商只能担任配角。事实上,不少的中国承包公司已具备了担任总承包商的技术和组织能力。

第二,要充分发挥国内施工监理的作用。目前,国内已建成了许多国际性招标承包施工的大型工程,如水坝、水电站、高速公路等;中国的许多对外承包工程公司,早已打入国际承包市场,积累了相当丰富的施工监理工作经验,具备了担任施工监理的能力。在许多大型工程的施工中,我国的技术管理人员能够独立地做好施工监理工作。

项目11 水利工程信息文档管理

任务1 水利工程信息管理概述

随着科学技术的发展,信息化已成为一种世界性的大趋势。信息技术已在工程建设活动中展露其无限的生机,工程的建设管理模式也随之发生了重大变化,很多传统的方式已被信息技术所代替。信息技术的高速发展和相互融合,正在改变着我们周围的一切。结合监理工作,我们认为:信息是对数据的解释,并反映了事物的客观状态和规律。从广义上讲,数据包括文字、数值、语言、图表、图像等表达形式。数据有原始数据和加工整理以后的数据之分。无论是原始数据还是加工整理以后的数据,经人们解释并赋予一定的意义后,才能成为信息。这就说明,数据与信息既有联系又有区别,信息虽然用数据表现,信息的载体是数据,但并非任何数据都是信息。

信息管理就是信息的收集、整理、处理、存储、传递和使用等一系列工作的总称。信息管理的目的就是通过有组织的信息流通,使决策者能及时、准确地获得有用的信息。水利工程信息管理系统,就是充分利用"3S"(GIS、GPS、RS)技术,开发和利用水利信息资源,包括对水利信息进行采集、传输、存储、处理和利用,提高水利信息资源的应用水平和共享程度,从而全面提高水利工程管理的效能、效益和规范化程度的信息系统。

建设工程监理的主要方法是控制,控制的基础是信息,信息管理是工程监理任务的一项重要内容。及时掌握准确、完整、有用的信息,可以使监理工程师耳聪目明、卓有成效地完成监理任务。因此,监理工程师应重视信息管理工作,掌握信息管理方法。

1 信息在工程建设监理中的重要作用

监理工程师在工作中会生产、使用和处理大量的信息,信息是监理工作的成果,也是监理工程师进行决策的依据。

1.1 信息是监理机构实施控制的基础

在工程建设监理过程中,为了进行比较分析和采取措施来控制工程项目投资目标、质量目标及进度目标,监理机构首先应掌握有关项目三大目标的计划值,作为控制的标准;其次,还应了解三大目标的执行情况,作为纠偏的依据。把计划执行情况与目标进行比较,找出差异,分析原因,采取措施,使总体目标得以实现。从控制的角度来讲,离开了信息,控制就无法进行。因此,信息是实施控制的基础。

1.2 信息是监理机构进行决策的依据

建设监理决策的正确与否,直接影响到项目建设总目标的实现及监理单位、监理工程师的声誉。监理决策正确与否,取决于多种因素,其中最重要的因素之一就是信息。因此,监理机构必须及时地收集、加工、整理信息,并充分利用信息作出科学、合理的监理决策。

1.3 信息是监理机构妥善协调项目建设各方关系的重要媒介

工程项目的建设涉及众多的单位,如政府部门、项目法人、设计单位、施工单位,材料设备供应单位,毗邻、运输、保险、税收单位等,这些单位都会给项目目标的实现带来一定的影响,为了加强各单位之间的有机联系,需要加强信息管理,妥善处理各单位之间的关系。

由此可见,工程建设监理信息管理在监理工作中起着十分重要的作用,它是监理人员控制建设项目三大目标的基础。

2 建设监理信息分类

建设监理过程中,涉及大量的信息,为便于管理和使用,可依据不同标准划分如下。

2.1 按建设工程监理的目标划分

2.1.1 投资控制信息

投资控制信息是指与投资控制直接有关的信息。如各种投资估算指标、类似工程造价、物价指数、概算定额、预算定额、建设项目投资估算、设计概预算、合同价、施工阶段的支付账单、竣工结算与决算、原材料价格、机械设备台班费、人工费、运杂费、投资控制的风险分析等。

2.1.2 质量控制信息

质量控制信息是指与质量控制直接有关的信息。如国家有关的质量政策及质量标准、工程项目建设标准、质量目标体系和质量目标的分解、质量控制工作制度、工作流程、风险分析、质量抽样检查的数据等。

2.1.3 进度控制信息

进度控制信息是指与进度控制直接有关的信息。如施工定额、工程项目总进度计划、进度目标分解、进度控制的工作制度、进度控制工作流程、风险分析等。

2.1.4 安全生产控制信息

安全生产控制信息是指与安全生产控制有关的信息。法律法规方面,如国家法律、法规、条例;制度措施方面,如安全生产管理体系、安全生产保证措施等;项目进展中产生的信息,如安全生产检查、巡视记录,安全隐患记录等;另外,还有文明施工及环境保护有关信息。

2.1.5 合同管理信息

合同管理信息,如国家法律、法规,勘测设计合同、工程建设承包合同、分包合同、监理合同、物资供应合同、运输合同等,工程变更、工程索赔、违约事项等。

2.2 按建设监理信息的来源划分

2.2.1 工程项目内部信息

内部信息来自建设项目本身。如工程概况、可行性研究报告、设计文件、施工方案、施工组织设计、合同管理制度、信息资料的编码系统、会议制度、工程项目的投资目标、进度目标、质量目标等。

2.2.2 工程项目外部信息

外部信息来自建设项目外部环境。如国家有关的政策及法规、国内及国际市场上原材料和设备价格、物价指数、类似工程造价及进度、投标单位的实力与信誉、毗邻单位有关情况等。

2.3 按建设监理信息的稳定程度划分

2.3.1 静态信息

静态信息是指在一定时间内相对稳定不变的信息，包括标准信息、计划信息和查询信息。标准信息主要指各种定额和标准，如施工定额、原材料消耗定额、设备及工具的耗损程度等。计划信息是反映在计划期内已经确定的各项任务指标情况。查询信息是指在一个较长时期内不发生变更的信息，如政府及有关部门颁发的技术标准、不变价格、监理工作制度等。

2.3.2 动态信息

动态信息是指在不断地变化着的信息，如项目实施阶段的质量、投资及进度的统计信息，就是反映在某一时刻项目建设的实际进程及计划完成情况。

2.4 按建设项目监理信息的层次划分

2.4.1 决策层信息

决策层信息是指有关工程项目建设过程中进行战略决策所需的信息，如工程项目规模、投资额、建设总工期、承包单位的选定、合同价的确定等信息。

2.4.2 管理层信息

管理层信息是指提供给业主单位中层及部门负责人作短期决策用的信息，如工程项目年度施工计划、财务计划、物资供应计划等。

2.4.3 实务层信息

实务层信息是指各业务部门的日常信息，如日进度、月支付额等。这类信息较具体、精度较高。

3 建设监理信息系统的基本内容

建设监理信息系统应由四个子系统组成，即进度控制子系统、质量控制子系统、投资控制子系统和合同管理子系统。各子系统之间既相互独立，各有其自身目标控制的内容和方法；又相互联系，互为其他子系统提供信息。

3.1 工程建设进度控制子系统

工程建设进度控制子系统不仅要辅助监理工程师编制和优化工程建设进度计划，更要对建设项目的实际进展情况进行跟踪检查，并采取有效措施调整进度计划以纠正偏差，从而实现工程建设进度的动态控制。为此，本系统应具有以下功能：

(1)进行进度计划的优化，包括工期优化、费用优化和资源优化。

(2)工程实际进度的统计分析。即随着工程的实际进展，对输入系统的实际进度数据进行必要的统计分析，形成与计划进度数据有可比性的数据。

(3)实际进度与计划进度的动态比较。即定期将实际进度数据同计划进度数据进行比较，形成进度比较报告，从中发现偏差，以便于及时采取有效措施加以纠正。

(4)进度计划的调整。当实际进度出现偏差时，为了实现预定的工期目标，就必须在分析偏差产生原因的基础上，采取有效措施对进度计划加以调整。

(5)各种图形及报表的输出。图形包括网络图、横道图、实际进度与计划进度比较图等，报表包括各类计划进度报表、进度预测报表及各种进度比较报表等。

3.2 工程建设质量控制子系统

监理工程师为了实施对工程建设质量的动态控制，需要工程建设质量控制子系统提供必要的信息支持。为此，本系统应具有以下功能：

(1)存储有关设计文件及设计修改、变更文件，进行设计文件的档案管理，并能进行设计质量的评定。

(2)存储有关工程质量标准，为监理工程师实施质量控制提供依据。

(3)运用数理统计方法对重点工序进行统计分析，并绘制直方图、控制图等管理图表。

(4)处理分项工程、分部工程、隐蔽工程及单位工程的质量检查评定数据，为最终进行工程建设质量评定提供可靠依据。

(5)建立计算机台账，对主要建筑材料、设备、成品、半成品及构件进行跟踪管理。

(6)对工程质量事故和工程安全事故进行统计分析，并能提供多种工程事故统计分析报告。

3.3 工程建设投资控制子系统

工程建设投资控制子系统用于收集、存储和分析工程建设投资信息，在项目实施的各个阶段制订投资计划，收集实际投资信息，并进行计划投资与实际投资的比较分析，从而实现工程建设投资的动态控制。为此，本系统应具有以下功能：

(1)输入计划投资数据，从而明确投资控制的目标。

(2)根据实际情况，调整有关价格和费用，以反映投资控制目标的变动情况。

(3)输入实际投资数据，并进行投资数据的动态比较。

(4)进行投资偏差分析。

(5)未完工程投资预测。

(6)输出有关报表。

3.4 工程建设合同管理子系统

3.4.1 合同管理子系统的功能

工程建设合同管理子系统主要是通过公文处理及合同信息统计等方法辅助监理工程师进行合同的起草、签订，以及合同执行过程中的跟踪管理。为此，本系统应具有以下功能：

(1)提供常规合同模式，以便于监理工程师进行合同模式的选用；

(2)编辑和打印有关合同文件；

(3)进行合同信息的登录、查询及统计；

(4)进行合同变更分析；

(5)索赔报告的审查分析与计算；

(6)反索赔报告的建立与分析；

(7)各类经济法规的查询等。

3.4.2 合同管理子系统的组成

3.4.2.1 合同文件编辑

合同文件编辑，就是提供和选用合同结构模式，并在此基础上进行合同文件的补充、修改和打印输出。

(1)合同模式选用。

系统中存有《水利水电工程施工合同条件》及普通合同文本等多种合同模式,它们各有其适用对象和范围,可以根据建设项目的性质和特点选用合适的合同模式。

(2)合同文件补充修改。

当选定合同模式后,可根据具体工程的特点对有关合同条款进行修改或补充。

(3)合同文件打印输出。

合同文件必须打印输出,经双方协商一致,签字盖章后才能生效。

(4)合同模式编辑。

主要是进行合同模式的增加、删除和修改。

3.4.2.2　合同信息管理

合同信息管理,就是对合同信息进行登录、查询及统计,以便于监理工程师随时掌握合同的执行情况。

3.4.2.3　索赔管理

索赔管理是合同管理中一项极其重要的工作,该模块应能辅助监理工程师进行索赔报告的审查、分析与计算,从而为监理工程师的科学决策提供可靠支持。

任务2　水利工程信息管理的手段

信息流程反映了监理工作中各参加部门、单位之间的关系。为了保证监理工作的顺利完成,必须使监理信息在上下级之间、内部组织与外部环境之间流动,称为“信息流”。

1　建设监理信息流结构

建设监理信息流结构如图11-1所示,它反映了工程项目建设各参与单位之间的关系。

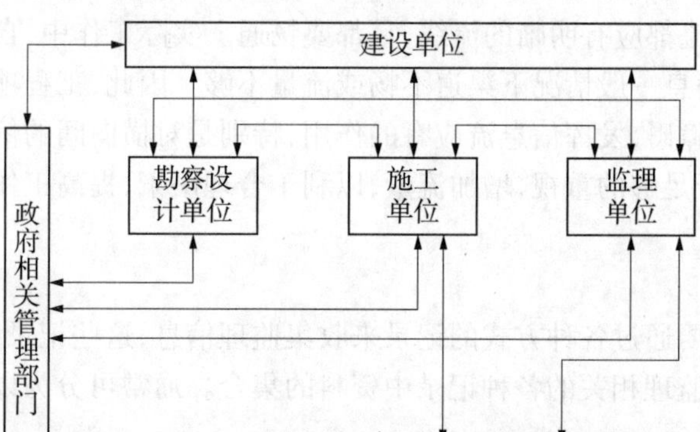

图11-1　建设监理信息流结构图

2 监理工作信息流程

建设监理组织内部存在着三种信息流。监理工作中的信息流常有以下几种。

2.1 自上而下的信息流

自上而下的信息流是指自主管单位、主管部门、业主及总监开始，流向项目监理工程师、检查员，乃至工人班组的信息，或在分级管理中，每一个中间层次的机构向其下级逐级流动的信息，即信息源在上，接受信息者是其下属。这些信息主要指监理目标、工作条例、命令、办法及规定、业务指导意见等。

2.2 自下而上的信息流

自下而上的信息流是指由下级向上级（一般是逐级向上）流动的信息。信息源在下，接受信息者在上。主要指项目实施和监理工作中有关目标的完成量、进度、成本、质量、安全、消耗、效率、监理人员的工作情况等。此外，还包括上级部门所关注的意见和建议等。

2.3 横向间的信息流

横向流动的信息指项目监理工作中，同一层次的工作部门或工作人员之间相互提供和接受的信息。这种信息一般是由于分工不同而各自产生的，但为了共同的目标又需要相互协作、互通有无或相互补充，以及在特殊、紧急情况下，为了节省信息流动时间而需要横向提供的信息。

2.4 以咨询机构为集散中心的信息流

咨询机构为项目决策作准备，因此既需要大量信息，又可以作为有关信息的提供者。它是汇总信息、分析信息、分散信息的部门，帮助工作部门进行规划、任务检查，对有关的专业、技术等问题提供咨询。因此，各工作部门不仅要向上级汇报，而且应当将信息传递给咨询机构，以利于咨询机构为决策作好充分准备。

2.5 工程项目内部与外部环境之间的信息流

项目监理机构与项目法人、施工单位、设计单位、银行、质量监督主管部门、有关国家管理部门和业务部门，都不同程度地需要信息交流，既要满足自身监理的需要，又要满足与环境的协作要求，或按国家规定的要求相互提供信息。

上述几种信息流都应有明晰的流线，且都要畅通。实际工作中，自下而上的信息比较畅通，自上而下的信息一般情况下渠道不畅或流量不够。因此，工程项目主管应当采取措施解决信息流通的障碍，发挥信息流应有的作用，特别是对横向间的信息流动及自上而下的信息流动，应给予足够的重视，增加流量，以利于合理决策，提高工作效率和经济效益。

3 监理信息收集

监理工程师主要通过各种方式的记录来收集监理信息，这些记录统称为监理记录，它是与工程项目建设监理相关的各种记录中资料的集合。通常可分为以下几类。

3.1 现场记录

现场监理人员必须每天利用特定的表式或以日志的形式记录工地上所发生的事情。所有记录应始终保存在工地办公室内，供监理工程师及其他监理人员查阅。这类记录每月由专业监理工程师整理成书面资料上报监理工程师办公室。监理人员在现场遇到工程施工中不得不采取紧急措施而对承包商所发出的书面指令,应尽快上报上一级监理组织,以征得其确认或修改指令。现场记录通常记录以下内容:

(1)现场监理人员对所监理工程范围内的机械、劳力的配备和使用情况作详细记录。如承包人现场人员和设备的配备是否同计划所列的一致;工程质量和进度是否因某些职员或某种设备不足而受到影响,受到影响的程度如何;是否缺乏专业施工人员或专业施工设备,承包商有无替代方案;承包商施工机械完好率和使用率是否令人满意;维修车间及设施情况如何,是否存储有足够的备件等。

(2)记录气候及水文情况。如记录每天的最高、最低气温,降雨和降雪量,风力,河流水位;记录有预报的雨、雪、台风及洪水到来之前对永久性或临时性工程所采取的保护措施;记录气候、水文的变化影响施工及造成损失的细节,如停工时间、救灾的措施和财产的损失等。

(3)记录承包商每天的工作范围、完成工程数量,以及开始和完成工作的时间,记录出现的技术问题,采取了怎样的措施进行处理,效果如何,能否达到技术规范的要求等。

(4)对工程施工中每步工序完成后的情况作简单描述,如此工序是否已被认可,对缺陷的补救措施或变更情况等作详细记录。监理人员在现场对隐蔽工程应特别注意记录。

(5)记录现场材料供应和储备情况。如每一批材料的到达时间、来源、数量、质量、存储方式和材料的抽样检查情况等。

(6)对于一些必须在现场进行的试验,现场监理人员进行记录并分类保存。

3.2 会议记录

由监理人员所主持的会议应由专人记录,并且要形成纪要,由与会者签字确认,这些纪要将成为今后解决问题的重要依据。会议纪要应包括以下内容:会议地点及时间,出席者姓名、职务及他们所代表的单位,会议中发言者的姓名及主要内容,形成的决议,决议由何人及何时执行等,未解决的问题及其原因。

3.3 计量与支付记录

包括所有计量及付款资料。应清楚地记录哪些工程进行过计量,哪些工程没有进行计量,哪些工程已经进行了支付,已同意或确定的费率和价格变更等。

3.4 试验记录

除正常的试验报告外,试验室应由专人每天以日志形式记录试验室工作情况,包括对承包商的试验监督、数据分析等。记录内容包括:

(1)上述内容的简单叙述。如做了哪些试验,监督承包商做了哪些试验,结果如何等。

(2)承包人试验人员配备情况。试验人员配备与承包商计划所列是否一致,数量和素质是否满足上述需要,增减或更换试验人员的建议。

(3)对承包商试验仪器、设备配备、使用和调动情况的记录,需增加新设备的建议。

(4)监理试验室与承包商试验室所做同一试验,其结果有无重大差异,原因如何。

3.5 工程照片和录像

以下情况,可辅以工程照片和录像进行记录:

(1)科学试验:重大试验,如桩的承载试验,板、梁的试验及科学研究试验等;新工艺、新材料的原形及为新工艺、新材料的采用所做的试验等。

(2)工程质量:能体现高水平的建筑物的总体或分部,能体现出建筑物的宏伟、精致、美观等特色的部位;工程质量较差的项目,指令承包商返工或需补强的工程的前后对比;体现不同施工阶段的建筑物照片;不合格原材料的现场和清除出现场的照片。

(3)能证明或反映未来会引起索赔或工程延期的特征照片或录像,用来向上级反映即将引起影响工程进展的照片。

(4)工程试验、试验室操作及设备情况。

(5)隐蔽工程:被覆盖前的基础工程,重要项目钢筋绑扎、管道渗开的典型照片,混凝土桩的桩头开花及桩顶混凝土的表面特征情况。

(6)工程事故:工程事故处理现场及处理事故的状况;工程事故及其处理和补强工艺,能证实保证了工程质量的照片。

(7)监理工作:重要工序的旁站监督和验收;现场监理工作实况;参与的工地会议及参与承包商的业务讨论会;班前、工后会议;被承包商采纳的建议,证明确有经济效益及提高了施工质量的实物。

拍照时要采用专门登记本标明序号、拍摄时间、拍摄内容、拍摄人员等。

3.6 项目法人提供的信息

项目法人作为工程项目建设的出资者,在施工中要按照合同文件规定提供相应的条件,并要不时表达对工程各方面的意见和看法,通过项目管理者下达某些指令。因此,应及时收集项目法人提供的信息。如一些项目,甲方对钢材、水泥、砂石等材料在施工过程中以某一价格提供给施工单位使用,项目法人应及时将这些材料在各个阶段提供的数量、材质证明、试验资料、运输距离等情况告诉有关方面的单位,监理机构应及时收集这些信息。又如,项目法人在建设过程中对进度、质量、投资、合同等方面的意见和看法,监理机构也应及时收集。

3.7 施工单位提供的信息

施工单位在施工过程中,现场所发生的各种情况均包含了大量的内容,施工单位自身必须掌握和收集这些信息,监理机构在现场监理中也必须掌握和收集。施工单位在施工中必须经常向有关单位,包括上级部门、项目法人、设计单位、监理机构及其他方面发出某些文件,传达一定的内容。如向监理机构报送施工组织设计,报道各种计划、单项工程施工措施、月支付申请表、各种工程项目自检报告、质量问题报告、有关问题的意见等。监理机构应全面系统地收集这些资料。

4 监理信息的处理

要使监理信息能有效地发挥作用,就必须按照及时、准确、适用、经济的要求进行处理,就是要使收集到的信息传递速度快,要如实反映实际情况,要符合实际需要,处理成本要低。水利工程建设监理信息的处理主要有以下几个程序。

4.1 监理信息的加工

监理信息的加工是信息处理的基本内容,其中包括对信息进行分类、排序、计算、比较、选择等方面的工作,这些工作均需按监理任务的要求,通过加工,为监理工程师提供有用的信息。

4.2 监理信息的储存

监理信息储存是将信息保存起来以备将来使用。对有价值的原始资料、数据及经过加工整理的信息,要长期积累以备查阅。信息储存的方式主要有纸、胶卷和计算机存储器(或磁盘)。

4.3 监理信息的检索

无论是存入档案库还是存入计算机存储器的信息、资料,为了查找方便,在入库前都要拟定一套科学的查找方法和途径,这就是信息的检索。做好编目分类工作,健全检索系统可以使报表、文件、资料、档案等既保存完好,又查找方便。

4.4 监理信息的传递

信息的传递是借助一定的载体(如纸张、软盘、磁带等),使信息在监理工作的各部门、各单位之间传递。通过传递,形成各种信息流。畅通的信息流,将利用报表、图表、文字、记录、电讯、各种收发、会议、审批及电子计算机等传递手段,不断地将监理信息输送到监理工程师手中,成为监理工作的重要依据。

4.5 监理信息的输出

信息管理的目的是更好地使用信息,为科学管理、决策提供服务。处理好的信息,就是按照需要和要求编印成的各类报表和文件,以供监理工作使用。

任务3 水利工程监理文档资料管理

档案是珍贵的文献,是重要的信息载体,是历史的印记。水利工程监理文件档案资料管理,是水利工程信息管理的一项重要工作,它是监理工程师实施工程建设监理,进行目标控制的基础性工作。工程建设监理组织中必须配备专门的人员负责监理文件资料的管理和保存工作。

1 水利工程建设监理文档管理的意义

所谓工程建设监理文档的管理,是指监理工程师受项目法人的委托,在进行工程建设监理工作期间,对工程建设实施过程中形成的文件资料进行收集积累、加工整理、立卷归档和检索利用等一系列工作。工程建设监理文档管理的对象是监理文件资料,它们是工程建设监理信息的载体。配备专门人员对监理文件资料进行系统、科学的管理,对于工程建设监理工作具有重要意义。

(1)对监理文件资料进行科学管理,可以为监理工作的顺利开展创造良好的前提条件。建设监理的主要任务是进行工程项目的目标控制,而控制的基础是信息。如果没有信息,监理工程师就无法实施控制。在工程建设实施过程中产生的各种信息,经过收集、加工和传递,以监理文件资料的形式进行管理和保存,就会成为有价值的监理信息资源,它是监理工程师进行工程建设目标控制的客观依据。

(2)对监理文件资料进行科学管理,可以极大地提高监理工作的效率。监理文件资料经过系统、科学的整理归类,形成监理文件档案库,当监理工程师需要时,就能及时、有针对性地提供完整的资料,从而迅速地解决监理工作中的问题。反之,如果文件资料分散处理,就会导致混乱,甚至散失,最终影响监理工程师的正确决策。

(3)对监理文件资料进行科学管理,可以为工程建设监理档案的建立提供可靠保证。对监理文件资料的管理,是把在工程建设监理的各项工作中形成的全部文字、声像、图纸及报表等文件资料进行统一管理和保存,从而确保文档资料的完整性。一方面,在项目建成竣工以后,监理工程师可将完整的监理文档资料移交业主,作为建设项目的档案资料;另一方面,完整的监理文档资料是建设监理单位具有重要历史价值的资料,监理工程师可以从中获得宝贵的监理经验,有利于不断提高工程建设监理工作水平。

2 监理文档管理的主要内容

水利工程档案的归档工作,一般是由产生文件材料的单位或部门负责的。总包单位对各分包单位提交的归档材料负有汇总责任,各参建单位技术负责人应对其提供档案的内容及质量负责。监理工程师对施工单位提交的归档材料应履行审核签字手续,监理单位应向项目法人提交对工程档案内容与整编质量情况的专题审核报告。监理文档管理的主要内容包括监理文件资料传递流程的确定、监理文件资料的登录与分类存放,以及监理文件资料的立卷归档等。

2.1 监理文件资料的传递流程

监理组织中的信息管理部门是专门负责工程建设信息管理工作的,其中包括监理文件资料的管理。因此,在工程建设全过程中形成的所有文件资料,都应统一归口传递到信息管理部门,进行集中收发和管理。

首先,在监理组织内部,所有文件资料都必须先送交信息管理部门,进行统一整理分类,归档保存,然后由信息管理部门根据总监理工程师的指令和监理工作的需要,分别将文件资料传递给有关的监理工程师。当然,任何监理人员都可以随时自行查阅经整理分类后的文件资料。

其次,在监理组织外部,在发送或接收业主、设计单位、承包商、材料供应单位及其他单位的文件资料时,也应由信息管理部门负责进行,这样使所有的文件资料只有一个进出口通道,从而在组织上保证了监理文件资料的有效管理。监理文件资料的管理和保存,主要由信息管理部门中的资料管理人员负责。作为文件资料管理的监理人员,必须熟悉各项监理业务,通过分析研究监理文件资料的特点和规律,对其进行系统、科学的管理,使其在监理工作中得到充分利用。

除此之外,监理资料管理人员还应全面了解和掌握工程建设进展和监理工作开展的实际情况,结合对文件资料的整理分析,编写有关专题材料,对重要文件资料进行摘要综述,包括编写监理工作月报、工程建设周报等。

2.2 监理文件资料的登录与分类存放

监理信息管理部门在获得各种文件资料之后,首先要对这些资料进行登录,建立监理文件资料的完整记录。登录一般应包括文件资料的编号、名称和内容、收发单位、收发日期等内容。对文件资料进行登录,就是将其列为监理单位的正式财产。这样做不仅有据可查,而且也便于分类、加工和整理。此外,监理资料管理人员还可以通过登录掌握文档资料及其变化情况,有利于文件资料的清点和补缺等。随着工程建设的进展,所积累的文件资料会越来越多,如果随意存放,不仅查找困难,而且极易丢失。因此,为了能在建设监理过程中有效地利用和传递这些文件资料,必须按照科学的方法将它们分类存放。监理文件资料可以分为以下几类:

(1)监理日常工作文件。包括监理工作计划、监理工作月报、工程施工周报及工程信函等。

(2)监理工程师函件。包括监理工程师主送项目法人、设计单位、承包人等有关单位的函件。

(3)会议纪要。包括监理工作会议、工程协调会议、设计工作会议、施工工作会议及工程施工例会等会议的纪要。

(4)勘察、设计文件。包括勘察、方案设计、初步设计、施工图设计及设计变更等文件资料。

(5)工程收函。包括业主、勘察设计单位、承包商等单位送交的函文。

(6)合同文件。包括监理委托合同、勘察设计合同、施工总包合同和分包合同、设备供应合同及材料供应合同等文件。

(7)工程施工文件资料。包括施工方案、施工组织设计、签证和核定单、联系备忘录、隐蔽工程验收记录及技术管理和施工管理文件资料等。

(8)主管部门函文。包括省、市计委、建委、公用市政及有关部门的函文。

(9)政府文件。包括有关监理文件、勘察设计和施工管理办法、定额取费标准及文明、安全、市政等方面的规定。

(10)技术参考资料。包括监理、工程管理、勘察设计、工程施工及设备、材料等方面的技术参考资料。

上述文件资料应集中保管,对零散的文件资料应分门别类存放于文件夹中,每个文件夹的标签上要标明资料的类别和内容。为了便于文件资料的分类存放,并利用计算机进行管理,应按上述分类方法建立监理文件资料的编码系统。这样,所有文件资料都可按编码结构排列在书架上,不仅易于查找,也为监理文件资料的立卷归档提供了方便。

2.3 监理文件资料的立卷归档

为了做好工程建设档案资料的管理工作,充分发挥档案资料在工程建设及建成后维护中的作用,应将监理文件资料整理归档,即进行监理文件资料的编目、整理及移交等工作。

2.3.1 编制案卷类目

案卷类目是为了便于立卷而事先拟定的分类提纲。案卷类目也叫“立卷类目”或“归卷类目”。监理文件资料可以按照工程建设的实施阶段及工程内容的不同进行分类。根据监理文件资料的数量及存档要求,每一卷文档还可再分为若干分册,文档的分册可以按照工程建设内容及围绕工程建设进度控制、质量控制、投资控制和合同管理等内容进行划分。

2.3.2 案卷的整理

案卷的整理一般包括清理、拟题、编排、登录、书封、装订、编目等工作。

(1)清理。即对所有的监理文件资料进行彻底的整理。它包括收集所有的文件资料,并根据工程技术档案的有关规定,剔除不归档的文件资料。同时,要对归档范围内的文件资料再进行一次全面的分类整理,通过修正、补充,乃至重新组合,使立卷的文件资料符合实际需要。

(2)拟题。文件归入案卷后,应在案卷封面上写上卷名,以备检索。

(3)编排,即编排文件的页码。卷内文件的排列要符合事物的发展过程,保持文件的相互关系。

(4)登录。每个案卷都应该有自己的目录,简介文件的概况,以便于查找。目录的项目一般包括顺序号、发文字号、发文机关、发文日期、文件内容、页号等。

(5)书封。即按照案卷封皮上印好的项目填写,一般包括机关名称、立卷单位名称、标题(卷名)、类目条款号、起止日期、文件总页数、保管期限,以及由档案室写的卷宗号、目录号、案卷号。

(6)装订。立成的案卷应当装订,装订要用棉线,每卷的厚度一般不得超过 2 cm。卷内金属物均应清除,以免锈污。

(7)编目。案卷装订成册后,就要进行案卷目录的编制,以便统计、查考和移交。目录项目一般包括案卷顺序号、案卷类目号、案卷标题、卷内文件起止日期、卷内页数、保管期限、备注等。

2.3.3 案卷的移交

案卷目录编成,立卷工作即宣告结束,然后按照有关规定准备案卷的移交。建设项目监理文档案卷应一式两份,一份移交业主,一份由监理单位归档保存。

3 计算机辅助监理文档管理

为了对监理文件资料进行有效的管理,应充分利用电子计算机存储潜力大和信息处理速度快等特点,建立计算机辅助监理文档管理系统。

3.1 计算机辅助监理文档管理系统功能概述

计算机辅助监理文档管理系统是一个相对独立的系统,它既可以作为监理信息系统中的一个子系统而存在,也可以单独存在,因为它与工程建设监理信息系统中其他子系统之间没有数据传递关系,更没有功能调用关系。

计算机辅助监理文档管理系统的主要功能是对工程建设实施过程中与监理工程师有关的各种往来文件、图纸、资料及各种重要会议和重大事件等信息进行管理。

3.2 计算机辅助监理文档管理系统的组成

3.2.1 监理文件格式

监理文件格式见图 11-2。

3.2.2 收文管理

收文管理就是输入、修改、查询、统计、打印收文的各种信息。

3.2.2.1 输入、修改收文信息

输入、修改收文的各种信息,内容包括:收文日期、来文名称、来文单位、主题词、文件分类、文件字号、收文份数、发文日期、存档编号、文件内容(利用扫描输入设备录入)。

×××工程建设监理部	
合同名称：	合同编号：
我方文号：×××	参考文号：×××
日期：××××年××月××日	
主题：	
致：(承包人)	
(正文)	
谢谢合作！	
附件：	
	×××监理公司×××工程建设监理部 总监理工程师：
抄送：	

图 11-2 监理文件示意图

此外，对于要求回复的文件，还要输入应回复日期。当文件已经回复，则输入实际回复日期。

3.2.2.2 查询收文信息

根据设定的各种查询条件进行收文信息的查询，其中包括对应回复而尚未回复的文件的查询，以便提醒有关人员及时回复。

3.2.2.3 打印收文信息

按不同的要求打印不同的收文信息表。

3.2.2.4 统计收文信息

统计有关收文情况，并打印输出有关统计结果。

监理收文处理格式见图 11-3。

文件类别		存档号	
×××工程监理部收文处理签			
来文单位	文件编号	收文时间	复文号
标题			
拟办意见			
领导意见			
处理简述及签名			

图 11-3 监理收文处理格式示意图

3.2.3　发文管理

发文管理就是输入、修改、查询、统计有关发文信息，并可打印有关文件。

3.2.3.1　输入、修改发文信息

输入、修改发文的各种信息，内容包括：发文日期、发文名称、文件字号、主题词、文件分类、发文份数、签发人、主送单位、抄送单位、文件内容。此外，如果文件需要收文单位回复，还应输入回复期限及实际回复日期。

3.2.3.2　查询发文信息

根据设定的各种查询条件进行发文信息的查询，其中包括对应回复而尚未回复的文件的查询，以便于监理工程师督促对方回复。

3.2.3.3　打印发文信息

按不同的要求打印不同的发文信息表。

3.2.3.4　发文打印

系统提供标准的文件打印格式，以便于打印监理通知、函件等文件资料。

3.2.3.5　发文信息统计

统计有关发文情况，并打印输出有关统计结果。

监理发文处理格式见图11-4。

<table>
<tr><td colspan="4">文件类别：</td><td colspan="2">存档号</td><td colspan="2"></td></tr>
<tr><td colspan="8">×××工程监理部发文处理签</td></tr>
<tr><td rowspan="2">文件名称</td><td rowspan="2" colspan="3"></td><td>密级</td><td></td><td>缓急</td><td></td></tr>
<tr><td>发文号</td><td colspan="3"></td></tr>
<tr><td>拟稿人</td><td></td><td>核稿人</td><td></td><td>参考文号</td><td colspan="3"></td></tr>
<tr><td colspan="8">签发：
签字：　　时间：　　年　　月　　日　　时</td></tr>
<tr><td colspan="8">主送：</td></tr>
<tr><td colspan="8">抄送：</td></tr>
<tr><td>份数</td><td></td><td colspan="6">年　　月　　日封发</td></tr>
<tr><td>打字</td><td></td><td>校对</td><td></td><td>办公室
核稿</td><td colspan="3"></td></tr>
<tr><td>备注</td><td colspan="7"></td></tr>
</table>

图11-4　监理发文处理格式示意图

3.2.4　图纸管理

图纸管理就是对图纸收发信息的输入、修改、查询、统计及打印。

3.2.4.1　输入、修改图纸收发信息

输入、修改收发图纸的各种信息，内容包括：收图日期、图纸编号、图纸名称、图纸分类、收图份数、协议供图日期、发图日期、发送承包商名称、发图份数、设计修改通知号。

3.2.4.2　查询图纸收发信息

根据设定的各种查询条件进行图纸收发信息的查询。

3.2.4.3　统计图纸收发信息

统计图纸收发的有关情况，并打印输出统计结果。

3.2.4.4　打印图纸收发信息

按不同的要求打印不同的图纸收发信息表。

3.2.5　会议信息管理

会议信息管理就是输入、修改、查询、统计及打印工程会议的有关信息，并能打印会议纪要。

3.2.5.1　输入、修改会议信息

输入、修改工程会议的各种信息，内容包括：会议召开日期、会议名称、会议议题、会议召开地点、会议主持人、会议参加人数及主要参加人员、会议结论、会议类别（施工措施、设计变更、经济问题、合同纠纷、事故处理等）、会议主题词、备注。

3.2.5.2　查询会议信息

根据设定的各种查询条件进行会议信息的查询。

3.2.5.3　打印会议信息

按不同的要求打印不同的会议信息表。

3.2.5.4　打印会议纪要

输入会议纪要并打印输出。

3.2.5.5　会议信息统计

统计会议有关情况，并打印输出统计结果。

3.2.6　重大事件信息管理

重大事件信息管理就是输入、修改、查询、统计及打印重大事件的有关信息，并能打印事件报告。

3.2.6.1　输入、修改事件信息

输入、修改重大事件的各种信息，内容包括：事件发生日期、事件发生时间、事件发生地点、事件主题词、事件属性、事件发生工程部位、事件发生原因、事件处理概要、备注。

3.2.6.2　查询事件信息

根据设定的各种查询条件进行事件信息的查询。

3.2.6.3　打印事件信息

按不同的要求打印不同的事件信息表。

3.2.6.4　打印事件报告

输入事件报告内容并打印输出。

3.2.6.5　事件信息统计

统计事件有关情况，并打印输出统计结果。

参考文献

[1] 中华人民共和国水利部 . SL 288—2014 水利工程施工监理规范[S]. 北京:中国水利水电出版社,2014.

[2] 中华人民共和国水利部 . SL 631 ~637—2012 水利水电工程单元工程施工质量验收评定标准[S]. 北京:中国水利水电出版社,2012.

[3] 中华人民共和国水利部 . SL 176—2007 水利水电工程施工质量检验与评定规程[S]. 北京:中国水利水电出版社,2007.

[4] 中华人民共和国水利部 . SL 223—2008 水利水电建设工程验收规程[S]. 北京:中国水利水电出版社,2008.

[5] 巩天真,张洋平 . 建设工程监理概论[M]. 北京:北京大学出版社,2006.

[6] 王立权 . 水利工程建设项目施工监理实用手册[M]. 北京:中国水利水电出版社,2004.

[7] 臧广州 . 水利水电工程建设安全生产强制性标准与现场施工安全操作规程实务全书[M]. 广州:广东海燕电子音像出版社,2003.

[8] 王长永,李树枫 . 工程建设监理概论[M]. 北京:科学出版社,2001.

[9] 李新军 . 水利水电建设监理工程师手册[M]. 北京:中国水利水电出版社,1998.